CURSUS

Begleitgrammatik
Ausgabe N

Herausgegeben von Prof. Dr. Friedrich Maier
und Dr. Stephan Brenner

Verfasst von Britta Boberg und Prof. Dr. Friedrich Maier
unter Mitarbeit von Reinhard Bode,
Dr. Stephan Brenner, Prof. Andreas Fritsch,
Michael Hotz, Wolfgang Matheus, Ulrike Severa,
Hans Dietrich Unger, Dr. Sabine Wedner-Bianzano,
Andrea Wilhelm

Berater: Hartmut Grosser

Oldenbourg
C. C. Buchner
Lindauer

CURSUS, Ausgabe N – Einbändiges Unterrichtswerk für Latein

herausgegeben von Prof. Dr. Friedrich Maier und Dr. Stephan Brenner
und bearbeitet von
Britta Boberg, Reinhard Bode, Dr. Stephan Brenner, Prof. Andreas Fritsch, Michael Hotz, Prof. Dr. Friedrich Maier, Wolfgang Matheus, Ulrike Severa, Hans Dietrich Unger, Dr. Sabine Wedner-Bianzano, Andrea Wilhelm

Berater: Hartmut Grosser

Illustrationen: Michael Heinrich, Coburg

Umschlagfotos vorne: Johannes Schmidt-Thomé, Fürstenfeldbruck; Bridgeman Art Library, London; Interfoto, München (Alinari)
hinten: akg-images, Berlin; Reinhard Bode, Mechterstädt

Das Papier ist aus chlorfrei gebleichtem Zellstoff hergestellt, ist säurefrei und recyclingfähig.

1. Auflage 2011
Druck 15 14 13 12 11
Die letzte Zahl bezeichnet das Jahr des Drucks.
Alle Drucke dieser Auflage sind untereinander unverändert und im Unterricht nebeneinander verwendbar.

Umschlagkonzept: Mendell & Oberer, München
Umschlag: Groothuis, Lohfert, Consorten GmbH, Hamburg
Lektorat: Andrea Forster, Cornelia Franke (Assistenz); Dr. Silke Anzinger
Herstellung: Johannes Schmidt-Thomé / Eva Fink
Satz und Reproduktionen: Setzerei Vornehm GmbH, München
Druck: Himmer AG, Augsburg

ISBN 978-3-637-01349-0 (Oldenbourg Schulbuchverlag)
ISBN 978-3-7661-**5246**-6 (C. C. Buchners Verlag)
ISBN 978-3-87488-**391**-7 (J. Lindauer Verlag)

Auf geht's ins Grammatikland!

Deine „Reise“ durch die einzelnen Lektionen führt dich in die sagenumwobene *terra grammatica* (dt. Grammatikland). Viele berichten, dass dies ein schönes Land ist, sich aber weithin erstreckt und gelegentlich ein etwas unwegsames Gelände hat. Leicht kann man die Richtung und den Durchblick verlieren.
Glücklicherweise besitzt du ein grammatisches Reisehandbuch, das dich sicher durch die zwei großen Gebiete der **„Satzlehre“** (**Syntax**) und der **„Formenlehre“** führen wird. Dabei stehen dir bis zum Ende deines Weges durch das Grammatikland zwei Reiseführer zur Seite.
Syntia zeigt dir an, wenn etwas zum Bau des Satzes und zu seinen Bauteilen erscheint.
Formatus macht dich auf alles aufmerksam, was zur Form eines Wortes, zu seinen Veränderungen, gesagt wird.

Syntia Formatus

Damit du mit deinem grammatischen Reisehandbuch auch richtig umgehen kannst, erfährst du jetzt noch einiges über seinen Aufbau und die darin enthaltenen Bestandteile.

1. Den Grammatikstoff einer Lektion findest du jeweils im entsprechenden Kapitel erklärt.
2. Am Anfang eines jeden Kapitels findest du die GRAMMATISCHE ERKLÄRUNGSTAFEL. Dort sind in **kurzer Form** die grammatischen Neuerscheinungen vorgestellt, die am wichtigsten sind. Diese solltest du dir für deinen Weg durchs Grammatikland unbedingt einprägen. Der Abschnitt S enthält Erklärungen zur Syntax, der Abschnitt F zur Formenlehre. Als Hilfe für ein besseres Verständnis dienen dir hier **zwei graphische Modelle**. Das erste **Modell (in S)** veranschaulicht dir den **Aufbau des Satzes**. Schritt für Schritt macht es dich mit seinen Bauteilen bekannt.
   Das zweite **Modell (in F)** zeigt dir, aus welchen Elementen (**Bausteinen**) die **Wörter zusammengesetzt** sind. Schnell kannst du hier erkennen, dass die einzelnen Bausteine verschieden aussehen können.
3. Im Anschluss an die Erklärungstafel wird die SYSTEMATISCHE STOFFDARBIETUNG geboten. Hier wird dir der neue Grammatikstoff **ausführlich** vorgestellt. Anhand von **lateinischen Sätzen** mit ihren Übersetzungen kannst du **selbstständig** die neuen **Regeln erschließen**.
   Sie werden dir im Anschluss als neue Erkenntnisse („Du erkennst ...“) präsentiert. **Buttons** signalisieren dir die wichtigsten Merkmale, **Tabellen** und **Merkkästen** stellen dir den Lernstoff geordnet und übersichtlich zusammen.
4. Im Anhang findest du ÜBERSICHTSTABELLEN zum ganzen im Lauf der drei Lernjahre behandelten **Grammatikstoff**, besonders aus dem Bereich der **Formenlehre**.

Dieses Buch soll dir als Arbeitsbuch während des laufenden Unterrichts, als Nachschlagewerk bei Hausaufgaben oder zur Prüfungsvorbereitung dienen. Mithilfe des ausführlichen SACHVERZEICHNISSES wirst du gewiss schnell finden, was du gerade suchst.

Inhalt

Tabelle

Grammatische Grundbegriffe

Auf deiner „Reise“ wirst du den folgenden grammatischen Begriffen begegnen, mit denen du allmählich vertraut werden wirst. Einige sind dir sicherlich schon bekannt; die anderen wirst du im Laufe deines Lateinunterrichts kennen lernen.

S

Satzlehre:

1. **Subjekt** (Satzgegenstand) 2. **Prädikat** (Satzaussage) 3. **Objekt** (Satzergänzung)	4. **Adverbiale** (Umstandsbestimmung) 5. **Attribut** (Beifügung)

F

Formenlehre:

1 Wortarten

1.1 Veränderliche Wörter

Fachbegriff	deutscher Begriff	Beispiel
Nomina:		
Substantiv	Namen-/Hauptwort	amīca
Adjektiv	Eigenschaftswort	bonus, -a, -um
Artikel	Geschlechtswort	–
(Pronomen)	(Fürwort)	
Demonstrativ-Pronomen	hinweisendes Fürwort	is, ea, id
Indefinit-Pronomen	unbestimmtes Fürwort	aliquis, aliquid
Interrogativ-Pronomen	fragendes Fürwort	quis?
Personal-Pronomen	persönliches Fürwort	ego
Possessiv-Pronomen	besitzanzeigendes Fürwort	meus, -a, -um
Reflexiv-Pronomen	rückbezügliches Fürwort	sē
Relativ-Pronomen	bezügliches Fürwort	quī, quae, quod
Numerale	Zahlwort	duo, duae, duo
Verb	Tätigkeits-/Zeitwort	dīcere

1.2 Unveränderliche Wörter

Fachbegriff	deutscher Begriff	Beispiel	Fachbegriff	deutscher Begriff	Beispiel
Präposition	Verhältniswort	per	Subjunktion	unterordnendes Bindewort	cum
Adverb	Umstandswort	citō	Interjektion	Ausrufewort	ecce!
Konjunktion	beiordnendes Bindewort	sed	Negation	Verneinungswort	nōn

2 Erscheinungsformen des Wortes

2.1 Substantiv/Adjektiv

Kasus (Fall)	Numerus (Zahl)	Genus (Geschlecht)
Nominativ (Wer-/Was-Fall) Genitiv (Wessen-Fall) Dativ (Wem-Fall) Akkusativ (Wen-/Was-Fall) Ablativ Vokativ (Anredefall)	Singular (Einzahl) Plural (Mehrzahl)	Maskulinum (männlich) Femininum (weiblich) Neutrum (sächlich)

2.2 Verb

Person	Numerus (Zahl)	Modus (Aussageweise)	Tempus (Zeit)	Genus (Geschlecht)
1. (ich/wir) 2. (du/ihr) 3. (er, sie, es/sie)	Singular (Einzahl) Plural (Mehrzahl)	Indikativ (Wirklichkeitsform) Konjunktiv (Möglichkeitsform) Imperativ (Befehlsform)	Präsens Imperfekt Futur I Perfekt Plusquamperfekt Futur II	Aktiv (Tatform) Passiv (Leideform)
Infinitiv (Grundform) Partizip (Mittelwort)				

1 Prädikat: Dritte Person Singular des Verbs – Subjekt: Nominativ Singular des Substantivs – Infinitiv

S

Du stößt auf zwei Bauteile, die in (fast) jedem Satz zu finden und eng miteinander verbunden sind: das **Subjekt** (Satzgegenstand) und das **Prädikat** (Satzaussage).

F

Du nimmst das **Prädikat** genauer unter die Lupe und stellst fest, dass es durch ein Verb gebildet wird. Dieses Verb besteht aus mindestens **zwei Teilen**, dem **Bedeutungsteil** und dem **Signalteil**. Der Signalteil wird auch als **Endung** bezeichnet.

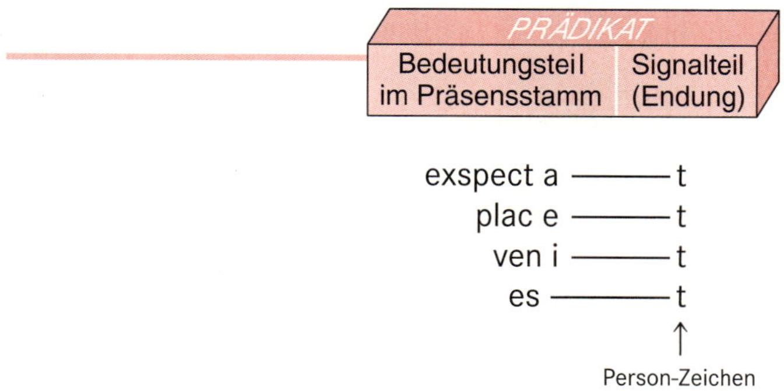

Der **Bedeutungsteil** gibt die **Bedeutung** des Verbs an;
er kann durch einen Kennvokal (-a-/-e-/-i-) erweitert sein.
Der **Signalteil** enthält alle **Signale**, z. B. **Person** und **Numerus** (Zahl), durch die du genauere Informationen über das Prädikat erhältst.

Im Signalteil zeigt der Konsonant *-t* die **dritte Person Singular** (Einzahl) an.
Man nennt *-t* deshalb das **Person-Zeichen**.

1 Prädikat – Subjekt
1.1 Dritte Person Singular (Präsens) des Verbs

①	Quīntus *exspectat.*	Quintus *wartet.*
②	Vīlla nōn *placet.*	Das Landgut *gefällt* nicht.
③	Silentium *est.*	Es *ist/herrscht* Schweigen.

Person-Zeichen
3. Person Singular

-t

◀▶ Du erkennst:
1. Das Bauteil **Prädikat** wird durch ein **Verb** gebildet.
2. Das **Prädikat** sagt aus, was jemand **tut** oder was **geschieht**.
3. Das Prädikat steht hier im **Singular**.
4. Das **Person-Zeichen** *-t* zeigt – wie im Deutschen – die **3. Person Singular** des **Verbs** an.
5. Das Prädikat steht im Lateinischen meist am **Satzende**.

1.2 Nominativ Singular des Substantivs

a

① *Quīntus* exspectat.	*Quintus* wartet.
② *Vīlla* nōn placet.	*Das Landgut* gefällt nicht.
③ *Silentium* est.	Es ist/herrscht *Schweigen.*

◀▶ Du erkennst:

1. Das Bauteil **Subjekt** wird meist durch ein **Substantiv** gebildet.
2. Das **Subjek**t gibt an, **wer** handelt, **was** ist oder geschieht.
3. Das Subjekt steht im **Nominativ** (Wer-/Was-Fall).
4. Lateinische **Substantive enden** im Nominativ Singular jeweils **verschieden.** Das **Wortende** weist oft auf das **Genus** (Geschlecht) des Substantivs hin.

-a vīll-**a**	-us Quīnt-**us**	-um silenti-**um**
Femininum (weiblich)	Maskulinum (männlich)	Neutrum (sächlich)

5. Im Lateinischen gibt es **keinen Artikel.** *vīlla*: das Landgut/ein Landgut – *Quīntus*: Quintus/der Quintus

b

① **Quīntus** stat.	**Quintus** steht da.
② Exspectat.	Er wartet.

Im Lateinischen kann das **Subjekt** allein **durch das Person-Zeichen** ausgedrückt werden. Die Stelle des Subjekts bleibt leer. Das Subjekt ist somit im Prädikat enthalten.

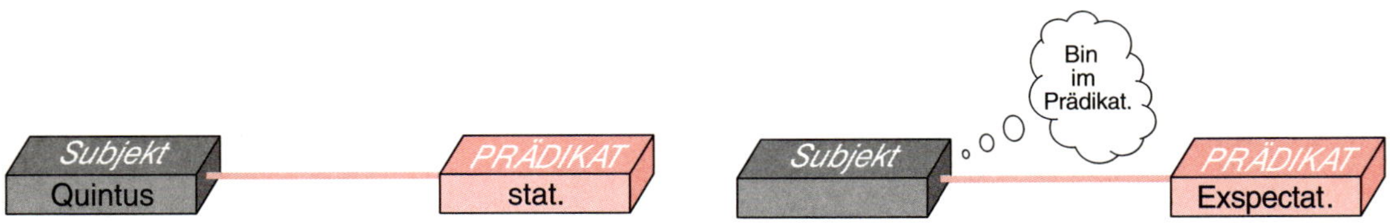

2 Infinitiv

① *Exspectāre* nōn placet.	Es gefällt nicht, *zu warten.*
② Amīca *venīre* cessat.	Die Freundin zögert *zu kommen.*

Infinitiv-Zeichen

-re

◀▶ Du erkennst:

Der lateinische **Infinitiv** (Grundform) endet auf *-re* (Infinitiv-Zeichen).
Der Infinitiv zu ***est*** (er, sie, es ist) lautet ***esse*** (sein).

Lateinisch	Deutsch	Englisch
exspectā-**re**	(zu) erwart-**en**	(**to**) wait
iacē-**re**	(zu) lieg-**en**	(**to**) lie
venī-**re**	(zu) komm-**en**	(**to**) come
es-**se**	(zu) sei-**n**	(**to**) be

2 Dritte Person Plural des Verbs – Nominativ Plural des Substantivs – Vokativ – Satzarten (Hauptsatz)

S

Betrachte in einem Satz immer zuerst genau das Prädikat. Das Person-Zeichen des Signalteils gibt dir Auskunft über das Subjekt. Es sagt dir, ob das Subjekt **eine** Person oder Sache (**Singular**) ist oder ob es **mehrere** Personen oder Sachen (**Plural**/Mehrzahl) sind.

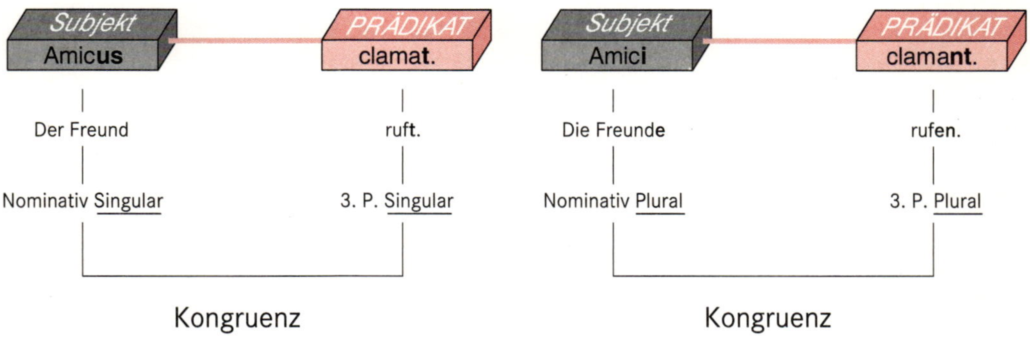

Subjekt und Prädikat stehen jeweils beide im Singular oder Plural, sie stimmen im **Numerus** überein (Kongruenz).

1 Dritte Person Plural des Verbs – Nominativ Plural des Substantivs

①	Amīcī appropinqua**nt**.	**Die** Freund**e** komm**en** näher.
②	Serva**e** time**nt**.	**Die** Sklavinn**en** hab**en** Angst.
③	Etiam Mārc**us et** Aul**us** veniu**nt**.	Auch **Marcus und Aulus** komm**en**.
④	Ubī dōn**a** su**nt**?	Wo **sind die** Geschenke?

Die **Sätze** stehen **im Plural**. Sowohl Subjekt als auch Prädikat sind Pluralformen.

1.1 Dritte Person Plural (Präsens) des Verbs

appropinqua — **nt**	**sie** komm**en** näher
time ———— **nt**	**sie** hab**en** Angst
veni — *u* —— **nt**	**sie** komm**en**
s ——— *u* —— **nt**	**sie** s**ind**
↑ *Sprechvokal*	

Person-Zeichen
3. Person Plural

-nt

Das *-u-* ist als *Sprechvokal* zur besseren Aussprache eingeschoben.

◀▶ Du erkennst:
Das Person-Zeichen *-nt* zeigt die **3. Person Plural** des **Verbs** an.

1.2 Nominativ Plural des Substantivs

Die **Substantive** enden im **Nominativ Plural** je nach ihrem Genus **verschieden.**

-ae	-ī	-a
serv-**ae**	amīc-**ī**	dōn-**a**
Femininum	Maskulinum	Neutrum

◀▶ Du erkennst:

1. Wenn das Subjekt im Plural steht, erscheint auch das Prädikat im Plural (**Kongruenz**).
2. Wenn zwei Personen oder Sachen das Subjekt bilden, so steht das Prädikat auch im Plural, z. B. *Mārcus et Aulus veniunt.*

2 Vokativ

①	Salvē, Flāvi**a**!	Sei gegrüßt, Flavia!
②	Salvē, Mārc**e**!	Sei gegrüßt, Marcus!
③	Salvēte, amīc**ī**!	Hallo, Freunde!

◀▶ Du erkennst:

1. Flavia, Marcus bzw. die Freunde werden angesprochen. Das Lateinische hat dafür einen eigenen Kasus, den **Vokativ** (Anredefall). Seine Form ist **größtenteils** mit dem **Nominativ identisch.**
2. Bei den Eigennamen auf *-us* endet der Vokativ auf *-**e***.
3. Bei den Eigennamen auf *-ius* endet der Vokativ auf bloßes *-ī* (Wegfall von *-us*), z. B. *Lūcī* (< Lūcius), *Tiberī* (< Tiberius).

3 Satzarten (Hauptsatz)

Jeder Satz endet mit einem Satzzeichen. Diese sind je nach Art des Satzes unterschiedlich:

①	Amīcī appropinquant**.**	Die Freunde kommen näher**.**
②	Salvēte, amīcī**!**	Hallo, Freunde**!**
③	Cūr rīdent**?**	Warum lachen sie**?**

◀▶ Du erkennst:

Es handelt sich bei den drei Sätzen um drei verschiedene Satzarten:
Aussagesatz („Punkt“),
Ausrufesatz/Aufforderungssatz („Ausrufezeichen“),
Fragesatz („Fragezeichen“).

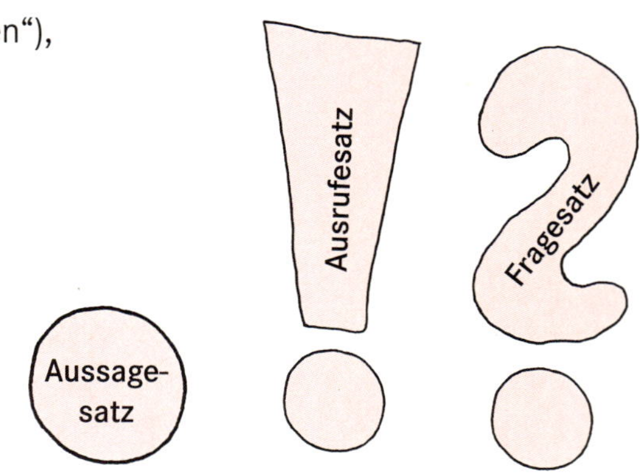

3 Akkusativ – Akkusativ-Objekt: Deklinationsklassen – Erste/zweite Person Singular und Plural des Verbs: Konjugationsklassen – Angabe der Richtung

S

Im Bauwerk des Satzes stößt du neben dem Subjekt und dem Prädikat auf ein weiteres Bauteil: das **Objekt** (Satzergänzung), das hier im **Akkusativ** (Wen-/Was-Fall) steht.

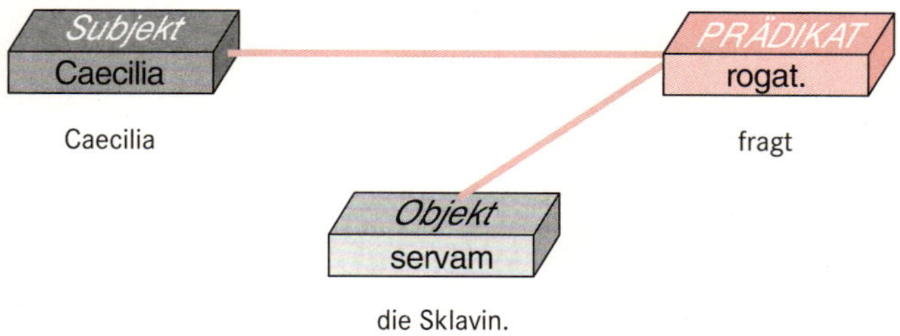

Das **Akkusativ-Objekt** wird meist durch ein **Substantiv** gebildet.

F

Das **Substantiv** betrachtest du jetzt genauer und erkennst: Auch dieses besteht aus einem **Bedeutungsteil (Stamm)** und einem **Signalteil (Endung)**.

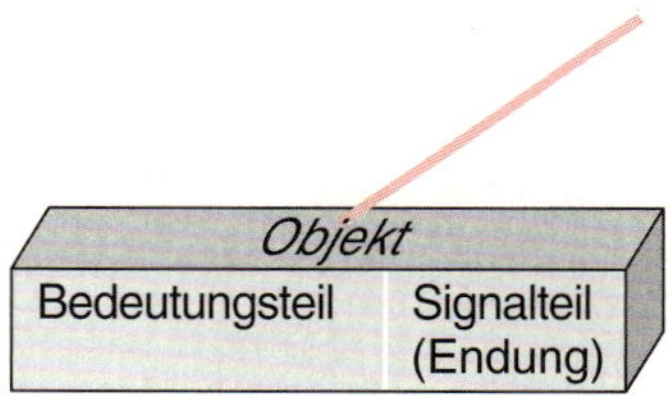

serv —— a-**m**
serv —— u-**m**
amīc —— ā-**s**
amīc —— ō-**s**

↑ Kasus-Zeichen

Der **Signalteil** *-am, -um/-ās, -ōs* zeigt den **Kasus** des **Akkusativ Singular** bzw. **Plural** an.

1 Akkusativ – Akkusativ-Objekt

Quīntus	amī**cam** / amī**cās**	exspectat.	Quintus erwartet	die Freundin. / die Freundinnen.
Flāvia	equ**um** / equ**ōs**	audit.	Flavia hört	das Pferd. / die Pferde.
Mārcus	dōn**um** / dōn**a**	apportat.	Marcus bringt	das Geschenk. / die Geschenke.

1.1 Erscheinungsform

◀▶ Du erkennst:

1. Der Akkusativ hat folgende Signalteile:

	Singular	Plural
Femininum	-am	-ās
Maskulinum	-um	-ōs
Neutrum	-um	-a

2. Nominativ und Akkusativ unterscheiden sich im **Neutrum** nicht.

Akkusativ
Singular Plural

-am	-ās
-um	-ōs
-um	-a

1.2 Verwendung

1. Der **Akkusativ** antwortet auf die Frage **„wen oder was?"**.

▶ Wen erwartet Quintus? Was bringt Marcus?

2. Das **Akkusativ-Objekt** steht in der Regel zwischen Subjekt und Prädikat.
Wenn es an anderer Stelle steht, so ist es besonders betont, z. B.

Flāviam Quīntus exspectat, nōn Gallam.	(Die) **Flavia** erwartet (der) Quintus, nicht (die) Galla.

1.3 Deklinationsklassen

Substantive werden **in Gruppen** eingeteilt. Diese Gruppen nennt man **Deklinationsklassen**, da man die Veränderung von Substantiven **Deklination** nennt. Die Einteilung geschieht nach dem **Kennvokal**, der zwischen dem Bedeutungsteil und dem Kasus-Zeichen steht.

Im Akkusativ Plural kannst du diesen Kennvokal feststellen:

amīc-**ā**-s: ā-Deklination
amīc-**ō**-s: o-Deklination

Die Neutra auf *-um* gehören zur o-Deklination (templum < *templom).

1.4 Deklinationsschema

Wir ordnen zunächst den Nominativ und Akkusativ in das **Deklinationsschema** ein, das du vom Deutschen her bereits kennst:

	ā-Deklination		o-Deklination			
	Femininum		Maskulinum		Neutrum	
	Singular	Plural	Singular	Plural	Singular	Plural
Nom.	amīc-**a**	amīc-**ae**	amīc-**us**	amīc-**ī**	dōn-**um**	dōn-**a**
Akk.	amīc-**am**	amīc-**ās**	amīc-**um**	amīc-**ōs**	dōn-**um**	dōn-**a**

2 Erste/zweite Person Singular und Plural des Verbs

① Mārcus: „Cūr tacē**s**, Flāvia?“	Marcus: „Warum schweigst **du**, Flavia?“
② Flāvia: „Time**ō**.“	Flavia: „**Ich** fürchte mich.“
③ Mārcus: „Cūr cessā**tis**, servae?“	Marcus: „Warum zögert **ihr**, Sklavinnen?“
④ Servae: „Iam parē**mus** et venī**mus**.“	Sklavinnen: „**Wir** gehorchen schon und kommen.“
⑤ Mārcus: „Ubī **es,** Flāvia? Ubī **estis,** servae?“	Marcus: „Wo **bist du**, Flavia? Wo **seid ihr**, Sklavinnen?“
⑥ Flavia: „Hīc **sum**.“	Flavia: „**Ich bin** hier.“
⑦ Servae: „Hīc **sumus**.“	Sklavinnen: „**Wir sind** hier.“

2.1 Erscheinungsform

◀▶ Du erkennst:

1. Die Prädikate stehen alle im **Präsens.**
2. Die **Person-Zeichen** des **Präsens** lauten:

-ō/-m, -s, -t, -mus, -tis, -nt .

Person-Zeichen

Singular	Plural
-ō/-m	-mus
-s	-tis
-t	-nt

2.2 Konjugationsklassen

Auch die **Verben** werden in **Gruppen** eingeteilt. Diese Gruppen nennt man **Konjugationsklassen,** da man die Veränderung von Verben **Konjugation** nennt. Die Einteilung erfolgt nach dem **Kennvokal,** der den Bedeutungsteil abschließt.
Danach kannst du zunächst folgende Konjugationsklassen unterscheiden:

clām **a**-t: ā-Konjugation
tac **e**-t: ē-Konjugation
aud **i**-t: ī-Konjugation

2.3 Konjugationsschema

Die Tabelle zeigt dir das Konjugationsschema für das **Präsens** der drei Konjugationsklassen:

	ā-Konj.		ē-Konj.		ī-Konj.	
1. P. Sg.	clāmō*	ich schreie	taceō	ich schweige	audiō	ich höre
2. P. Sg.	clāmās	du schreist	tacēs	du schweigst	audīs	du hörst
3. P. Sg.	clāmat	er, sie, es schreit	tacet	er, sie, es schweigt	audit	er, sie, es hört
1. P. Pl.	clāmāmus	wir schreien	tacēmus	wir schweigen	audīmus	wir hören
2. P. Pl.	clāmātis	ihr schreit	tacētis	ihr schweigt	audītis	ihr hört
3. P. Pl.	clāmant	sie schreien	tacent	sie schweigen	audiunt	sie hören
Infinitiv	clāmāre	schreien	tacēre	schweigen	audīre	hören

* clāmō entstanden aus clāma-ō (Zusammenziehung von Vokalen, vgl. ▶ 12, S. 139).

Die Formen von *esse* lauten:

1. P. Sg.	*s*um	ich bin
2. P. Sg.	es	du bist
3. P. Sg.	est	er, sie, es ist

1. P. Pl.	*s*umus	wir sind
2. P. Pl.	estis	ihr seid
3. P. Pl.	*s*unt	sie sind

3 Angabe der Richtung

Mārcus < in īnsul**am** Crēt**am** nāvigat. / Rōm**am** properat.

Marcus < segelt zur Insel Kreta. / eilt nach Rom.

◀▶ Du erkennst:

1. Der **Akkusativ** antwortet auch auf die **Frage „wohin?"**
2. Die **Richtung** wird angegeben durch den **Akkusativ** in Verbindung **mit der Präposition *in***, bei **Städtenamen** durch den **bloßen Akkusativ**.

4 Genitiv – Genitiv-Attribut (Genitiv der Zugehörigkeit) – Konsonantische Deklination (Mischdeklination)

S

Du kannst im Bauwerk eines Satzes ein weiteres Bauteil entdecken: das **Attribut** (Beifügung). Dieses ist jeweils dem Subjekt und/oder dem Objekt beigefügt.

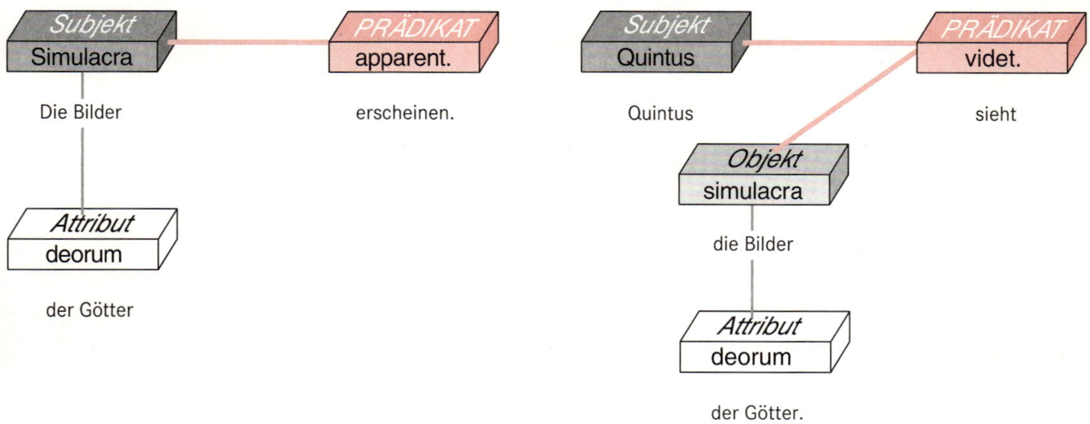

Das **Attribut** ist hier durch ein Substantiv gebildet, das im **Genitiv** (Wessen-Fall) steht. Man nennt es deshalb **Genitiv-Attribut.**

F

Du kennst bereits die ā-Deklination (Substantive mit dem Kennvokal *-ā-*) und die o-Deklination (Substantive mit dem Kennvokal *-o-*).
Es gibt aber auch Substantive, die **keinen Kennvokal** haben, der zwischen Bedeutungsteil und Kasus-Zeichen steht. Das Kasus-Zeichen tritt hier unmittelbar an den Bedeutungsteil, der auf einen Konsonanten endet, z. B. *clamor-s*.
Wir sprechen deshalb von der **Konsonantischen Deklination.**
Um jedoch das Wort besser aussprechen zu können, ist vor dem Kasus-Zeichen ein ***Sprechvokal*** eingeschoben: *clamor-e-s* „die Schreie“.

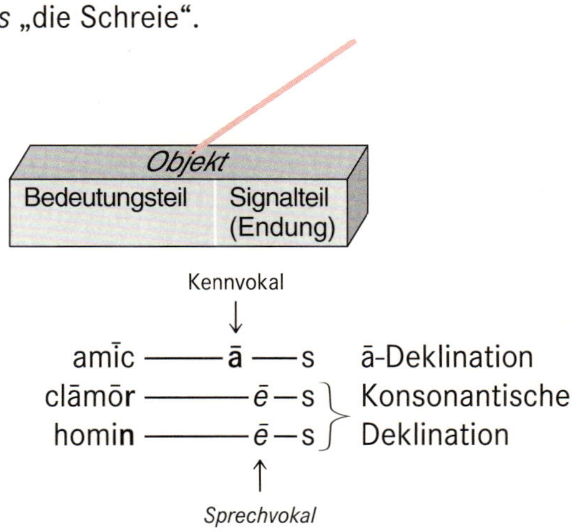

1 Genitiv – Genitiv-Attribut (Genitiv der Zugehörigkeit)

①	Familia amīc**ae** appropinquat.	Die Familie **der** Freundin nähert sich.
②	Intrant vīllam amīc**ī**.	Sie betreten das Landhaus **des** Freund**es**.
③	Simulācra de**ōrum** et de**ārum** placent.	Die Bilder **der** Götter und Göttinnen gefallen.
④	Hominēs ārdōrem imperātōr**is** vident.	Die Menschen sehen die Begeisterung **des** Kaiser**s**.
⑤	Quīntus et Flāvia clāmōrem homin**um** nōn audiunt.	Quintus und Flavia hören das Geschrei **der** Menschen nicht.

1.1 Erscheinungsform

◀▶ Du erkennst:
Der **Genitiv** hat folgende Signalteile:

	Singular	Plural
ā-Deklination	-ae	-ārum
o-Deklination	-ī	-ōrum
Kons. Deklination	-is	-um

Genitiv

Singular	Plural
-ae	-ārum
-ī	-ōrum
-is	-um

1.2 Verwendung

◀▶ Du erkennst:

1. Der **Genitiv** antwortet auf die Frage **„wessen?"**.
2. Der **Genitiv** steht in einem Satz selten allein, sondern begegnet dir meist in Verbindung **mit** einem **Substantiv**. Er ist **dem Substantiv „beigefügt"**. Deshalb erfüllt er in einem Satz die Aufgabe des **Attributs** (Beifügung). Wir sprechen dann von einem **Genitiv-Attribut**.

vīlla **senātōris**	das Landhaus des Senators
furor **equōrum**	die Raserei der Pferde
sīgnum **spectāculī**	das Zeichen des Schauspiels/zum Schauspiel

▲ Genitiv-Attribut

3. Der Genitiv drückt die **Zugehörigkeit** aus.

2 Konsonantische Deklination (Mischdeklination)

2.1 Erscheinungsform

◀▶ Du erkennst:

1. Substantive der Konsonantischen Deklination haben folgende Signalteile:

	Singular	Plural
Nom.	–/bes. Form/-is	-ēs
Gen.	-is	-um
Akk.	-em	-ēs

2. Der **Nominativ Singular** bei **Substantiven** der **Konsonantischen Deklination** besteht nur aus dem **Bedeutungsteil** ①, hat eine **besondere Form** ② oder **endet** auf *-is* ③.
   Der Bedeutungsteil des Substantivs ist bei ② nur aus den anderen Kasus ersichtlich.

	– ①		besondere Form ②		*-is* ③
Nom.:	senātor	cōnsul	homō	eques	canis
Gen.:	**senātōr**-is	**cōnsul**-is	**homin**-is	**equit**-is	**can**-is

Bedeutungsteil

2.2 Deklinationsschema

	ā-Deklination		o-Deklination			
	Femininum		Maskulinum		Neutrum	
	Sg.	Pl.	Sg.	Pl.	Sg.	Pl.
Nom.	amīc**a**	amīc**ae**	amīc**us**	amīc**ī**	dōn**um**	dōn**a**
Gen.	amīc**ae**	amīc**ārum**	amīc**ī**	amīc**ōrum**	dōn**ī**	dōn**ōrum**
Akk.	amīc**am**	amīc**ās**	amīc**um**	amīc**ōs**	dōn**um**	dōn**a**

	Konsonantische Deklination			
	Sg.	Pl.	Sg.	Pl.
Nom.	senātor	senātōr**ēs**	homō	homin**ēs**
Gen.	senātōr**is**	senātōr**um**	homin**is**	homin**um**
Akk.	senātōr**em**	senātōr**ēs**	homin**em**	homin**ēs**

5 Dativ – Dativ-Objekt – Konsonantische Konjugation

S1

Im Bauwerk des Satzes kennst du bereits das Bauteil Objekt, und zwar als Akkusativ-Objekt.
Dieses Bauteil kann dir auch als **Dativ-Objekt** begegnen.

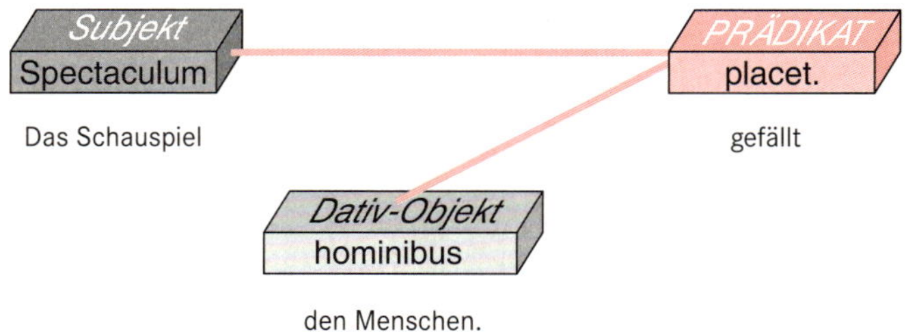

S2

Akkusativ-Objekt und **Dativ-Objekt** können auch zusammen auftreten.

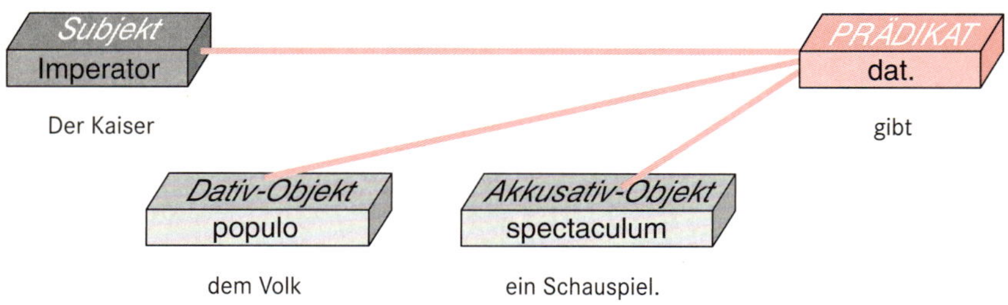

F

Du kennst bereits **Verben** mit dem Kennvokal *-ā-, -ē-* oder *-ī-*.
Danach unterscheiden wir die ā-, ē- oder **ī-Konjugation**.
Es gibt aber auch **Verben**, die **keinen Kennvokal** haben.
Ihr Bedeutungsteil endet auf einen Konsonanten, z. B. *dic-t*.
Wir sprechen deshalb von der **Konsonantischen Konjugation**.
Zur besseren Aussprache ist vor dem Person-Zeichen (außer bei der 1. P. Sg.) ein ***Sprechvokal*** eingeschoben: *dic-i-t* „er, sie, es spricht".

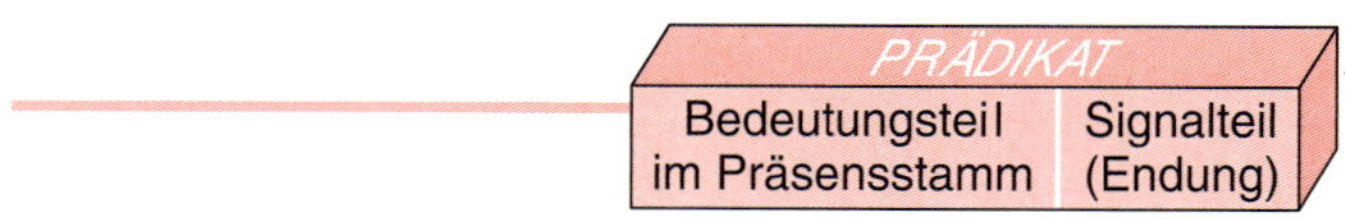

Kennvokal
↓
exspect **a** —— t ā-Konjugation
vid **e** —— t ē-Konjugation
aud **i** —— t ī-Konjugation
dīc —— *i*-t Konsonantische Konjugation
↑
Sprechvokal

1 Dativ – Dativ-Objekt

Spectāculum placet	amīc**ae**.	Das Schauspiel gefällt	**der** Freundin.
	amīc**īs**.		**den** Freundinnen.
	domin**ō**.		**dem** Herrn.
	serv**īs**.		**den** Sklaven.
	imperātōr**ī**.		**dem** Kaiser.
	senātōr**ibus**.		**den** Senatoren.

1.1 Erscheinungsform

Du erkennst:
Der **Dativ** (Wem-Fall) hat folgende Signalteile:

	Singular	Plural
ā-Deklination	-ae	-īs
o-Deklination	-ō	-īs
Kons. Deklination	-ī	-ibus

Dativ
Singular Plural

-ae	-īs
-ō	-īs
-ī	-ibus

1.2 Verwendung

Der **Dativ** antwortet auf die Fragen **„wem?"** und **„für wen?"**.

1.3 Deklinationsschema

	ā-Deklination		o-Deklination			
	Femininum		Maskulinum		Neutrum	
	Sg.	Pl.	Sg.	Pl.	Sg.	Pl.
Nom.	amīca	amīcae	amīcus	amīcī	dōnum	dōna
Gen.	amīcae	amīcārum	amīcī	amīcōrum	dōnī	dōnōrum
Dat.	amīc**ae**	amīc**īs**	amīc**ō**	amīc**īs**	dōn**ō**	dōn**īs**
Akk.	amīcam	amīcās	amīcum	amīcōs	dōnum	dōna

	Konsonantische Deklination			
	Sg.	Pl.	Sg.	Pl.
Nom.	senātor	senātōrēs	homō	hominēs
Gen.	senātōris	senātōrum	hominis	hominum
Dat.	senātōr**ī**	senātōr**ibus**	homin**ī**	homin**ibus**
Akk.	senātōrem	senātōrēs	hominem	hominēs

2 Konsonantische Konjugation

①	Epistulam leg**ō**.	**Ich lese** einen Brief.
②	Tū dī**cis**: „Lūd**ere** placet."	**Du sagst**: „Es macht Spaß, **zu spielen**."
③	Tum amīcus accurr**it**.	Dann **läuft** ein Freund herbei.
④	Statim lūd**imus**.	Sofort **spielen wir**.
⑤	Quaerō: „Cūr nōn leg**itis**?"	**Ich frage**: „Warum **lest ihr** nicht?"
⑥	Dī**cunt**: „Leg**ere** nōn placet."	**Sie sagen**: „**Lesen** macht keinen Spaß."

2.1 Erscheinungsform

◀▶ Du erkennst:

1. Der **Signalteil** der Verben der **Konsonantischen Konjugation** lautet:

   -ō, -*i*s, -*i*t, -*i*mus, -*i*tis, -*u*nt .

2. Der Signalteil des Infinitivs lautet *-ere*.
3. Vor dem Person-Zeichen (außer bei der 1. P. Sg.) und dem Infinitiv-Zeichen *-re* ist ein *Sprechvokal* eingefügt.

2.2 Konjugationsschema

	ā-Konj.		ē-Konj.		ī-Konj.		Kons. Konj.	
1. P. Sg.	clāmō	ich schreie	taceō	ich schweige	audiō	ich höre	legō	ich lese
2. P. Sg.	clāmās	du schreist	tacēs	du schweigst	audīs	du hörst	leg*i*s	du liest
3. P. Sg.	clāmat	er, sie, es schreit	tacet	er, sie, es schweigt	audit	er, sie, es hört	leg*i*t	er, sie, es liest
1. P. Pl.	clāmāmus	wir schreien	tacēmus	wir schweigen	audīmus	wir hören	leg*i*mus	wir lesen
2. P. Pl.	clāmātis	ihr schreit	tacētis	ihr schweigt	audītis	ihr hört	leg*i*tis	ihr lest
3. P. Pl.	clāmant	sie schreien	tacent	sie schweigen	audiunt	sie hören	leg*u*nt	sie lesen
Infinitiv	clāmāre	schreien	tacēre	schweigen	audīre	hören	legere	lesen

6 Adjektive der ā-/o-Deklination – Adjektive als Attribut oder Prädikatsnomen – Imperativ

S1

Das Adjektiv steht meist in Verbindung mit einem Substantiv.
Im Bauwerk des Satzes kann das **Adjektiv** das Bauteil **Attribut** bilden.

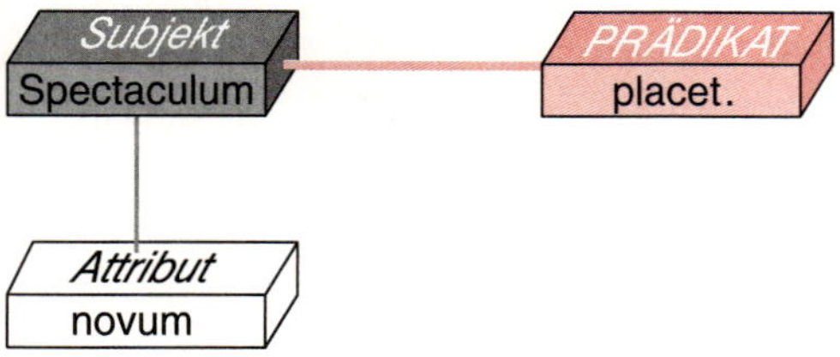

Das **neue** Schauspiel gefällt.

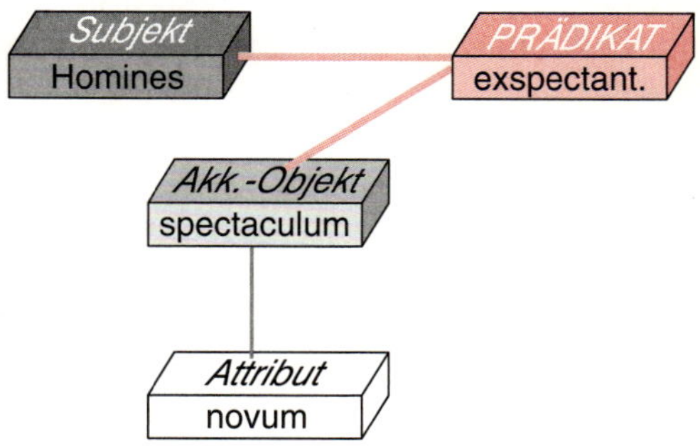

Die Menschen erwarten ein **neues** Schauspiel.

S2

Das **Adjektiv** kann auch – wie ein Substantiv – **zusammen mit dem Hilfsverb** *sum/es/est* ... das Bauteil **Prädikat** bilden. In diesem Fall wird das Adjektiv als **Prädikatsnomen** verwendet.

F

Zu allen Verben lässt sich ein **Imperativ** (Befehlsform) bilden.
Die Form des Imperativs wird folgendermaßen gebildet:

im Singular

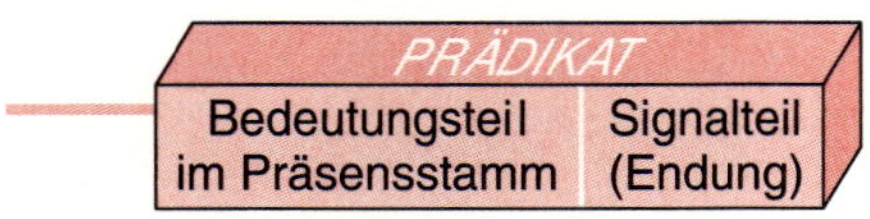

Bedeutungsteil	Signalteil	
exspect **ā**	!	warte!
vid **ē**	!	sieh!
ven **ī**	!	komm!
dēfend	*e*!	verteidige!
es	!	sei!
↑ Kenn-vokal	↑ *Sprech-vokal*	

im Plural

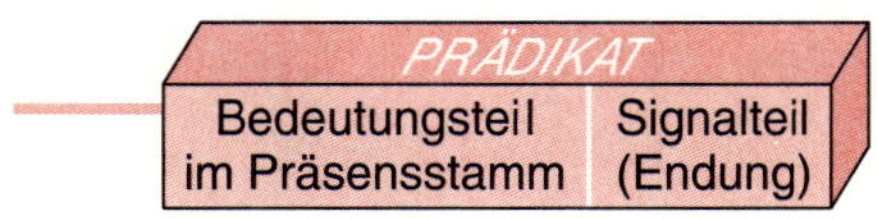

Bedeutungsteil	Signalteil	
exspect **ā**	**te**!	wartet!
vid **ē**	**te**!	seht!
ven **ī**	**te**!	kommt!
dēfend	*i*–**te**!	verteidigt!
es	**te**!	seid!
↑ Kenn-vokal	↑ *Sprech-vokal* ↑ Imperativ-Zeichen	

1 Adjektive der ā-/o-Deklination

1.1 Adjektive als Attribute

① Nūnt**ius** secund**us** Domitiō placet.	Die günstige Botschaft gefällt Domitius.
② Statim in māgn**am** prōvinci**am** venīre properat.	Sofort beeilt er sich, in die große Provinz zu kommen.
③ Sed Caecīlia māgn**um** perīcul**um** timet.	Aber Caecilia fürchtet eine große Gefahr.
④ Mult**ī** homin**ēs** perīcula terr**ārum** nov**ārum** timent.	Viele Menschen fürchten die Gefahren neuer Länder.

◀▶ Du erkennst:

1. Im Lateinischen steht das Adjektiv meist **hinter dem Substantiv**, auf das es sich bezieht.
2. **Vor dem Substantiv** stehen Zahl- und Mengenadjektive wie „viel“ und „groß“.
3. Die Adjektive werden **wie Substantive der ā- und o-Deklination dekliniert.**
4. Das Adjektiv als Attribut und als Prädikatsnomen stimmt in **Kasus, Numerus und Genus mit dem Substantiv überein**, auf das es sich bezieht (Bezugswort). Wir sprechen von der so genannten **KNG-Kongruenz.**

KNG-Regel

1.2 Deklinationsschema

		froh		
		m	f	n
Sg.	Nom.	laet**us**	laeta	laet**um**
	Gen.	laet**ī**	laet**ae**	laet**ī**
	Dat.	laet**ō**	laet**ae**	laet**ō**
	Akk.	laet**um**	laet**am**	laet**um**
	Vok.	laete	laeta	(laet**um**)
Pl.	Nom.	laet**ī**	laet**ae**	laeta
	Gen.	laet**ōrum**	laet**ārum**	laet**ōrum**
	Dat.	laet**īs**	laet**īs**	laet**īs**
	Akk.	laet**ōs**	laet**ās**	laeta

1.3 Adjektive als Prädikatsnomen

① Domiti**us** laet**us** est.	Domitius ist froh.
② Sed Flāvi**a** maest**a** est.	Aber Flavia ist traurig.
③ Nam perīcul**a** māgn**a** sunt.	Denn die Gefahren sind groß.
④ Homin**ēs** nōn semper laet**ī** sunt.	Die Menschen sind nicht immer froh.
⑤ Quīnt**us**: „Maest**us** sum."	Quintus sagt: „Ich bin traurig."
⑥ Flāvi**a**: „Etiam ego maest**a** sum."	Flavia entgegnet: „Auch ich bin traurig."
⑦ Sed Aul**us** et Mārc**us**: „Laet**ī** sumus."	Doch Aulus und Marcus sagen: „Wir sind froh."

◀▶ Du erkennst:
1. Ein Satz mit bloßem Hilfsverb („Domitius est ...") wäre unvollständig. Er braucht eine Ergänzung („Domitius **laetus** est.").
2. Das Adjektiv ist also Teil des Prädikats.
3. Das Adjektiv sagt aus, **wie oder was** das Subjekt ist.
4. In Verbindung mit dem **Hilfsverb** ***sum/es/est*** ... bildet das **Adjektiv** ein so genanntes **Prädikatsnomen.** Es stimmt in **Kasus, Numerus und Genus mit dem Subjekt überein (KNG-Kongruenz)**, während es im Deutschen unveränderlich ist.

2 Imperativ

① Proper**ā**, amīce!	Eile, (mein) Freund!	Proper**āte**, amīcī!	Eilt, Freunde!
② Rīd**ē**, amīca!	Lache, (meine) Freundin!	Rīd**ēte**, amīcae!	Lacht, Freundinnen!
③ Ven**ī**, serva!	Komm, Sklavin!	Ven**īte**, servae!	Kommt, Sklavinnen!
④ Accurr**e**, serve!	Lauf herbei, Sklave!	Accurr***i*****te**, servī!	Lauft herbei, Sklaven!
⑤ **Es** laeta, fēmina!	Sei froh, Frau!	**Este** laetae, fēminae!	Seid froh, Frauen!
⑥ **Dīc**, serve!	Sprich, Sklave!	Dīc***i*****te**, servī!	Sprecht, Sklaven!

◀▶ Du erkennst:
1. Der Imperativ ist die **Befehlsform.** Er richtet sich an die 2. Person Singular oder Plural.
2. Das **Imperativ-Zeichen** für den Singular ist bei der **ā-/ē-/ī-Konjugation** der Kennvokal *-ā/-ē/-ī*, bei der **Konsonantischen Konjugation** der *Sprechvokal* **-e**.
3. Das **Imperativ-Zeichen** für den Plural ist **-te/-*i*te**.
4. Der **Imperativ** steht im **Aufforderungssatz.** Das Satzzeichen ist stets ein **Ausrufezeichen.**

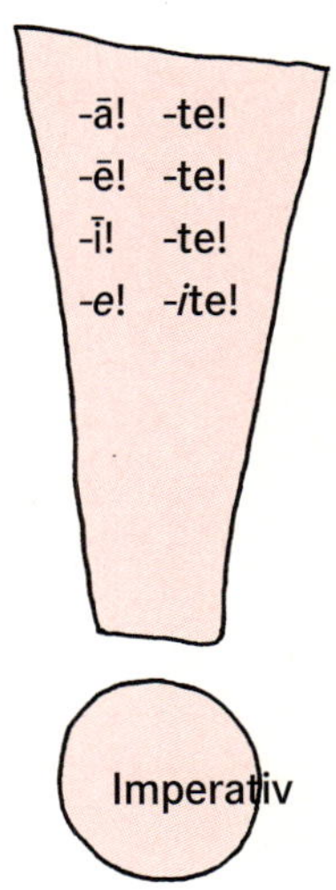

Der **Imperativ Singular** lautet zu:

dīcere (ab)dūcere	dīc! (ab)dūc!	Sprich! Führe (weg)!

7 Adverbiale – Ablativ in präpositionaler Verbindung – Fragesätze

S

Du kannst im Bauwerk des Satzes ein weiteres Bauteil erkennen: das **Adverbiale.** Dieses gibt einen **näheren Umstand** an; es drückt aus, **wann** (**Zeit**), **wo** (**Ort**) oder **wie** (**Art und Weise**) etwas geschieht.
Das Adverbiale bestimmt also das Prädikat näher.

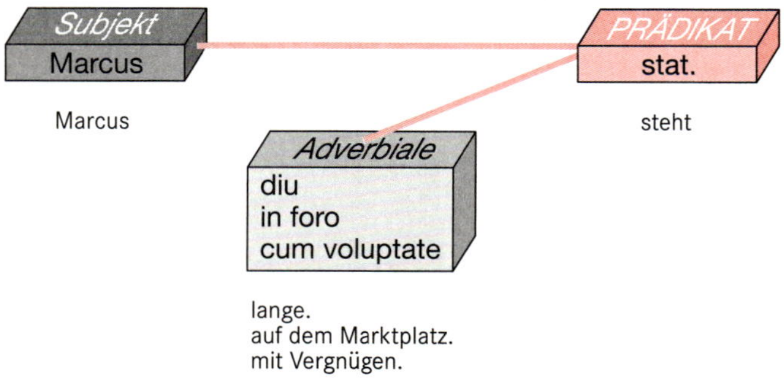

F

in forō ist eine **präpositionale Verbindung**. Sie besteht aus der Präposition *in* und einem Substantiv in einem neuen Kasus: dem **Ablativ.**

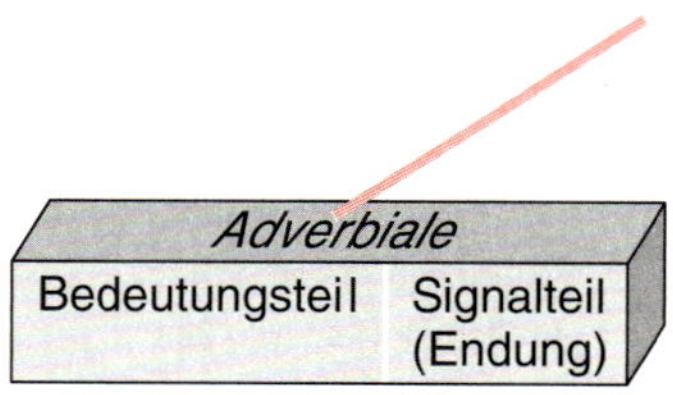

in	for —	**ō**	auf dem Marktplatz
cum	voluptāt —	**e**	mit Vergnügen
sine	homin —	**ibus**	ohne (die) Menschen

1 Ablativ in präpositionaler Verbindung

in	īnsulā	**auf der** Insel	ā-Deklination
	vīllīs	**in den** Landhäusern	
	spectāculō	**beim** Schauspiel	o-Deklination
	equīs	**auf den** Pferden	
cum	voluptāte	**mit** Vergnügen	Konsonantische Deklination
	senātōr**ibus**	**mit** den Senatoren	
sine	mente	**ohne** Bewusstsein	
	cōnsul**ibus**	**ohne** Konsuln	

1.1 Erscheinungsform

◀▶ Du erkennst:
Der **Ablativ** hat folgende Signalteile:

	Singular	Plural
ā-Deklination	-ā	-īs
o-Deklination	-ō	-īs
Kons. Deklination	-e	-ibus

Ablativ

Singular	Plural
-ā	-īs
-ō	-īs
-e	-ibus

1.2 Deklinationsschema

	ā-Deklination		o-Deklination			
	Femininum		Maskulinum		Neutrum	
	Sg.	Pl.	Sg.	Pl.	Sg.	Pl.
Nom.	amīca	amīcae	amīcus	amīcī	dōnum	dōna
Gen.	amīcae	amīcārum	amīcī	amīcōrum	dōnī	dōnōrum
Dat.	amīcae	amīcīs	amīcō	amīcīs	dōnō	dōnīs
Akk.	amīcam	amīcās	amīcum	amīcōs	dōnum	dōna
Abl.	cum amīc**ā**	cum amīc**īs**	cum amīc**ō**	cum amīc**īs**	sine dōn**ō**	sine dōn**īs**

	Konsonantische Deklination			
	Sg.	Pl.	Sg.	Pl.
Nom.	senātor	senātōrēs	homō	hominēs
Gen.	senātōris	senātōrum	hominis	hominum
Dat.	senātōrī	senātōribus	hominī	hominibus
Akk.	senātōrem	senātōrēs	hominem	hominēs
Abl.	cum senātōr**e**	cum senātōr**ibus**	cum homin**e**	cum homin**ibus**

1.3 Grundfunktionen des Ablativs als Adverbiale

Der Ablativ kann Folgendes ausdrücken:

ORT/ZEIT		MITTEL/BEGLEITUNG		TRENNUNG	
in īnsulā *aber*: in īnsulam	auf der Insel („wo?") auf die Insel („wohin?")	cum voluptāte	mit Vergnügen	sine mente	ohne Bewusstsein
in spectāculō	beim Schauspiel/ während des Schauspiels	cum senātōribus	mit den Senatoren	sine cōnsulibus	ohne Konsuln

◀▶ Du erkennst:

1. Einen Kasus „Ablativ" gibt es im Deutschen nicht.
   Der **Ablativ in präpositionaler Verbindung** wird jeweils mit dem Kasus wiedergegeben, den die deutsche Präposition verlangt.
2. Im Bauwerk des Satzes bildet der Ablativ in präpositionaler Verbindung das Bauteil **Adverbiale.**

2 Fragesätze

Bei Fragesätzen unterscheidet man
a) **Wortfragen** (eingeleitet durch *quis?* „wer?“, *quid?* „was?“ o. Ä.),
b) **Satzfragen**.
Satzfragen sind Entscheidungsfragen. Sie erwarten die Antwort „ja“ oder „nein“.
Im Lateinischen werden sie durch bestimmte **Fragesignale** eingeleitet:

①	**Nōnne** Flāvia semper Quīntum cōgitat?	Denkt Flavia **denn nicht** immer an Quintus?
②	**Num** timet pīrātās?	Hat sie **etwa** vor Piraten Angst?
③	Nāvigant**ne** iam diū in Crētam?	Sind sie schon lange auf der Fahrt nach Kreta?

◀▶ Du erkennst:
Es gibt im Lateinischen drei verschiedene Möglichkeiten, Satzfragen einzuleiten.
Dabei zeigen die einleitenden Wörter an, welche Antwort der Fragende erwartet.

Fragesignal	*Erwartete Antwort*
nōnne („denn nicht“)	ja/doch
num („etwa“)	nein
-ne	ja oder nein

Das Fragesignal ***-ne*** ist immer an das Wort angehängt, das betont werden soll, und wird im Deutschen nicht übersetzt.

8 Ablativ ohne Präposition – Praedicativum

S1

Im Bauwerk des Satzes begegnet dir sehr häufig der **Ablativ ohne Präposition**; er bildet dann fast immer das Bauteil **Adverbiale**.

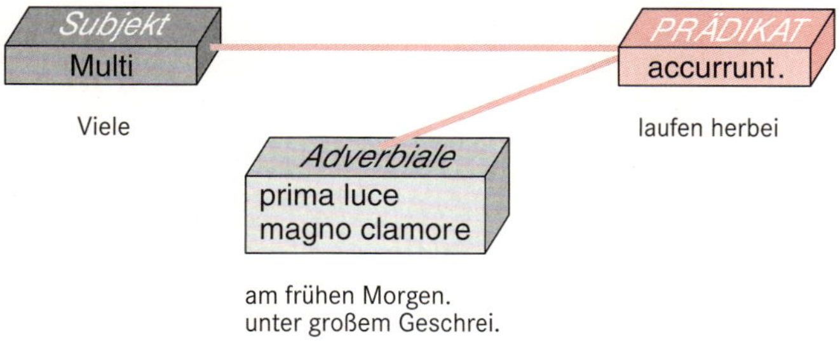

S2

Manchmal bildet auch ein **Substantiv** oder **Adjektiv** das Bauteil **Adverbiale**.

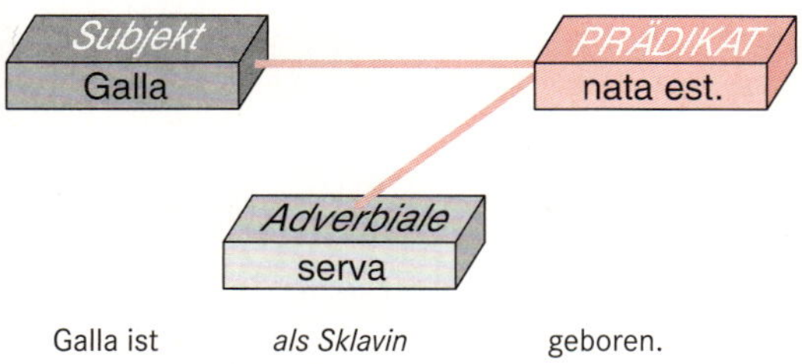

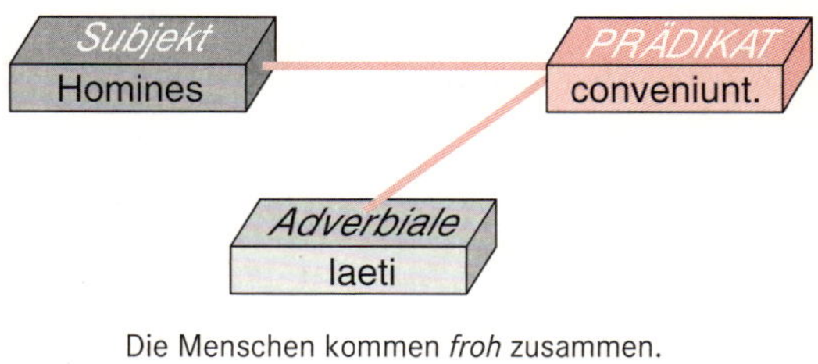

Das Substantiv *serva* und das Adjektiv *laetī* geben hier eine **Lage** („als Sklavin") oder eine **Stimmung** („froh") an, in der sich das Subjekt jeweils befindet. Dadurch wird also zugleich das Prädikat genauer bestimmt.
Wenn ein Substantiv oder Adjektiv so verwendet wird, bezeichnet man es als **Praedicativum**.

1 Ablativ ohne Präposition

① **Tōtā urbe** hominēs clāmōrēs audiunt.	**In der ganzen Stadt** hören die Menschen Geschrei.
② Iam **prīmā lūce** imperātor appāret.	Schon **am frühen Morgen** erscheint der Kaiser.
③ Aliī **māgnā vōce** imperātōrem salūtant,	Die einen begrüßen den Kaiser **mit lauter Stimme**,
④ aliī **silentiō** spectant,	die anderen schauen **schweigend/in Stille** zu,
⑤ aliī **lacrimīs** nōn vacant.	andere sind nicht frei **von Tränen**.
⑥ Cūnctī **spectāculō** gaudent.	Alle freuen sich **über das Schauspiel**.

◀▶ Du erkennst:

1. Der Ablativ ohne Präposition wird im Deutschen fast immer mit einer Präposition wiedergegeben.
2. Auch ohne Präposition drückt der Ablativ die **drei Grundfunktionen** aus:

ORT/ZEIT – MITTEL/BEGLEITUNG/GRUND – TRENNUNG

Die folgende Tabelle bietet dir eine **Orientierungshilfe** für die **Ablativfunktionen**:

Grundfunktion	Lateinisch	Deutsch	Frage
ORT/ZEIT	**tōtā urbe** (esse) **prīmā lūce** (salūtāre)	in der ganzen Stadt (sein) am frühen Morgen/ beim ersten Licht (begrüßen)	**wo?** **wann?**
MITTEL/ BEGLEITUNG/ GRUND	**māgnā vōce** (clāmāre) **silentiō** (spectāre) **spectāculō** (gaudēre)	mit lauter Stimme (rufen) schweigend/in Stille (zuschauen) (sich) über das Schauspiel (freuen)	**womit?** **wie?** **warum?** **worüber?**
TRENNUNG	**lacrimīs** (vacāre) **vīllā** (dē-cēdere)	ohne Tränen/ (frei) von Tränen (sein) aus dem Haus (weg-gehen)	**wovon?**

2 Praedicativum

①	Etiam *servus* **homō** inter hominēs nātus est.	Auch ein Sklave ist **als Mensch** unter Menschen geboren.
②	*Hominēs* **laetī** salūtant.	Die Menschen grüßen **froh**.
③	*Serva* **maesta** sedet.	Die Sklavin sitzt **traurig** da.

◀▶ Du erkennst:

1. Wenn ein **Substantiv** als **Praedicativum** verwendet wird, so stimmt dieses im **Kasus** mit dem **Subjekt** überein ①.
2. Bei der **Übersetzung** des Substantivs wird im Deutschen ein **„als“** hinzugefügt.
3. Wenn ein **Adjektiv** als **Praedicativum** verwendet wird, so stimmt dieses in **Kasus, Numerus** und **Genus** mit dem **Subjekt** überein ② und ③: **KNG-Kongruenz.**

KNG-Regel

9 Substantive und Adjektive auf -(e)r – Satzreihe – Satzgefüge

S

Wenn zwei Hauptsätze miteinander verbunden werden, so werden sie oft mit einer **Konjunktion** (einem beiordnenden Bindewort) verknüpft, z. B. *nam* „denn".
Man nennt eine solche Verbindung von Sätzen eine **Satzreihe**. Die einzelnen Sätze sind **beigeordnet**.

Aufidius gaudet;	nam	gladiatores[1] iam pugnant.
Aufidius freut sich;	denn	die Gladiatoren kämpfen schon.

Wenn ein Hauptsatz und ein Gliedsatz miteinander verbunden werden, so wird der Gliedsatz oft mit einer **Subjunktion** (einem unterordnenden Bindewort) eingeleitet, z. B. *quod* „weil". Eine solche Verbindung von Sätzen nennt man **Satzgefüge**. Der Gliedsatz ist dem Hauptsatz **untergeordnet**.

Aufidius gaudet,		
	quod	filio pugna gladiatorum[1] placet.
Aufidius freut sich,	weil	dem Sohn der Gladiatorenkampf gefällt.

F

Einige **Substantive der o-Deklination** enden im Nominativ Singular auf *-(e)r*.

	Bedeutungsteil	Signalteil	Bedeutungsteil	Signalteil
Nom. Sg.	puer	der Junge	ager	der Acker
Gen. Sg.	**puer** —	ī	**agr** —	ī

Einige **Adjektive der ā-/o-Deklination** enden im Nominativ Singular Maskulinum auf *-(e)r*.

	Bedeutungsteil	Signalteil	Bedeutungsteil	Signalteil
Nom. Sg. Mask.	miser	elend	pulcher	schön
Nom. Sg. Fem.	**miser** —	a	**pulchr** —	a
Nom. Sg. Neut.	**miser** —	um	**pulchr** —	um

Der Vokal *-e-* in *-er* gehört entweder zum Bedeutungsteil (vgl. *puer-ī, miser-a*) oder ist nur als *Sprechvokal* im Nominativ Singular Maskulinum (vgl. *ager, agr-ī; pulcher, pulchr-a*) eingeschoben.

1 Substantive und Adjektive auf *-(e)r*

1.1 Substantive

	Singular	Plural	Singular	Plural
Nom.	puer	puer-ī	ager	agr-ī
Gen.	puer-ī	puer-ōrum	agr-ī	agr-ōrum
Dat.	puer-ō	puer-īs	agr-ō	agr-īs
Akk.	puer-um	puer-ōs	agr-um	agr-ōs
Abl.	cum puer-ō	cum puer-īs	agr-ō	agr-īs

1.2 Adjektive

	m	f	n	m	f	n
			Singular			
Nom.	miser	miser-a	miser-um	pulcher	pulchr-a	pulchr-um
Gen.	miser-ī	miser-ae	miser-ī	pulchr-ī	pulchr-ae	pulchr-ī
Dat.	miser-ō	miser-ae	miser-ō	pulchr-ō	pulchr-ae	pulchr-ō
Akk.	miser-um	miser-am	miser-um	pulchr-um	pulchr-am	pulchr-um
Abl.	miser-ō	miser-ā	miser-ō	pulchr-ō	pulchr-ā	pulchr-ō
			Plural			
Nom.	miser-ī	miser-ae	miser-a	pulchr-ī	pulchr-ae	pulchr-a
Gen.	miser-ōrum	miser-ārum	miser-ōrum	pulchr-ōrum	pulchr-ārum	pulchr-ōrum
Dat.	miser-īs	miser-īs	miser-īs	pulchr-īs	pulchr-īs	pulchr-īs
Akk.	miser-ōs	miser-ās	miser-a	pulchr-ōs	pulchr-ās	pulchr-a
Abl.	miser-īs	miser-īs	miser-īs	pulchr-īs	pulchr-īs	pulchr-īs

Das Deklinationsschema zeigt dir, dass die Adjektive auf *-(e)r*, *-(e)ra*, *-(e)rum* genauso dekliniert werden wie die Adjektive auf *-us, -a, -um*.

2 Satzreihe – Satzgefüge

2.1 Als **Konjunktionen** kennst du bereits:

atque/ac	und, und auch	**et**	und; auch
itaque	deshalb, daher	**nam**	denn
neque	und nicht; auch nicht; aber nicht	**sed**	aber, (je)doch; sondern

2.2 Als **Subjunktionen** begegnen dir:

dum	während	(Angabe einer Zeit)	*temporal*
quod	weil	(Angabe eines Grundes)	*kausal*

① **Dum** pater et fīlius intrant, gladiātōrēs[1] iam pūgnant.	**Während** der Vater und der Sohn hineingehen, kämpfen die Gladiatoren schon.
② Cūnctī clāmant, **quod** pūgnās gladiātōrum[1] spectant.	Alle schreien, **weil** sie die Kämpfe der Gladiatoren anschauen.

10 Imperfekt – Ortsangaben

S

Die Menschen haben sich die Zeit in drei Abschnitte eingeteilt.
Was war **früher**? Was geschieht **jetzt**? Was wird **künftig** sein?
Diese Abschnitte lassen sich auf einem Zeitstrahl verdeutlichen:

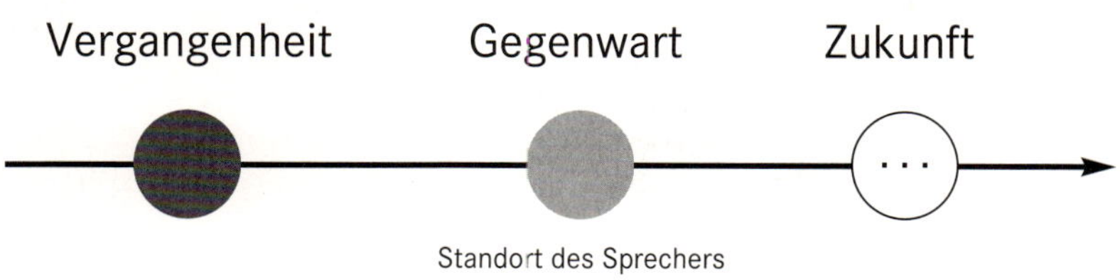

Wie im Deutschen wird auch im Lateinischen die **Vergangenheit** mit **drei verschiedenen Tempora** (Zeiten) ausgedrückt. Ein **Tempus** davon ist das **Imperfekt**.

F

Das Imperfekt ist durch das **Tempus-Zeichen** *-ba-* gekennzeichnet.
Dieses steht zwischen dem Kennvokal bzw. *Sprechvokal* und dem Person-Zeichen.

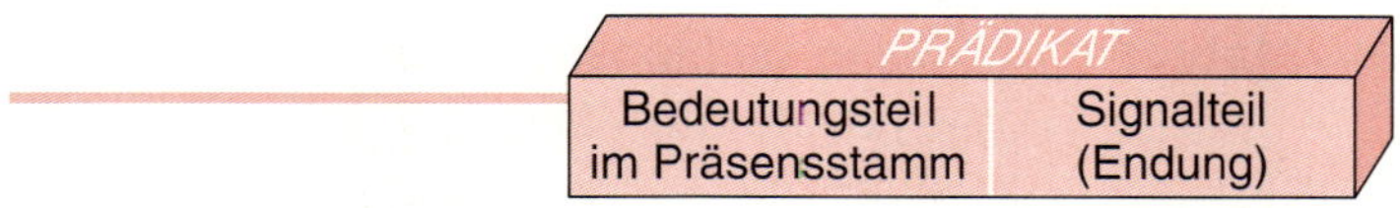

clāmā —— **ba** — m ich schrie
tacē —— **ba** — m ich schwieg
audi — ē — **ba** — m ich hörte
leg — ē — **ba** — m ich las

↑ *Sprechvokal* ↑ Tempus-Zeichen ↑ Person-Zeichen

Das **Imperfekt von *esse*** lautet: *er-a-m*, *er-ā-s*, ... – ich war, du warst, ...

1 Imperfekt
1.1 Erscheinungsform

Der Signalteil des Imperfekts (Tempus-Zeichen + Person-Zeichen) lautet:

-(ē)**ba**-m, -(ē)**bā**-s, -(ē)**ba**-t, -(ē)**bā**-mus, -(ē)**bā**-tis, -(ē)**ba**-nt .

◀▶ Das **Imperfekt** erkennst du also am Tempus-Zeichen *-ba-*.

1.2 Konjugationsschema

	ā-Konj.		ē-Konj.		ī-Konj.		Kons. Konj.	
1. P. Sg.	clāmā**bam**	ich schrie	tacē**bam**	ich schwieg	audiē**bam**	ich hörte	leg*ē***bam**	ich las
2. P. Sg.	clāmā**bās**	du schriest	tacē**bās**	du schwiegst	audiē**bās**	du hörtest	leg*ē***bās**	du lasest
3. P. Sg.	clāmā**bat**	er, sie, es schrie	tacē**bat**	er, sie, es schwieg	audiē**bat**	er, sie, es hörte	leg*ē***bat**	er, sie, es las
1. P. Pl.	clāmā**bāmus**	wir schrien	tacē**bāmus**	wir schwiegen	audiē**bāmus**	wir hörten	leg*ē***bāmus**	wir lasen
2. P. Pl.	clāmā**bātis**	ihr schriet	tacē**bātis**	ihr schwiegt	audiē**bātis**	ihr hörtet	leg*ē***bātis**	ihr last
3. P. Pl.	clāmā**bant**	sie schrien	tacē**bant**	sie schwiegen	audiē**bant**	sie hörten	leg*ē***bant**	sie lasen

Die Formen von *esse* lauten:

1. P. Sg.	eram	ich war
2. P. Sg.	erās	du warst
3. P. Sg.	erat	er, sie, es war

1. P. Pl.	erāmus	wir waren
2. P. Pl.	erātis	ihr wart
3. P. Pl.	erant	sie waren

1.3 Verwendung des Imperfekts

①	Gallī barbarī nōn **erant**.	Die Gallier **waren** keine Barbaren.
②	Dē causīs pūblicīs ac prīvātīs **statuēbant**.	Sie **entschieden** über öffentliche und private Streitfälle.
③	Etiam Gallī deīs **sacrificābant**.	Auch die Gallier **opferten** den Göttern.

◀▶ Du erkennst:

1. Das lateinische Imperfekt wird **im Deutschen** mit dem **Präteritum** (1. Vergangenheit) wiedergegeben.
2. Im lateinischen Imperfekt sind
   - **Zustände** oder **andauernde Vorgänge** ①,
   - **Gewohnheiten** ②,
   - **wiederholte Handlungen** ③ der Vergangenheit dargestellt.

2 Ortsangaben

ibī	dort, da	*Adverb*
ante vīllam	vor dem Landhaus	*Akk. in präpositionaler Verbindung*
in īnsulā	auf der Insel	*Abl. in präpositionaler Verbindung*
tōtā urbe	in der ganzen Stadt	*bloßer Ablativ*
Rōmae	in Rom	*Sonderform*

◀▶ Du erkennst:

1. Ortsangaben können durch verschiedene Formen und Verbindungen ausgedrückt sein.
2. Diese erfüllen im Satz die **Aufgabe des Adverbiales.**

10 Z Passiv im Präsensstamm: Präsens/Imperfekt – Dramatisches Präsens

S

① Pīrāta Rōmānum superat. — Der Pirat besiegt den Römer.
② Rōmānus ā pīrātā superātur. — Der Römer wird von dem Piraten besiegt.

Du kennst bereits die aktive Verwendung der Verben, z. B. *superat* „er siegt“ ①.
Von den meisten Verben kann aber auch das Passiv gebildet werden, z. B. ***superātur* „er wird besiegt“** ②:

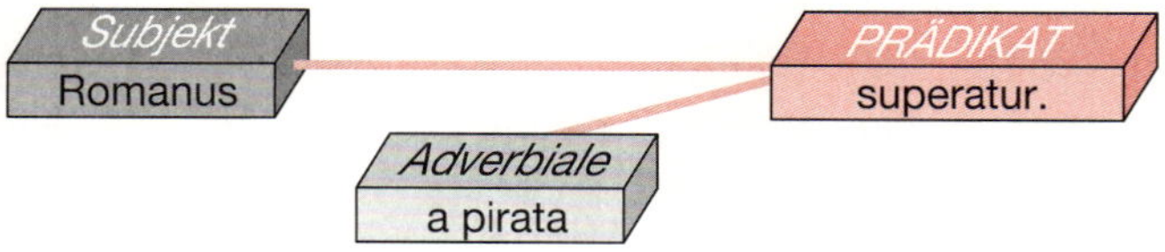

F

An den Bedeutungsteil *superā-* ist *-tur* getreten.
Dies ist das **Person-Zeichen** für die **3. Person Singular Passiv**:

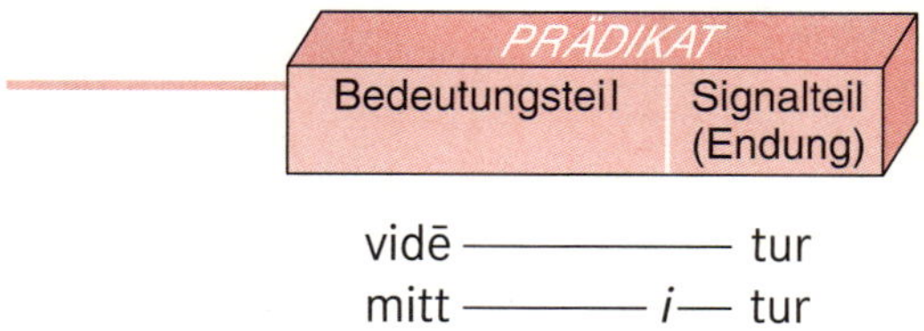

1 Passiv im Präsensstamm: Präsens/Imperfekt

1.1 Erscheinungsform

Egō *ā* pīrātīs super**or**.	Ich **werde** *von* den Piraten **besiegt**.
Tū *ā* barbarīs nōn vidē**ris**.	Du **wirst** *von* den Barbaren nicht **gesehen**.
Ubīque māgnus clāmor audī**tur**.	Überall **wird** großes Geschrei **gehört**.
Ā nautīs dēfendi**mur**.	Wir **werden** *von* den Seeleuten **verteidigt**.
In aquam praecipitā**minī**.	Ihr **werdet** ins Wasser **geworfen**.
Multī in servitūtem abdūcu**ntur**.	Viele **werden** in die Sklaverei **verschleppt**.

◀▶ Du erkennst:
Die **Person-Zeichen** des **Passivs im Präsensstamm** lauten:

-(o)r, -ris, -tur, -mur, -minī, -ntur .

Person-Zeichen

Singular	Plural
-(o)r	-mur
-ris	-minī
-tur	-ntur

1.2 Konjugationsschema
Präsens Passiv

	Lateinisch				Deutsch	
	ā-Konj.	ē-Konj.	ī-Konj.	Kons. Konj.		
1. P. Sg.	super**or**	vide**or**	audi**or**	dēfend**or**	ich werde	besiegt / gesehen / gehört / verteidigt
2. P. Sg.	superā**ris**	vidē**ris**	audī**ris**	dēfende**ris**	du wirst	
3. P. Sg.	superā**tur**	vidē**tur**	audī**tur**	dēfend*i***tur**	er/sie/es wird	
1. P. Pl.	superā**mur**	vidē**mur**	audī**mur**	dēfend*i***mur**	wir werden	
2. P. Pl.	superā**minī**	vidē**minī**	audī**minī**	dēfend*i***minī**	ihr werdet	
3. P. Pl.	supera**ntur**	vide**ntur**	audi*u***ntur**	dēfend*u***ntur**	sie werden	

Imperfekt Passiv

	Lateinisch				Deutsch	
	ā-Konj.	ē-Konj.	ī-Konj.	Kons. Konj.		
1. P. Sg.	superā**bar**	vidē**bar**	audiē**bar**	dēfendē**bar**	ich wurde	besiegt
2. P. Sg.	superā**bāris**	vidē**bāris**	audiē**bāris**	dēfendē**bāris**	du wurdest	gesehen
3. P. Sg.	superā**bātur**	vidē**bātur**	audiē**bātur**	dēfendē**bātur**	er/sie/es wurde	gehört
1. P. Pl.	superā**bāmur**	vidē**bāmur**	audiē**bāmur**	dēfendē**bāmur**	wir wurden	verteidigt
2. P. Pl.	superā**bāminī**	vidē**bāminī**	audiē**bāminī**	dēfendē**bāminī**	ihr wurdet	
3. P. Pl.	superā**bantur**	vidē**bantur**	audiē**bantur**	dēfendē**bantur**	sie wurden	

1.3 Infinitiv Präsens Passiv

Superā**rī** et abdūc**ī** iūcundum nōn est.	**Besiegt** und **verschleppt zu werden**, ist nicht angenehm.

◀▶ Du erkennst:
Das **Infinitiv-Zeichen** für den **Infinitiv Präsens Passiv** lautet -**rī** oder **-ī.**

Inf.-Präs.-Passiv-Zeichen: **-rī** / **-ī**

Lateinisch				Deutsch
ā-Konj.	ē-Konj.	ī-Konj.	Kons. Konj.	besiegt/gesehen/gehört/
superā-**rī**	vidē-**rī**	audī-**rī**	dēfend-**ī**	verteidigt (zu) werden

1.4 Angabe des Urhebers beim Passiv

① Clāmor ***ā deīs*** nōn **audiēbātur**. — Das Geschrei **wurde** ***von den Göttern*** nicht **gehört**.
② Clāmor ubīque **audiēbātur**. — Überall **hörte man** Geschrei.

◀▶ Du erkennst:
Der Urheber, d. h. die Person, von der die Handlung **beim Passiv** ausgeführt wird, ist durch **ā/ab mit Ablativ** ausgedrückt ①.
Wenn der **Urheber** der Handlung **nicht genannt** ist, lässt sich das Passiv unpersönlich mit „**man**“ wiedergeben ②.

2 Dramatisches Präsens im Aktiv und Passiv

Rōmānī iam diū ***nāvigābant***,	Die Römer ***segelten*** schon lange Zeit.
perīculum nōn ***timēbant***.	eine Gefahr ***befürchteten*** sie nicht.
Subitō pīrātae nāvem ***invādunt***;	Plötzlich ***überfallen*** Piraten das Schiff;
nautae ***petuntur*** et ***superantur***.	die Seeleute ***werden angegriffen*** und ***überwältigt***.

◀▶ Du erkennst:
1. In der Erzählung wechselt das Tempus von der Vergangenheit *(nāvigābant/timēbant)* in das Präsens *(invādunt, petuntur, superantur)*.
2. Dadurch wird dem Leser das Geschehen „vergegenwärtigt“.
3. Was geschieht, wird unmittelbar vor Augen geführt – wie bei einem Drama. Wir sprechen deshalb vom **dramatischen Präsens**.

11 Perfekt (Bildung mit -v-, -u- und -s-) – Stammformenliste

F

Zu den Tempora, die im Lateinischen für die Vergangenheit verwendet werden, gehört auch das **Perfekt**.
Das Perfekt kann – je nach Verb – **verschieden gebildet** sein.
Es gibt insgesamt sechs Bildungsweisen.
Zunächst lernst du **drei Bildungsweisen** kennen, und zwar die Perfekt-Bildung mit den Kennzeichen:

-v-
-u-
-s-

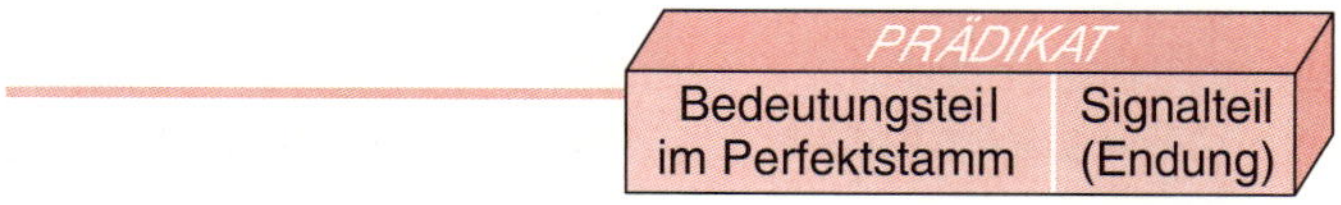

clāmā — re	clāmā**v** — ī	ich habe gerufen	-v-Perfekt
tacē — re	tac**u** — ī	ich habe geschwiegen	-u-Perfekt
manē — re	mān**s** — ī	ich bin geblieben	-s-Perfekt
dīc — *e*-re	dī**x** — ī	ich habe gesagt	

Die Kennzeichen der Perfekt-Bildung verbinden sich, wie du siehst, sehr eng mit dem Bedeutungsteil. Oft verändern sie diesen sogar (vgl. dīx-ī < dīc-s-ī).
Wir sprechen deshalb von einem **Bedeutungsteil im Perfektstamm.**

Das **Perfekt von *esse*** lautet: *fu-ī*, *fu-istī*, ... – ich bin gewesen, ...

1 Perfekt

1.1 Erscheinungsform

Der Signalteil des Perfekts lautet:

-ī, -istī, -it, -imus, -istis, -ērunt .

Singular	Plural
-ī	-imus
-istī	-istis
-it	-ērunt

◀▶ Das **Perfekt** erkennst du also am

Bedeutungsteil im Perfektstamm + Signalteil des Perfekts .

1.2 Konjugationsschema

	ā-Konj.		ē-Konj.		ī-Konj.		Kons. Konj.	
1. P. Sg.	clāmāvī	ich habe gerufen/rief	tacuī	ich habe geschwiegen/schwieg	audīvī	ich habe gehört/hörte	dīxī	ich habe gesagt/sagte
2. P. Sg.	clāmāvistī	du hast gerufen/riefst	tacuistī	du hast geschwiegen/schwiegst	audīvistī	du hast gehört/hörtest	dīxistī	du hast gesagt/sagtest
3. P. Sg.	clāmāvit	er, sie, es hat gerufen/rief	tacuit	er, sie, es hat geschwiegen/schwieg	audīvit	er, sie, es hat gehört/hörte	dīxit	er, sie, es hat gesagt/sagte
1. P. Pl.	clāmāvimus	wir haben gerufen/riefen	tacuimus	wir haben geschwiegen/schwiegen	audīvimus	wir haben gehört/hörten	dīximus	wir haben gesagt/sagten
2. P. Pl.	clāmāvistis	ihr habt gerufen/rieft	tacuistis	ihr habt geschwiegen/schwiegt	audīvistis	ihr habt gehört/hörtet	dīxistis	ihr habt gesagt/sagtet
3. P. Pl.	clāmāvērunt	sie haben gerufen/riefen	tacuērunt	sie haben geschwiegen/schwiegen	audīvērunt	sie haben gehört/hörten	dīxērunt	sie haben gesagt/sagten

Die Formen von *esse* lauten:

1. P. Sg.	fuī	ich bin gewesen/war
2. P. Sg.	fuistī	du bist gewesen/warst
3. P. Sg.	fuit	er, sie, es ist gewesen/war

1. P. Pl.	fuimus	wir sind gewesen/waren
2. P. Pl.	fuistis	ihr seid gewesen/wart
3. P. Pl.	fuērunt	sie sind gewesen/waren

In der Tabelle siehst du, dass das lateinische Perfekt im Deutschen sowohl mit dem Perfekt als auch mit dem Präteritum wiedergegeben werden kann. Entscheidend dafür ist die Verwendung des Perfekts im lateinischen Satz. Dies wird dir im Folgenden erklärt.

1.3 Verwendung des Perfekts

①	Rōmānī iam diū nāvigā*bant*, cum subitō pīrātae appār**uērunt**.	Die Römer *waren* schon lange *auf See*, als plötzlich Piraten **auftauchten** (erschienen).
②	Caecīlia auxilium deōrum spērā*bat*, sed pīrātae superā**vērunt** et virōs in mare praecipitā**vērunt**.	Caecilia *hoffte* auf die Hilfe der Götter, doch die Piraten **siegten** und **stürzten** die Männer ins Meer.
③	Sed nautae nāvis Graecae virōs ex aquā trā**xērunt**.	Aber Seeleute eines griechischen Schiffes **zogen** die Männer aus dem Wasser.
④	Ecce! Graecī Rōmānōs servā**vērunt**.	Siehe da! Griechen **haben** Römer **gerettet**.

◀▶ Du erkennst:

1. Im Lateinischen können bei Handlungen in der Vergangenheit sowohl Imperfekt (z. B. *nāvigābant*) als auch Perfekt (z. B. *appāruērunt*) stehen.
2. Das **Imperfekt** erfasst in der Regel einen **Vorgang der Vergangenheit**, der eine längere Zeit (an-)**dauerte**: ① nāvigā*bant*: sie segelten ≈ sie waren auf See; ② spērā*bat*: sie hoffte ≈ sie war voller Hoffnung.

3. Das **Perfekt** erfasst dagegen **Handlungen** und **Vorgänge der Vergangenheit**, die sich **nur einmal ereigneten** und **zum Abschluss kamen**:
   ① appār**uērunt**: sie tauchten auf; ② superā**vērunt**: sie siegten; praecipitā**vērunt**: sie stürzten; ③ trā**xērunt**: sie zogen.
   Dieses Perfekt wird als erzählendes Perfekt bezeichnet.
   Im **Deutschen** wird es mit dem **Präteritum** wiedergegeben.

4. Das **Perfekt** erfasst auch **abgeschlossene Handlungen und Vorgänge**, deren **Ergebnis** mitgeteilt wird: ④ servā**vērunt**: sie haben gerettet (Ergebnis: Die Geretteten leben.).
   Dieses Perfekt wird feststellendes Perfekt genannt.
   Im **Deutschen** wird es mit dem **Perfekt** wiedergegeben.

Übersicht

Art der Aussage	Zusammenhängende Darstellung (Erzählung)		Feststellung von Einzelereignissen und Ergebnissen
Lateinisch	Imperfekt	Perfekt erzählend	Perfekt feststellend
Deutsch	Präteritum		Perfekt

Du kannst dir merken: **Das lateinische Perfekt wird im Deutschen meistens mit Präteritum wiedergegeben.**

2 Stammformenliste

Perfekt-Bildungen mit -v-, -u-, -s-

Du findest unten Beispiele für die regelmäßigen Perfekt-Bildungen sowie eine Auflistung der unregelmäßigen Perfekt-Bildungen. In Normalschrift erscheinen hier die bis einschließlich Lektion 10 gelernten Verben, in Fettdruck die neu zu lernenden Verben (jeweils nur mit ihrer ersten deutschen Bedeutung; ziehe ergänzend dazu Tab. V1-4, S. 163ff., heran).

2.1 Perfekt-Bildung mit -v-

Das **Perfekt mit -v-** bilden
- die **meisten Verben** auf *-āre*,
- **einige Verben** auf *-ēre*,
- **viele Verben** auf *-īre*,
- **einige Verben** der **Konsonantischen Konjugation**.

amāre	amāvī	ich habe geliebt/liebte			
audīre	audīvī	ich habe gehört/hörte			
dēsinere	**dēsiī***	ich habe aufgehört/hörte auf	petere	petīvī	ich habe gebeten/bat
quaerere	quaesīvī	ich habe gesucht/suchte			

* < dēsivī

2.2 Perfekt-Bildung mit -u-

Das **Perfekt mit -u-** bilden
- die **meisten Verben** auf *-ēre*,
- **einige Verben** der **Konsonantischen Konjugation**.

studēre	studuī	ich habe mich bemüht/ bemühte mich			
(ex)pōnere	(ex)posuī	ich habe (aus)gestellt/ stellte (aus)	impōnere	imposuī	ich habe gesetzt an/ setzte an

2.3 Perfekt-Bildung mit -s-

Das **Perfekt mit -s-** bilden
- **einige Verben** auf *-ēre*,
- **viele Verben** der **Konsonantischen Konjugation**.

ārdēre	ārsī	ich habe gebrannt/ brannte	iubēre	iussī	ich habe befohlen/ befahl
manēre	mānsī	ich bin geblieben/blieb	rīdēre	rīsī	ich habe gelacht/lachte
cēdere	cessī	ich bin gegangen/ging	dēcēdere	dēcessī	ich bin weggegangen/ ging weg
dīcere	dīxī	ich habe gesagt/sagte			
(ab)dūcere	(ab)dūxī	ich habe (weg)geführt/ führte (weg)	invādere	invāsī	ich habe angegriffen/ griff an
lūdere	lūsī	ich habe gespielt/ spielte	**mittere**	**mīsī**	ich habe geschickt/ schickte
plaudere	plausī	ich habe Beifall geklatscht/ klatschte Beifall	sūmere	sūmpsī	ich habe genommen/ nahm
trahere	**trāxī**	ich habe gezogen/zog	**vīvere**	**vīxī**	ich habe gelebt/lebte

12 Infinitiv als Subjekt oder Objekt – Perfekt (Bildung durch Dehnung, Reduplikation, ohne Veränderung) – Neutra der Konsonantischen Deklination

S

Im Bauwerk des Satzes kann der **Infinitiv** sowohl das **Subjekt** als auch das **Objekt** bilden.

Subjektsinfinitiv

Laufen ist nicht erlaubt.

Objektsinfinitiv

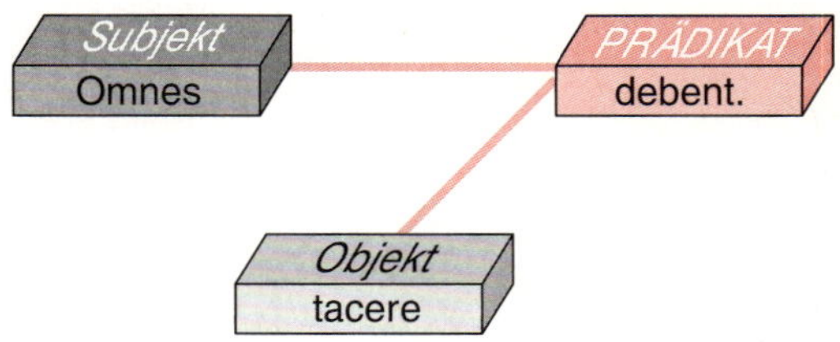

Alle müssen schweigen.

F

Nun lernst du die restlichen **drei Bildungsweisen** des Perfekts kennen.
Die Perfekt-Kennzeichen sind auch hier wieder unmittelbar am Bedeutungsteil feststellbar.
Du erkennst als Kennzeichen:

- **Dehnung** (des Bedeutungsteils im Präsensstamm)
- **Reduplikation** (Verdopplung des Bedeutungsteils nach rückwärts)
- **keine Veränderung** (des Bedeutungsteils im Präsensstamm)

venī — re	vēn	ī	ich bin gekommen	Dehnung
curr *-e*-re	**cu**-curr	ī	ich bin gelaufen	Reduplikation
statu-*e*-re	statu	ī	ich habe beschlossen	keine Veränderung

1 Infinitiv als Subjekt oder Objekt

①	Hīc **clāmāre** *licet.*	Hier *ist es erlaubt*, **zu schreien.**
②	Pūgnam **vidēre** mihī *placet.*	Mir *gefällt es*, einen Kampf **zu sehen.**
③	Quis Rōmae **vīvere** { *solet? / cōgitat? / studet? / dēbet?* }	Wer { *pflegt / beabsichtigt,* } in Rom **zu leben**? Wer { *will / muss* } in Rom **leben**?

◀▶ Du erkennst:
Der **Subjektsinfinitiv** steht nach unpersönlichen Ausdrücken wie *licet* ①, *placet* ②,
der **Objektsinfinitiv** nach Verben wie *solēre, cōgitāre, studēre, dēbēre* ③.

2 Stammformenliste

Perfekt-Bildungen durch Dehnung, Reduplikation, ohne Veränderung

Diese Perfekt-Bildungen sind unregelmäßig. In Normalschrift erscheinen hier die bis einschließlich Lektion 11 gelernten Verben, in Fettdruck die neu zu lernenden Verben (jeweils mit ihrer ersten deutschen Bedeutung; ziehe ergänzend dazu Tab. V1-4, S. 161ff., heran).

2.1 Perfekt-Bildung durch Dehnung

sedēre	sēdī	ich habe gesessen/saß	**movēre**	**mōvī**	ich habe bewegt/bewegte
vidēre	vīdī	ich habe gesehen/sah			
venīre	vēnī	ich bin gekommen/kam	convenīre	convēnī	ich bin zusammengekommen/kam zusammen
agere	ēgī	ich habe getan/tat	emere	ēmī	ich habe gekauft/kaufte
legere	lēgī	ich habe gelesen/las			

◀▶ Du erkennst:
Der Bedeutungsteil im Perfektstamm unterscheidet sich vom Bedeutungsteil im Präsensstamm meist nur durch einen langen Vokal.

2.2 Perfekt-Bildung durch Reduplikation

dare	dedī	ich habe gegeben/gab			
stāre	stetī	ich habe gestanden/stand	**restāre**	**restitī**	ich bin übrig gewesen/war übrig
respondēre	respondī	ich habe geantwortet/antwortete			
addere	addidī	ich habe hinzugefügt/fügte hinzu	**ēdere**	**ēdidī**	ich habe verkündet/verkündete
currere	cucurrī	ich bin gelaufen/lief	accurrere	accurrī	ich bin herbeigelaufen/lief herbei
tangere	**tétigī**	ich habe berührt/berührte			

◀▶ Du erkennst:

1. Bei der Bildung durch Reduplikation sind oft zusätzlich Binnenvokal oder -silbe (Vokal oder Silbe im Bedeutungsteil) verändert, z. B.: **tang**-ere → te**tig**ī. Vom Bedeutungsteil im Perfektstamm auf den Bedeutungsteil im Präsensstamm zu schließen, ist nicht immer ganz einfach.
2. Die Komposita von Verben, deren Perfekt durch Reduplikation gebildet wird, zeigen keine Reduplikationssilbe mehr, z. B.:
   ac-currere → accurrī,
   re-spondēre → respondī (< einfaches Verb: spopondī < spondēre).

2.3 Perfekt-Bildung ohne Veränderung

dēfendere	dēfendī	ich habe verteidigt/ verteidigte	**dēscendere**	**dēscendī**	ich bin herabgestiegen/ stieg herab
statuere	statuī	ich habe beschlossen/ beschloss	**vertere**	**vertī**	ich habe gewendet/ wendete

◀▶ Du erkennst:
Bei der Perfekt-Bildung ohne Veränderung stimmt jeweils der Bedeutungsteil im Perfektstamm mit dem im Präsensstamm überein.

2.4 Alle Perfekt-Bildungen auf einen Blick

An dieser Stelle findest du eine kurze Zusammenstellung aller sechs Perfekt-Bildungen. Du erkennst sie in der Regel an der Veränderung des Bedeutungsteils.

Bedeutungsteil im Perfektstamm			Signalteil
vorne	in der Mitte	hinten	
	clāmā-	-v-	-ī
	tac-	-u-	
	mān-	-s-	
	vēn-	–	
cu-	-curr-	–	
	statu-	–	

v-Perfekt (→ -v-)
u-Perfekt (→ -u-)
Dehnungsperfekt (→ vēn-)
Reduplikationsperfekt (→ cu-)
Perfekt ohne Veränderung (→ statu-)
s-Perfekt (→ -s-)

3 Neutra der Konsonantischen Deklination

Zur **Konsonantischen Deklination** gehören auch **Neutra**, z. B.:
caput, capitis: Kopf; Hauptstadt
genus, generis: Geschlecht; Art; Gattung
corpus, corporis: Körper; Leib
nūmen, nūminis: (göttliche) Macht; Gottheit

Deklinationsschema

	Singular	**Plural**
Nom.	corpus	corpor-a
Gen.	corpor-is	corpor-um
Dat.	corpor-ī	corpor-ibus
Akk.	corpus	corpor-a
Abl.	cum corpor-e	cum corpor-ibus

◀▶ Du erkennst:
1. Auch bei der Konsonantischen Deklination unterscheiden sich Nominativ und Akkusativ im Neutrum nicht.
2. Auch bei der Konsonantischen Deklination enden die **Neutra** im **Nominativ Plural** und **Akkusativ Plural** auf *-a*.

13 Plusquamperfekt – Personal-Pronomen der ersten und zweiten Person – Konsonantische Deklination: Besonderheiten

F

Zu den **Tempora**, die im Lateinischen für die **Vergangenheit** verwendet werden, gehört auch das **Plusquamperfekt**.
Du erkennst dieses Tempus daran, dass an den **Bedeutungsteil im Perfektstamm** der **Signalteil** (Endung) des **Plusquamperfekts** angehängt ist. Er besteht aus dem **Tempus-Zeichen** *-era-* und dem **Person-Zeichen**.

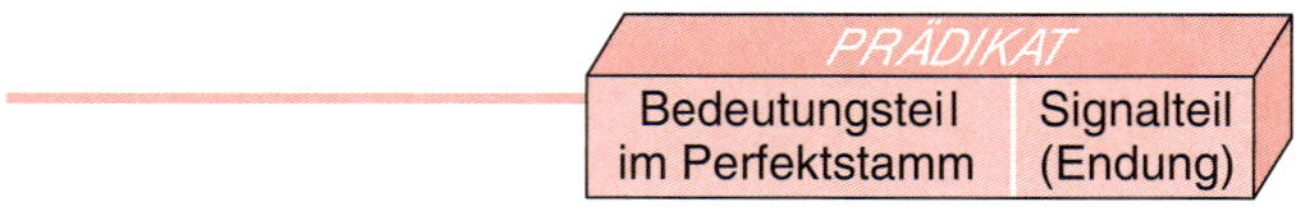

clāmā — re	clāmāv —	**era** — m	ich hatte gerufen
tacē — re	tacu —	**era** — m	ich hatte geschwiegen
manē — re	māns —	**era** — m	ich war geblieben
venī — re	vēn —	**era** — m	ich war gekommen
curr — *e* – re	cucurr —	**era** — m	ich war gelaufen
statu – *e* – re	statu —	**era** — m	ich hatte beschlossen
		↑ Tempus-Zeichen ↑ Person-Zeichen	

Das **Plusquamperfekt von *esse*** lautet: *fu-**era**-m*, *fu-**erā**-s*, ... – ich war gewesen, ...

1 Plusquamperfekt

1.1 Erscheinungsform

Der Signalteil des Plusquamperfekts (Tempus-Zeichen + Person-Zeichen) lautet:

-**era**-m, -**erā**-s, -**era**-t, -**erā**-mus, -**erā**-tis, -**era**-nt .

◀▶ Das **Plusquamperfekt** erkennst du also
1. am Bedeutungsteil im Perfektstamm,
2. am Tempus-Zeichen ***-era-***.

1.2 Konjugationsschema

	Lateinisch	Deutsch	Lateinisch	Deutsch
1. P. Sg.	clāmāv**era**m	ich hatte geschrien	cucurr**era**m	ich war gelaufen
2. P. Sg.	clāmāv**erā**s	du hattest geschrien	cucurr**erā**s	du warst gelaufen
3. P. Sg.	clāmāv**era**t	er, sie, es hatte geschrien	cucurr**era**t	er, sie, es war gelaufen
1. P. Pl.	clāmāv**erā**mus	wir hatten geschrien	cucurr**erā**mus	wir waren gelaufen
2. P. Pl.	clāmāv**erā**tis	ihr hattet geschrien	cucurr**erā**tis	ihr wart gelaufen
3. P. Pl.	clāmāv**era**nt	sie hatten geschrien	cucurr**era**nt	sie waren gelaufen

Die Formen von *esse* lauten:

1. P. Sg.	fu**era**m	ich war gewesen
2. P. Sg.	fu**erā**s	du warst gewesen
3. P. Sg.	fu**era**t	er, sie, es war gewesen

1. P. Pl.	fu**erā**mus	wir waren gewesen
2. P. Pl.	fu**erā**tis	ihr wart gewesen
3. P. Pl.	fu**era**nt	sie waren gewesen

1.3 Verwendung des Plusquamperfekts

①	Sōlus Rōmam properāvī.	Ich bin allein nach Rom geeilt.
②	Cēterōs in Asiam mīseram.	Die Übrigen hatte ich nach Kleinasien geschickt.

◀▶ Du erkennst:
Das **Plusquamperfekt** erfasst einen Vorgang der Vergangenheit ②, der schon **vor einem anderen Vorgang** der Vergangenheit ① **abgelaufen** ist.

2 Personal-Pronomen der ersten und zweiten Person

Deklinationsschema

	1. Person		2. Person	
	Lateinisch	Deutsch	Lateinisch	Deutsch
Sg.				
Nom.	ego	ich	tū	du
Dat.	mihī	mir	tibī	dir
Akk.	mē	mich	tē	dich
Abl.	mēcum/sine mē	mit mir/ohne mich	tēcum/sine tē	mit dir/ohne dich
Pl.				
Nom.	nōs	wir	vōs	ihr
Dat.	nōbīs	uns	vōbīs	euch
Akk.	nōs	uns	vōs	euch
Abl.	nōbīscum/sine nōbīs	mit uns/ohne uns	vōbīscum/sine vōbīs	mit euch/ohne euch

3 Konsonantische Deklination: Besonderheiten

Es gibt einige wenige Substantive, die im Signalteil (Endung) von der Konsonantischen Deklination abweichen.

Feminina				Neutra			
vīs	Gewalt/Kraft/Menge	vīrēs	(Streit-)Kräfte	mare	Meer	mar**ia**	Meere
–		vīr**ium**		maris		mar**ium**	
–		vīribus		mar**ī**		maribus	
v**im**		vīrēs		mare		mar**ia**	
v**ī**		vīribus		in mar**ī**		maribus	

◀▶ Du erkennst:
Die **Feminina** haben abweichend

im **Akkusativ Singular** *-im*, im **Ablativ Singular** *-ī* und im **Genitiv Plural** *-ium* .

Die **Neutra** haben

im **Ablativ Singular** *-ī*, im **Nominativ/Akkusativ Plural** *-ia* und im **Genitiv Plural** *-ium* .

14 Accusativus cum Infinitivo (AcI) – Zeitangaben

S1

Achte darauf, auf welche Weise im Folgenden zwei zunächst gleichgeordnete Sätze miteinander kombiniert sind.

①	Quīntus audit: *Flāvia vīvit.*	Quintus hört: *Flavia lebt.*
②	Quīntus *Flāviam vīvere* audit.	Quintus hört, *dass Flavia lebt*.

Du erkennst:

1. Bei der Kombination der beiden Sätze ② ist der Satz *Flāvia vīvit* in den ersten Satz *Quīntus audit* einbezogen. Er ist nun vom Prädikat *audit* abhängig.
2. Der „abhängige" Satz hat sich entscheidend verändert:
   - Das **Subjekt** „Flavia" erscheint im **Akkusativ**.
   - Das **Prädikat** „lebt" erscheint im **Infinitiv**.

   Diese Konstruktion heißt deshalb

   Accusativus cum Infinitivo (AcI) .

3. Die **Konstruktion des AcI** lässt sich in der Regel **im Deutschen nicht direkt nachgestalten**. Der AcI wird hier mit einem **dass-Satz** (mit Subjekt und Prädikat) wiedergegeben.

S2

Du erkennst, dass der **AcI** innerhalb des Satzes **an der Stelle eines Satzgliedes** steht.

①	Quīntus *Flāviam vīvere* audit.	Quintus hört, *dass Flavia lebt*.
②	*Flāviam vīvere* appāret.	*Dass Flavia lebt*, ist offensichtlich.

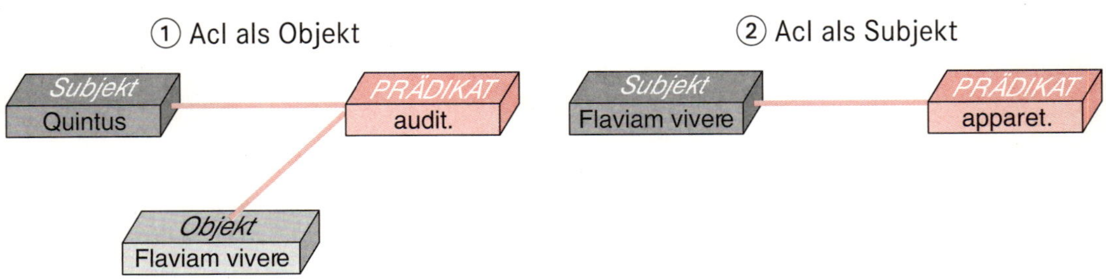

1 Accusativus cum Infinitivo (AcI)

1.1 Erscheinungsform des AcI

Quīntus	① Flāviam vīvere	*audit.*	Quintus	*hört,*	dass Flavia lebt.
	② Flāviam in Galliā esse	*scit.*		*weiß,*	dass Flavia in Gallien ist.
	③ Flāviam maestam esse	*sentit.*		*fühlt,*	dass Flavia traurig ist.
	④ Flāviam servam esse	*dīcit.*		*sagt,*	dass Flavia (eine) Sklavin ist.
	⑤ Flāviam bene valēre	*gaudet.*		*freut sich,*	dass Flavia bei guter Gesundheit ist.
	⑥ Flāviam auxilium petere	*appāret.*		*Es ist offensichtlich,*	dass Flavia Hilfe verlangt.

◀▶ Du erkennst:

1. Der **AcI** erfasst eine **Aussage** über etwas, was **tatsächlich** geschieht.
2. Der **AcI** steht **nach**
   - den **Verben** des **Wahrnehmens, Glaubens** und **Wissens** ①–③, wie z. B. *vidēre, audīre, sentīre, putāre, scīre, īgnōrāre,*
   - den **Verben** des **Sagens** ④, wie z. B. *dīcere, negāre, respondēre, iubēre,*
   - den **Verben**, die eine **Stimmung** ⑤ ausdrücken, wie z. B. *gaudēre,*
   - **unpersönlichen Ausdrücken** ⑥, wie z. B. *appāret.*
3. Der **Infinitiv** im **AcI** kann **auch** aus einem **Prädikatsnomen** und ***esse*** bestehen, z. B. *maestam esse* bzw. *servam esse* in den Beispielsätzen ③ und ④.
   Das **Prädikatsnomen** stimmt dann mit dem **Akkusativ** in **Kasus, Numerus** und **Genus** überein.

1.2 Übersetzung des AcI

Quīntus Flāviam in perīculō esse putat.	① Quintus glaubt, **dass** Flavia in Gefahr ist. ② Quintus glaubt, Flavia ist/sei in Gefahr.

◀▶ Du erkennst:

1. Die **Übersetzung des AcI** erfordert im Deutschen in der Regel **einen Umbau der Struktur,** und zwar in einen **dass-Satz** ①.

Umbau-Regel

			Akkusativ	**Infinitiv**
Lateinisch	Quīntus putat		Flāviam	in perīculō esse.
Deutsch	Quintus glaubt,	**dass**	Flavia	in Gefahr ist.
			Subjekt	**Prädikat**

2. Manchmal lässt sich der **AcI** auch **mit einem verkürzten Satz** wiedergeben ②.

2 Zeitangaben

diū	lange, lange Zeit	*Adverb*
multās hōrās	viele Stunden lang	*Akk. der zeitlichen Ausdehnung*
prīmā lūce	beim ersten Tageslicht	*Abl. der Zeit*
post pūgnam	nach dem Kampf	*Akk. in präpos. Verbindung*
in spectāculō	während des Schauspiels	*Abl. in präpos. Verbindung*
dum dormiunt	während sie schlafen/schliefen	*Gliedsatz*

◀▶ Du erkennst:
1. Zeitangaben können durch verschiedene Formen und Verbindungen ausgedrückt sein.
2. Diese erfüllen im Satz die **Aufgabe des Adverbiales.**

15 Adjektive der Konsonantischen Deklination (Mischdeklination) – Possessiv-Pronomen – Reflexives Personal- und Possessiv-Pronomen

S1

Ein **Pronomen** (Fürwort) kann sich **auf das Subjekt** des Satzes **„zurückbeziehen“.**
Ein solches Pronomen nennt man **reflexiv** („rückbezüglich“).
Es tritt in der Form des **Personal-Pronomens** (persönliches Fürwort) oder des **Possessiv-Pronomens** (besitzanzeigendes Fürwort) auf.

① Flāvia **sē** laetam praebet. — Flavia zeigt **sich** erfreut.
(*sē* = **reflexives Personal-Pronomen**)

② Nam Flāvia amīcōs **suōs** videt. — Denn Flavia sieht **ihre** Freunde.
(*suōs* = **reflexives Possessiv-Pronomen**)

S2

Reflexiv-Pronomina können dir **auch** in einem **AcI** begegnen.

① Flāvia [**sē** līberam esse] scit. — Flavia weiß, dass **sie** frei ist.

Das reflexive Personal-Pronomen ***sē*** bezeichnet **im AcI die Person des Subjekts.**
Es wird im Deutschen daher mit „er/sie“ (Sg.) oder „sie“ (Pl.) wiedergegeben.

② Flāvia [amīcōs **suōs** apud Aufidium sedēre] videt. — Flavia sieht, dass **ihre** Freunde bei Aufidius sitzen.

Das reflexive Possessiv-Pronomen ***suōs*** „ihre“ gibt die **Zugehörigkeit zum Subjekt** (*Flāvia*) an.

1 Adjektive der Konsonantischen Deklination (Mischdeklination)

Du kennst bereits Adjektive der ā-/o-Deklination wie *māgnus* „groß“ oder *pulcher* „schön“. Es gibt aber auch **Adjektive**, die den **Signalteil** (Endung) der Substantive der **Konsonantischen Deklination** aufweisen:

		heftig			*kurz*		*glücklich*	
		m	f	n	m/f	n	m/f	n
Sg.	Nom.	ācer	ācris	ācre	brevis	breve	fēlīx	
	Gen.		ācris		brevis		fēlīcis	
	Dat.		ācrī		brevī		fēlīcī	
	Akk.	ācrem		ācre	brevem	breve	fēlīcem	fēlīx
	Abl.		ācrī		brevī		fēlīcī	
Pl.	Nom.	ācrēs		ācria	brevēs	brevia	fēlīcēs	fēlīcia
	Gen.		ācrium		brevium		fēlīcium	
	Dat.		ācribus		brevibus		fēlīcibus	
	Akk.	ācrēs		ācria	brevēs	brevia	fēlīcēs	fēlīcia
	Abl.		ācribus		brevibus		fēlīcibus	
			„dreiendig“		„zweiendig“		„einendig“	

◀▶ Du erkennst:

1. Die Signalteile dieser Adjektive gleichen denen der Substantive der Konsonantischen Deklination. Abweichend davon haben sie fast immer:

   im **Ablativ Singular** *-ī*, im **Nominativ/Akkusativ Plural n** *-ia*, im **Genitiv Plural** *-ium* .

2. Im **Nominativ Singular** ist die **Anzahl** der Formen für die drei Genera **verschieden**. Man unterscheidet daher **„drei"**-, **„zwei"**- und **„einendige" Adjektive**.

equus ācer ein hitziges Pferd mēns ācris ein scharfer Geist perīculum ācre eine heftige Gefahr	gladius brevis ein kurzes Schwert epistula brevis ein kurzer Brief exemplum breve ein kurzes Beispiel	amīcus fēlīx ein glücklicher Freund amīca fēlīx eine glückliche Freundin oppidum fēlīx eine glückliche Stadt
„dreiendig"	„zweiendig"	„einendig"

2 Possessiv-Pronomen

					reflexiv	
Sg.	meus, mea, meum	mein	tuus, tua, tuum	dein	suus, sua, suum	sein/ihr
Pl.	noster, nostra, nostrum	unser	vester, vestra, vestrum	euer	suus, sua, suum	ihre

Die Possessiv-Pronomina werden wie die Adjektive der ā-/o-Deklination dekliniert.

3 Reflexives Personal- und Possessiv-Pronomen der dritten Person

3.1 Um ein **reflexives Verhältnis** auf die **3. Person Singular** und **Plural** auszudrücken, hat das Lateinische besondere Pronomina.

Reflexives Personal-Pronomen	Quīntus **sibī** cēnam parat. Amīcae **sibī** cēnam parant.	Quintus bereitet **sich** ein Essen zu. Die Freundinnen bereiten **sich** ein Essen zu.
	Flāvia **sē** laetam praebet. Amīcī **sēcum** diū cōgitant.	Flavia zeigt **sich** erfreut. Die Freunde denken ***bei*** **sich** lange nach.
Reflexives Possessiv-Pronomen	Quīntus amīcōs **suōs** salūtat. Hospitēs amīcōs **suōs** salūtant.	Quintus grüßt **seine** Freunde. Die Gäste grüßen **ihre** Freunde.

◀▶ Du erkennst:

1. Im Lateinischen gibt es **drei reflexive Personal-Pronomina**:

Sg./Pl.	Lateinisch	Deutsch
Dat.	sibī	(für) sich
Akk.	sē	sich
Abl.	sē*cum*	*mit/bei* sich

2. Das **reflexive Possessiv-Pronomen** *suōs* wird im Deutschen verschieden wiedergegeben. Entscheidend für die Übersetzung ist das Subjekt des Satzes, auf das es sich zurükkbezieht (Quintus ← **„seine“**/die Gäste ← **„ihre“**).

3.2 Die **Reflexiv-Pronomina** treten auch **im AcI** auf.

Quīntus / Flāvia — **sē** patriam valdē amāre dīcit.	Quintus / Flavia } sagt, dass **er seine** / **sie ihre** Heimat sehr liebt.
Quīntus / Hospitēs — **sē** saepe apud amīcōs **suōs** manēre dīcit. / dīcunt.	Quintus sagt, dass **er** oft bei **seinen** Freunden bleibe. / Die Gäste sagen, dass **sie** oft bei **ihren** Freunden bleiben.

◀▶ Du erkennst:

1. Die **Reflexiv-Pronomina** beziehen sich **auch hier auf** das **Subjekt** des Satzes zurück.
2. Das **reflexive Personal-Pronomen** ***sē*** **im AcI** wird mit **„er/sie“** (Sg.) oder **„sie“** (Pl.) wiedergegeben.

16 Accusativus cum Infinitivo (AcI): Zeitverhältnisse – Personal-Pronomen IS, EA, ID

S

In einem **AcI** kann ein **Infinitiv Präsens** oder ein **Infinitiv Perfekt** (→ F) vorkommen.

① Domitius in viā saxa **iacēre** videt.	Domitius sieht, dass auf der Straße Felsbrocken **liegen**.
② Domitius in viā saxa **iacuisse** dīcit.	Domitius sagt, dass auf der Straße Felsbrocken **gelegen haben/lagen**.

Wenn ein **Infinitiv Präsens** ① verwendet wird, verläuft der Vorgang im AcI **gleichzeitig** zum Vorgang des Prädikates, von dem der AcI abhängt. Dieses Zeitverhältnis nennt man **Gleichzeitigkeit (Infinitiv der Gleichzeitigkeit)**.
Wenn ein **Infinitiv Perfekt** ② verwendet wird, so ist der Vorgang im AcI **vor** dem Vorgang des Prädikates **abgelaufen**, von dem der AcI abhängt. Dieses Zeitverhältnis nennt man **Vorzeitigkeit (Infinitiv der Vorzeitigkeit)**.

F

Du kennst bereits den Infinitiv Präsens, z. B. *clāmāre* „(zu) rufen".
Es gibt aber zu allen Verben auch einen **Infinitiv Perfekt**.
Dieser ist folgendermaßen gebildet:

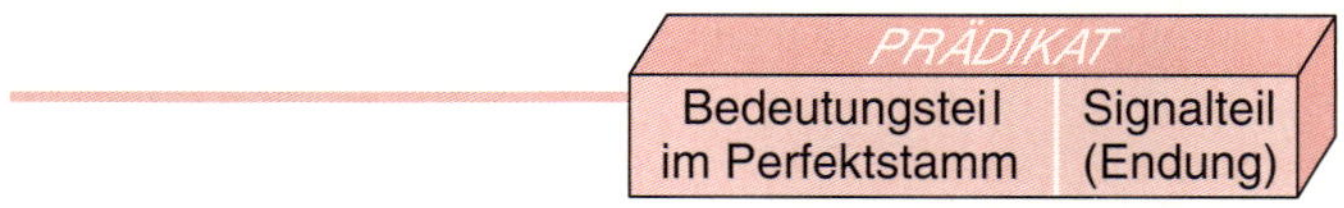

clāmāv —— **isse** gerufen (zu) haben
fu —— **isse** gewesen (zu) sein

1 AcI: Zeitverhältnisse

1.1 Infinitiv Perfekt

Der Infinitiv Perfekt der verschiedenen Verben wird folgendermaßen gebildet:

Infinitiv Präsens	Infinitiv Perfekt	deutsche Übersetzung
clāmāre	clāmāv-**isse**	gerufen (zu) haben
tacēre	tacu- **isse**	geschwiegen (zu) haben
manēre	māns- **isse**	geblieben (zu) sein
dīcere	dīx- **isse**	gesagt (zu) haben
currere	cucurr- **isse**	gelaufen (zu) sein
venīre	vēn- **isse**	gekommen (zu) sein
statuere	statu- **isse**	beschlossen (zu) haben
esse	fu- **isse**	gewesen (zu) sein

◀▶ Du erkennst:
Der **Infinitiv Perfekt** endet auf *-isse*.
Dieses **Infinitiv-Zeichen** ist an den Bedeutungsteil im Perfektstamm angehängt.

Infinitiv-Perfekt-Zeichen

-isse

1.2 Gleichzeitigkeit und Vorzeitigkeit

Aufidius scit	① patrem Flāviam **quaerere.**	Aufidius weiß,	dass der Vater Flavia **sucht.**
	② pīrātās nāvem Rōmānam **invāsisse.**		dass Piraten das römische Schiff **angegriffen haben.**
	③ Flāviam cīvem Rōmānam **esse.**		dass Flavia eine römische Bürgerin **ist.**
	④ Flāviam et Gallam in Asiā **fuisse.**		dass Flavia und Galla in Kleinasien **gewesen sind.**

◀▶ Du erkennst:

1. Der **Infinitiv Präsens** ①/③ drückt immer einen Vorgang aus, der **gleichzeitig** zur Handlung des Prädikates verläuft (**Infinitiv der Gleichzeitigkeit**).
2. Der **Infinitiv Perfekt** ②/④ drückt dagegen immer einen Vorgang aus, der vor der Handlung des Prädikates abgelaufen ist, also **vorzeitig** ist (**Infinitiv der Vorzeitigkeit**).

2 Personal-Pronomen IS, EA, ID

2.1 Deklinationsschema

	Lateinisch						Deutsch			
	Singular			Plural			Singular			Plural
Nom.	is	ea	id	iī (eī)	eae	ea	er	sie	es	sie
Gen.	**eius**	**eius**	**eius**	eōrum	eārum	eōrum	dessen/sein(e)	deren/ihr(e)	dessen/sein(e)	deren/ihr(e)
Dat.	**eī**	**eī**	**eī**	eīs (iīs)	eīs (iīs)	eīs (iīs)	ihm	ihr	ihm	ihnen
Akk.	eum	eam	id	eōs	eās	ea	ihn	sie	es	sie
Abl.	cum eō	cum eā	eō	cum eīs (iīs)	cum eīs (iīs)	eīs (iīs)	mit ihm	mit ihr	mit ihm	mit ihnen

2.2 Verwendung

①	**Aufidius Aridus** Flāviam dīmittit.	**Aufidius Aridus** lässt Flavia frei.
	Eius hūmānitās māgna est.	**Seine** (**Dessen**) Menschlichkeit ist groß.
	Itaque **eī** omnēs favent.	Deshalb sind **ihm** alle gewogen.
	Eum hominem bonum appellant.	Sie nennen **ihn** einen guten Menschen.
	Dē **eō** valdē gaudent.	Sie freuen sich über **ihn** sehr.
②	**Gallī** Rōmānīs pārent.	**Die Gallier** sind den Römern untertan (gehorchen).
	Eōrum hūmānitās māgna est.	**Ihre** (**Deren**) Bildung ist groß.
	Eīs etiam ōrācula placent.	**Ihnen** gefallen auch Orakel.
	Rōmānī **eōs** ā Germānīs dēfendunt.	Die Römer verteidigen **sie** gegen die Germanen.
	Cum **eīs** Caesar diū pūgnāvit.	Mit **ihnen** hat Cäsar lange gekämpft.

◀▶ Du erkennst:

1. ***Is, ea, id*** ist das **Personal-Pronomen** für die **3. Person Singular** und **Plural.**
2. Die Genitive ***eius*** „sein(e)/dessen, ihr(e)/deren" und ***eōrum, eārum*** „ihr(e)/deren" geben einen Besitzer an, der nicht das Subjekt desselben Satzes ist (vgl. G 15, 3).

Aufidius . . . **Eius** hūmānitās māgna est.	**Seine (Dessen)** Menschlichkeit ist groß.	①
Gallī . . . **Eōrum** hūmānitās māgna est.	**Ihre (Deren)** Bildung ist groß.	②

17 Futur – Interrogativ-Pronomen – Wortfragen

F

Das **Futur** ist gekennzeichnet
– bei Verben der **ā-** und **ē-Konjugation** durch das Tempus-Zeichen ***-b-/-bi-/-bu-***,
– bei Verben der **ī-** und **Konsonantischen Konjugation** durch das Tempus-Zeichen ***-a-/-e-***.

ā-/ē-Konjugation

PRÄDIKAT
Bedeutungsteil im Präsensstamm	Signalteil (Endung)

clāmā- / tacē-	**b** — ō	ich werde	schreien/ schweigen
	b*i* — s	du wirst	
	b*u* — nt	sie werden	
	↑ Tempus-Zeichen	↑ Person-Zeichen		

ī-/Kons. Konjugation

PRÄDIKAT
Bedeutungsteil im Präsensstamm	Signalteil (Endung)

audi- / leg-	**a** — m	ich werde	hören/ lesen
	ē — s	du wirst	
	e — nt	sie werden	
	↑ Tempus-Zeichen	↑ Person-Zeichen	

Das **Futur von *esse*** lautet: er-ō, – ich werde sein,
er-*i*-s, … – du wirst sein, …
er-*u*-nt – sie werden sein.

1 Futur

1.1 Erscheinungsform

Der Signalteil des Futurs (Tempus-Zeichen + Person-Zeichen) lautet für die Verben
1. der **ā-/ē-Konjugation**:

-**b**-ō, -**b*i***-s, -**b*i***-t, -**b*i***-mus, -**b*i***-tis, -**b*u***-nt ,

2. der **ī-/Konsonantischen Konjugation**:

-**a**-m, -**ē**-s, -**e**-t, -**ē**-mus, -**ē**-tis, -**e**-nt .

◀▶ Das **Futur** erkennst du also
1. am Bedeutungsteil im Präsensstamm,
2. an den Tempus-Zeichen ***-b-/-bi-/-bu-*** bzw. ***-a-/-e-***.

1.2 Konjugationsschema

	ā-Konj.		ē-Konj.		ī-Konj.		Kons. Konj.	
1. P. Sg.	clāmā**b**ō	ich werde schreien	tacē**b**ō	ich werde schweigen	audiam	ich werde hören	legam	ich werde lesen
2. P. Sg.	clāmā**b***i*s	du wirst schreien	tacē**b***i*s	du wirst schweigen	audiēs	du wirst hören	legēs	du wirst lesen
3. P. Sg.	clāmā**b***i*t	er, sie, es wird schreien	tacē**b***i*t	er, sie, es wird schweigen	audiet	er, sie, es wird hören	leget	er, sie, es wird lesen
1. P. Pl.	clāmā**b***i*mus	wir werden schreien	tacē**b***i*mus	wir werden schweigen	audiēmus	wir werden hören	legēmus	wir werden lesen
2. P. Pl.	clāmā**b***i*tis	ihr werdet schreien	tacē**b***i*tis	ihr werdet schweigen	audiētis	ihr werdet hören	legētis	ihr werdet lesen
3. P. Pl.	clāmā**b***u*nt	sie werden schreien	tacē**b***u*nt	sie werden schweigen	audient	sie werden hören	legent	sie werden lesen

Die Formen von *esse* lauten:

1. P. Sg.	erō	ich werde sein
2. P. Sg.	er*i*s	du wirst sein
3. P. Sg.	er*i*t	er, sie, es wird sein

1. P. Pl.	er*i*mus	wir werden sein
2. P. Pl.	er*i*tis	ihr werdet sein
3. P. Pl.	er*u*nt	sie werden sein

2 Interrogativ-Pronomen – Wortfragen

2.1 Einige der Formen sind dir schon bekannt:

①	**Quis** forum Trāiānī īgnōrat?	**Wer** kennt das Trajansforum nicht?
②	**Cuius** monumenta ibī appārent?	**Wessen** Denkmäler sind dort zu sehen (zeigen sich dort)?
③	**Cui** deī tam secundam fortūnam dedērunt?	**Wem** haben die Götter ein so günstiges Schicksal gegeben?
④	**Quem** et **quid** in columnā Trāiānī vidēmus?	**Wen** und **was** sehen wir auf der Trajanssäule?
⑤	**Quōcum** imperātor tum bellum habuit?	**Mit wem** hatte der Kaiser damals Krieg?

◀▶ Du erkennst:
1. Mit dem **Interrogativ-Pronomen** werden **Wortfragen** eingeleitet (vgl. G 7, 2).
2. Der Genitiv *cuius* und der Dativ *cui* zeigen den besonderen Signalteil der Pronomina: *-ius*, *-i* (vgl. G 16, 2.1: *eius*, *eī*).

2.2 Deklinationsschema

Nom.	quis?/quid?	wer?/was?
Gen.	cuius?	wessen?
Dat.	cui?	wem?
Akk.	quem?/quid?	wen?/was?
Abl.	ā/dē quō? quōcum?	von wem?/über wen? mit wem?

18 Relativ-Pronomen – Relativsatz – IS, EA, ID als Demonstrativ-Pronomen – IRE und Komposita

S1

Der **Relativsatz** kann im Bauwerk des Satzes das Bauteil **Attribut** bilden. Meist „bezieht" er sich auf ein Substantiv und bestimmt es näher.

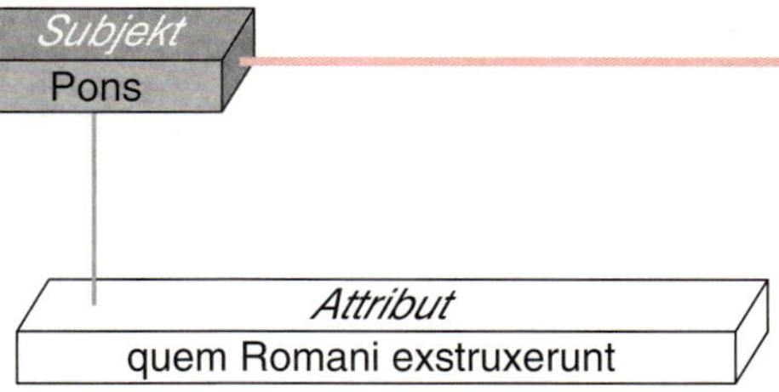

Die Brücke, die die Römer erbaut haben, ist gewaltig.

S2

Als **Demonstrativ-Pronomen** (hinweisendes Fürwort) bildet ***is, ea, id*** (vgl. G 16, 2.1) im Bauwerk des Satzes meist das Bauteil **Attribut**:

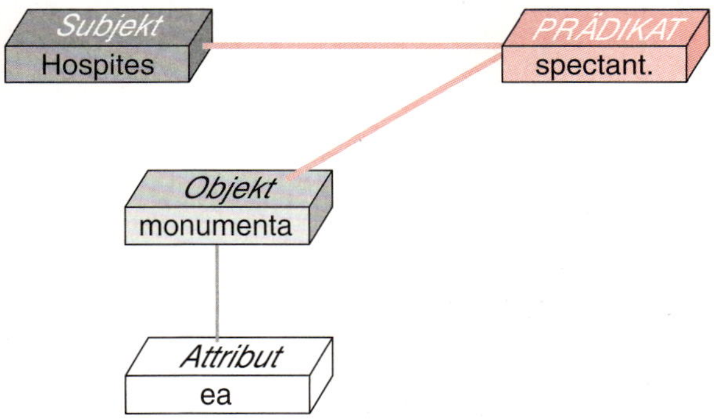

Die Gäste betrachten diese Denkmäler.

is, ea, id kann als Demonstrativ-Pronomen aber auch auf einen **Relativsatz** hinweisen; es bildet dann im Bauwerk des Satzes z. B. das Bauteil **Objekt**:

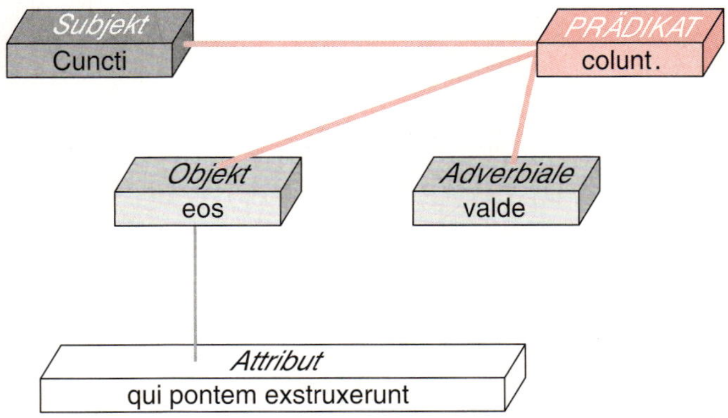

Alle halten die(-jenigen), die die Brücke erbaut haben, sehr in Ehren (verehren).

1 Relativsatz – Relativ-Pronomen

1.1 Erscheinungsform und Verwendung

① Quīntus,	**quī** Flāviam audit, **cuius** amīca Flāvia est,	gaudet.	Quintus,	**der** Flavia zuhört, **dessen** Freundin Flavia ist,	freut sich.
② Flāvia,	**quae** opus clārum explānat, **cui** cūnctī favent,	bella est.	Flavia,	**die** das berühmte Werk erklärt, **der** alle gewogen sind,	ist schön.
③ Hospitēs,	**quī** Rōmam vident, **quōs** Flāvia per urbem dūcit, **quibuscum** Flāvia et Quīntus forum Trāiānī spectant,	laetī sunt.	Die Gäste,	**die** Rom sehen, **die** Flavia durch die Stadt führt, **mit denen** Flavia und Quintus das Trajansforum anschauen,	sind froh.

◀▶ Du erkennst:

1. Der Relativsatz wird durch ein **Relativ-Pronomen** eingeleitet.
2. Das Relativ-Pronomen verbindet den Relativsatz mit einem Satzglied des übergeordneten Satzes; dieses ist das **Bezugswort** des Relativsatzes.
3. Das Relativ-Pronomen stimmt in **Numerus** und **Genus** mit seinem Bezugswort überein.
4. Der **Kasus** des Relativ-Pronomens richtet sich danach, welches Bauteil es im Bauwerk des Satzes darstellt, z. B. **Subjekt** → Nominativ (*quī* ①) oder **Objekt** → Dativ (*cui* ②)/Akkusativ (*quōs* ③).

1.2 Deklinationsschema

	quī, quae, quod *der, die, das; wer, was*					
	Singular			**Plural**		
	m	f	n	m	f	n
Nom.	quī	quae	quod	quī	quae	quae
Gen.	**cuius**	**cuius**	**cuius**	quōrum	quārum	quōrum
Dat.	**cui**	**cui**	**cui**	quibus	quibus	quibus
Akk.	quem	quam	quod	quōs	quās	quae
Abl.	quō	quā	quō	quibus	quibus	quibus
	quōcum	quācum	quōcum	quibuscum	quibuscum	quibuscum

1.3 IS, EA, ID als Demonstrativ-Pronomen

Is, ea, id kennst du bereits als Personal-Pronomen der dritten Person (vgl. G 16, 2).
Is, ea, id wird **meist** als **Demonstrativ-Pronomen** verwendet.

is homō in **eā** īnsulā	**dieser** Mensch auf **dieser** Insel	**iī** virī, **quī** **ea, quae**	**die(-jenigen)** Männer, **die** **das, was**
(zur Deklination vgl. G 16, 2.1)			

◀▶ Du erkennst:

1. Das Pronomen *is, ea, id* kann **mit** und **ohne Bezugswort** stehen.
2. Es **weist** oft **auf** einen folgenden **Relativsatz hin**.

2 IRE und Komposita

2.1 Formen des Präsensstammes

	Präsens		*Imperfekt*		*Futur*	
1. P. Sg.	eō	ich gehe	ībam	ich ging	ībō	ich werde gehen
2. P. Sg.	īs	du gehst	ībās	du gingst	ībis	du wirst gehen
3. P. Sg.	it	er, sie, es geht	ībat	er, sie, es ging	ībit	er, sie, es wird gehen
1. P. Pl.	īmus	wir gehen	ībāmus	wir gingen	ībimus	wir werden gehen
2. P. Pl.	ītis	ihr geht	ībātis	ihr gingt	ībitis	ihr werdet gehen
3. P. Pl.	eunt	sie gehen	ībant	sie gingen	ībunt	sie werden gehen
Infinitiv	īre	(zu) gehen				
Imperativ	Sg. ī!	geh!				
	Pl. īte!	geht!				

2.2 Formen des Perfektstammes

	Perfekt		*Plusquamperfekt*	
1. P. Sg.	iī	ich bin gegangen/ging	ieram	ich war gegangen
2. P. Sg.	īstī	du bist gegangen/gingst	ierās	du warst gegangen
3. P. Sg.	iit	er, sie, es ist gegangen/ging	ierat	er, sie, es war gegangen
1. P. Pl.	iimus	wir sind gegangen/gingen	ierāmus	wir waren gegangen
2. P. Pl.	īstis	ihr seid gegangen/gingt	ierātis	ihr wart gegangen
3. P. Pl.	iērunt	sie sind gegangen/gingen	ierant	sie waren gegangen
Infinitiv	īsse	gegangen (zu) sein		

2.3 Komposita von IRE

① Amīcōs apud Dācōs nōn **perīsse** scīmus.	Wir wissen, dass die Freunde bei den Dakern nicht **umgekommen sind**.
② Mox in patriam **redībunt**.	Bald **werden sie** in die Heimat **zurückkehren**.
③ Modo Dānuvium **trānseunt**.	**Sie überschreiten** gerade die Donau.

◀▶ Du erkennst:
IRE verbindet sich **mit vielen Präpositionen** zu **Komposita**.

19 Futur II – VELLE/NOLLE – Grundzahlen 1–3 – Dativ des Besitzers

S

Satz 1	*Satz 2*
Ad tē veni**am**;	tum certē cēnam iam parā**veris**.

Ich werde zu dir **kommen**; dann **wirst du** sicher das Essen schon **zubereitet haben** (dann hast du sicher das Essen schon zubereitet).

In beiden Sätzen sind Handlungen in der Zukunft ausgedrückt.
Die beiden Handlungen ereignen sich zu unterschiedlichen Zeitpunkten in der Zukunft. Die Handlung in *Satz 2* ist abgeschlossen („du wirst zubereitet haben"), bevor die Handlung in *Satz 1* („ich werde kommen") eintritt.
Man unterscheidet deshalb zwischen **Futur II** und **Futur I**.

Dies lässt sich auf dem Zeitstrahl folgendermaßen darstellen:

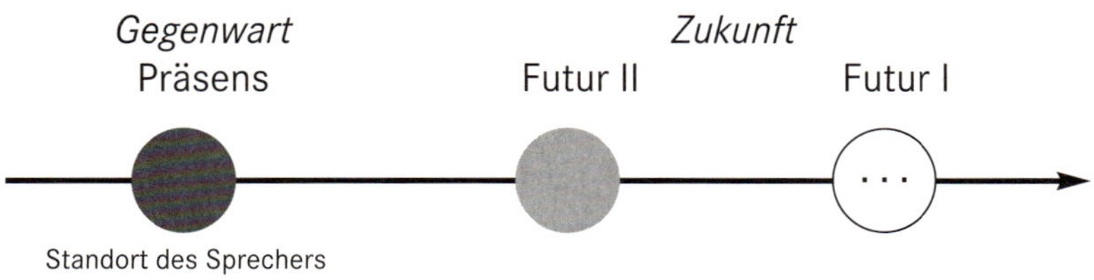

F

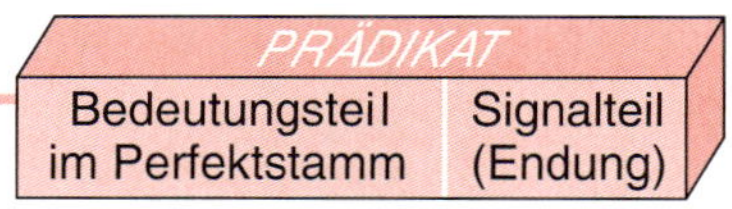

clāmāv ——	**er**–ō	ich werde gerufen haben
prohibu ——	**eri**-t	er wird verhindert haben
vēn ——	**eri**-mus	wir werden gekommen sein
cucurr ——	**eri**-nt	sie werden gelaufen sein

↑ Tempus-Zeichen ↑ Person-Zeichen

Das **Futur II von *esse*** lautet: *fu-**er**-ō, fu-**eri**-s, ...* – ich werde gewesen sein, ...

1 Futur II

1.1 Erscheinungsform

Der Signalteil des Futur II (Tempus-Zeichen + Person-Zeichen) lautet:

-**er**-ō, -**eri**-s, -**eri**-t, -**eri**-mus, -**eri**-tis, -**eri**-nt .

◀▶ Das **Futur II** erkennst du also
1. am Bedeutungsteil im Perfektstamm,
2. am Tempus-Zeichen *-er-/-eri-*.

clāmāv-
tacu-
māns-
vēn-
cucurr-
statu-
fu-

}{

-**er**–ō
-**eri**-s
-**eri**-t
-**eri**-mus
-**eri**-tis
-**eri**-nt

1.2 Verwendung

① Cum cēnam parā**veris**, ad tē veniam.	Wenn **du** das Essen **zubereitet hast**, werde ich zu dir kommen.
② Sī nōs invītā**veritis**, veniēmus.	Wenn **ihr** uns **einladet**, werden wir kommen.

◀▶ Du erkennst:
Das **Futur II** begegnet im Lateinischen fast **nur in Gliedsätzen** mit *cum* „(immer) wenn“ und *sī* „wenn; falls“. **Im Deutschen** wird es mit **Perfekt** ① oder **Präsens** ② wiedergegeben.

2 VELLE/NOLLE

2.1 VELLE

Konjugationsschema

Präsens		*Imperfekt*		*Futur I*	
volō	ich will	volēbam	ich wollte	volam	ich werde wollen
vīs	du willst	volēbās	du wolltest	volēs	du wirst wollen
vult	er, sie, es will	volēbat	er, sie, es wollte	volet	er, sie, es wird wollen
volumus	wir wollen	volēbāmus	wir wollten	volēmus	wir werden wollen
vultis	ihr wollt	volēbātis	ihr wolltet	volētis	ihr werdet wollen
volunt	sie wollen	volēbant	sie wollten	volent	sie werden wollen
Infinitiv					
velle	(zu) wollen				
Perfekt					
voluī	ich habe gewollt/wollte				

2.2 NOLLE

Konjugationsschema

Präsens		*Imperfekt*		*Futur I*	
nōlō	ich will nicht	nōlēbam	ich wollte nicht	nōlam	ich werde nicht wollen
nōn vīs	du willst nicht	nōlēbās	du wolltest nicht	nōlēs	du wirst nicht wollen
nōn vult	er, sie, es will nicht	nōlēbat	er, sie, es wollte nicht	nōlet	er, sie, es wird nicht wollen
nōlumus	wir wollen nicht	nōlēbāmus	wir wollten nicht	nōlēmus	wir werden nicht wollen
nōn vultis	ihr wollt nicht	nōlēbātis	ihr wolltet nicht	nōlētis	ihr werdet nicht wollen
nōlunt	sie wollen nicht	nōlēbant	sie wollten nicht	nōlent	sie werden nicht wollen
Infinitiv					
nōlle	nicht (zu) wollen				
Perfekt					
nōluī	ich habe nicht gewollt/wollte nicht				

3 Grundzahlen 1–3

① Sapientiā **ūnīus** virī cīvitās nōn periit.	Wegen der Weisheit **eines** Mannes ist der Staat nicht zugrunde gegangen.
② **Duābus** artibus cōnsul cīvitātem administrāvit, cūrā et sapientiā.	Mit **zwei** Eigenschaften hat der Konsul den Staat verwaltet, mit Sorgfalt und Weisheit.
③ Māgnus in Dānuviō pōns opus **trium** annōrum erat.	Die große Brücke über die Donau war das Werk von **drei** Jahren.

3.1 Erscheinungsform

◀▶ Du erkennst:
Die **Grundzahlen 1–3** werden im Lateinischen **dekliniert**.

3.2 Deklinationsschema

	eins			*zwei*			*drei*		
Nom.	ūnus	ūna	ūnum	duo	duae	duo	trēs	trēs	tria
Gen.	**ūnīus**	**ūnīus**	**ūnīus**	duōrum	duārum	duōrum	trium	trium	trium
Dat.	**ūnī**	**ūnī**	**ūnī**	**duōbus**	**duābus**	**duōbus**	tribus	tribus	tribus
Akk.	ūnum	ūnam	ūnum	duō(s)	duās	duo	trēs	trēs	tria
Abl.	ūnō	ūnā	ūnō	**duōbus**	**duābus**	**duōbus**	tribus	tribus	tribus

◀▶ Du erkennst:
Der Signalteil für den Genitiv und Dativ bei ***ūn-īus, ūn-ī*** ist dir bereits von den Pronomina her bekannt: ***e-ius, e-ī; cu-ius, cu-i.***

4 Dativ des Besitzers

① **Amīcō** vīlla pulchra *est*.	**Der Freund** *besitzt* ein schönes Landhaus.
② **Rōmānīs** mōrēs bonī *sunt*.	**Die Römer** *haben* gute Sitten.

◀▶ Du erkennst:
Der Dativ in **Verbindung mit *esse*** gibt den **Besitzer** einer Sache oder Eigenschaft an. Man nennt ihn deshalb **Dativ des Besitzers**.

20 Kurzvokalische ĭ-Konjugation – Komposita von ESSE – POSSE

F

Du kennst bereits Verben mit einem **langen Kennvokal** *-ī* wie *audīmus* „wir hören“.
Daneben gibt es auch Verben mit einem **kurzen Kennvokal** *-ĭ*:

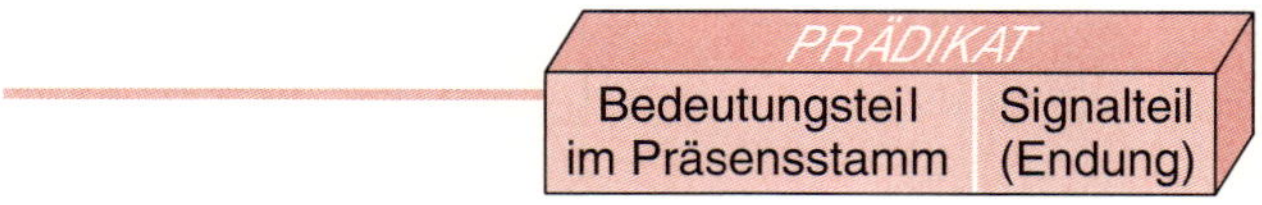

audī——mus	wir hören		ī-Konjugation
cáp ĭ——mus	wir ergreifen		ĭ-Konjugation

↑ Kennvokal ↑ Person-Zeichen

1 Kurzvokalische ĭ-Konjugation

Quīntus Flāviae dīxit:	Quintus sagte zu Flavia:
① „Quam **cupĭō** māgnā cēnā tēcum gaudēre!	„Wie sehr wünsche ich das Festessen mit dir zu genießen (mich am ... zu erfreuen)!
② **Accipe** dōnum meum!	Nimm mein Geschenk an!
③ Quandō cēna **incipĭet**?“	Wann wird das Essen beginnen?“
④ Cūnctī ē cēnā et spectāculō voluptātem **capĭēbant.**	Alle vergnügten sich am Essen und am Schauspiel.
⑤ In cēnā multōs hospitēs **cōnspicere** licēbat.	Beim Essen konnte man viele Gäste erblicken (war es möglich, ... zu erblicken).
⑥ Quīntus etiam nōnnūllōs senātōrēs **cōnspexit.**	Quintus erblickte auch einige Senatoren.

1.1 Erscheinungsform

◀▶ Du erkennst:

1. An den **Bedeutungsteil im Präsensstamm** *cupĭ-, capĭ-, incipĭ-* tritt jeweils der Signalteil der ī-Konjugation: *cupĭ-**ō**, capĭ-**ēbant**, incipĭ-**et***.
2. Im **Infinitiv Präsens** und im **Imperativ Singular** wird der Kurzvokal *-ĭ-* zu *-**e**-*: cōnspícer**e**, cáp**e**re; áccip**e**, cap**e**.
3. Der **Bedeutungsteil im Perfektstamm** entspricht den dir bekannten **Perfekt-Bildungen**:

cupiō	cupīvī	v-Perfekt
cōnspiciō	cōnspexī	s-Perfekt
capiō	cēpī	Dehnungsperfekt

.

1.2 Konjugationsschema

Präsens		*Imperfekt*		*Futur I*	
capĭō	ich nehme	capĭēbam	ich nahm	cápĭam	ich werde nehmen
capĭs	du nimmst	capĭēbās	du nahmst	cápĭēs	du wirst nehmen
capĭt	er, sie, es nimmt	capĭēbat	er, sie, es nahm	cápĭet	er, sie, es wird nehmen
cápĭmus	wir nehmen	capĭēbāmus	wir nahmen	capĭēmus	wir werden nehmen
cápĭtis	ihr nehmt	capĭēbātis	ihr nahmt	capĭētis	ihr werdet nehmen
cápĭunt	sie nehmen	capĭēbant	sie nahmen	cápĭent	sie werden nehmen
Infinitiv					
cápere	(zu) nehmen				
Imperativ					
Sg. cape!	nimm!				
Pl. cápĭte!	nehmt!				
Perfekt					
cēpī	ich habe genommen/nahm				

2 Komposita von ESSE – POSSE

①	Amīcīs semper **adsum**.	Freunden **helfe** ich immer.
②	Cūr itinerī nostrō nōn **intereris**?	Warum wirst du nicht an unserer Reise **teilnehmen**?
③	Pater diū ā patriā **āfuit**.	Der Vater **war** lange von der Heimat **abwesend**.
④	Nōn **adfuit/affuit**.	Er **war** nicht **da**.
⑤	Omnēs cēnae **interesse potuērunt**.	Alle **konnten** am Essen **teilnehmen**.

2.1 Erscheinungsform

◄► Du erkennst:

1. Die Komposita von ESSE sind durch die **Verbindung einer Präposition** mit den **Formen von ESSE** gebildet: ***ad**-sum*, ***inter**-eris*, ***ā**-fuit*, ***ad**-fuit*, ***inter**-esse*.
2. Die Formen des Präsensstammes von POSSE sind gebildet durch Zusammenfügen des Bedeutungsteils *pot-* (mächtig, vermögend) mit den Formen von ESSE: *posse* < *pot-esse*; *possum* < *pot-sum* (vgl. ► 13, S. 141).

2.2 Konjugationsschema

① ADESSE

Präsens		*Imperfekt*		*Futur I*	
adsum	ich bin anwesend	aderam	ich war anwesend	aderō	ich werde anwesend sein
ades	du bist anwesend	aderās	du warst anwesend	aderis	du wirst anwesend sein
adest	er, sie, es ist anwesend	aderat	er, sie, es war anwesend	aderit	er, sie, es wird anwesend sein
adsumus	wir sind anwesend	aderāmus	wir waren anwesend	aderimus	wir werden anwesend sein
adestis	ihr seid anwesend	aderātis	ihr wart anwesend	aderitis	ihr werdet anwesend sein
adsunt	sie sind anwesend	aderant	sie waren anwesend	aderunt	sie werden anwesend sein
Infinitiv					
adesse	anwesend (zu) sein				
Imperativ					
Sg. ades!	sei anwesend!				
Pl. adeste!	seid anwesend!				
Perfekt					
adfuī/affuī	ich bin anwesend gewesen/war anwesend				

② POSSE

Präsens		*Imperfekt*		*Futur I*	
possum	ich kann	poteram	ich konnte	poterō	ich werde können
potes	du kannst	poterās	du konntest	poteris	du wirst können
potest	er, sie, es kann	poterat	er, sie, es konnte	poterit	er, sie, es wird können
possumus	wir können	poterāmus	wir konnten	poterimus	wir werden können
potestis	ihr könnt	poterātis	ihr konntet	poteritis	ihr werdet können
possunt	sie können	poterant	sie konnten	poterunt	sie werden können
Infinitiv					
posse	(zu) können				
Perfekt					
potuī	ich habe gekonnt/konnte				

◀▶ Du erkennst:
POS- steht vor *-s*, *POT-* vor Vokalen
(Angleichung von Konsonanten, vgl. ▶ 13, S. 141).

21 ē-Deklination – Genitiv und Ablativ der Beschaffenheit

F

Du kennst bereits
- Substantive mit dem Kennvokal *-ā-* wie *amic-ā-s* (ā-Deklination),
- Substantive mit dem Kennvokal *-o-* wie *amic-ō-s* (o-Deklination).

Nun lernst du **Substantive** mit dem **Kennvokal *-ē-*** kennen, der zwischen Bedeutungsteil und Kasus-Zeichen tritt. Diese Substantive gehören deshalb zur **ē-Deklination.**

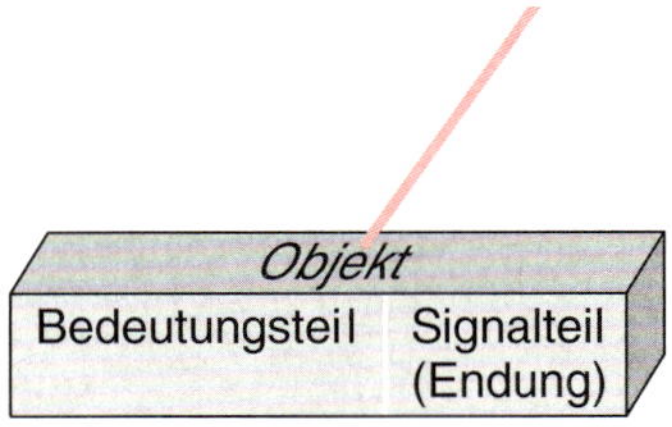

fid ———— e-m   das Vertrauen
r ———— ē-s   die Ereignisse
↑
Kennvokal

1 ē-Deklination

Unus ē Trōiānīs:	*Einer der Troianer sagt:*
① Graecīs **fidem** nōn habeō; nam dolō pūgnant.	Zu Griechen habe ich kein **Vertrauen**; denn sie kämpfen mit List.
② Itaque māgn**am** **spem** nōn iam habeō.	Deshalb habe ich keine große **Hoffnung** mehr.
③ Nōbīs **rēs adversae** īnstant.	Uns droht **Unglück** (drohen **widrige Ereignisse**).

1.1 Erscheinungsform

◀▶ Du erkennst:

1. Zur ē-Deklination gehören die Formen: *fidem, spem, rēs.*
2. Substantive der **ē-Deklination** sind in der Regel **Feminina**:
   ② *māgnam spem* „die große Hoffnung“, ③ *rēs adversae* „widrige Ereignisse, Unglück“.
3. Die Substantive der ē-Deklination haben folgende Signalteile:

	Singular	Plural
Nom.	-ēs	-ēs
Gen.	-eī	-ērum
Dat.	-eī	-ēbus
Akk.	-em	-ēs
Abl.	-ē	-ēbus

Der **Kennvokal *-e-*** tritt in allen Kasus auf.

1.2 Deklinationsschema

	Singular *die/eine Sache*	Plural *(die) Sachen*
Nom.	r-**ēs**	r-**ēs**
Gen.	r-**eī**	r-**ērum**
Dat.	r-**eī**	r-**ēbus**
Akk.	r-**em**	r-**ēs**
Abl.	r-**ē**	r-**ēbus**

2 Genitiv und Ablativ der Beschaffenheit

①	Graecī Trōiam petīvērunt; sed mūrī **ingentī māgnitūdine**[1] eōs in urbem invādere prohibuērunt.	Die Griechen griffen Troia an; doch **riesengroße** Mauern (Mauern **von gewaltiger Größe**) hinderten sie daran, in die Stadt einzudringen.
②	Unus ē Graecīs, vir **summae prūdentiae**, Trōiānōs dolō superāvit.	Einer der Griechen, ein **sehr kluger** Mann (ein Mann **von höchster Klugheit**), hat die Troianer durch List besiegt.
③	Trōiānī, etsī **māgnā vī corporis** erant, patriam suam nōn servāvērunt.	Die Troianer haben, auch wenn sie **bärenstark** (**von großer Körperkraft**) waren, ihre Heimat nicht gerettet.

1) **māgnitūdō, -inis** f (→ māgnus): Größe

◀▶ Du erkennst:

1. Sowohl der Genitiv als auch der Ablativ kann die **Beschaffenheit** einer Person oder Sache ausdrücken.
2. Im Satz können
   - der Genitiv und der Ablativ der Beschaffenheit das Bauteil **Attribut** bilden: *mūrōs* ***ingentī māgnitūdine*** „riesengroße Mauern" ①, *vir* ***summae prūdentiae*** „ein **sehr kluger** Mann" ②;
   - der Genitiv und der Ablativ der Beschaffenheit in Verbindung mit einer Form von *esse* das Bauteil **Prädikatsnomen** bilden: ***māgnā vī corporis*** *erant* „sie waren bärenstark" ③.

   Im **Deutschen** kann dieser Genitiv bzw. Ablativ auf zwei Arten wiedergegeben werden:
   - **attributiv:** ein **sehr kluger** Mann ②, **bärenstark** ③;
   - als **präpositionale Verbindung:** ein Mann **von höchster Klugheit** ②, **von großer Körperkraft** sein ③.

Merke dir folgende Wendungen:

vir summae prūdentiae	ein **sehr kluger** Mann/ein Mann **von höchster Klugheit**
virgō ēgregiā fōrmā	ein **wunderschönes** Mädchen/ein Mädchen **von herausragender Schönheit**
summae hūmānitātis esse	**sehr gebildet/von höchster Bildung** sein
māgnā vī corporis esse	**bärenstark/von großer Körperkraft** sein

22 Adverbien – Demonstrativ-Pronomen HIC, HAEC, HOC

S

Im Bauwerk des Satzes begegnet dir häufig auch das **Adverb**. Es bildet das Bauteil **Adverbiale**. Du kennst bereits Adverbien wie *diū* „lange“ und *iterum* „wieder“.
Es gibt aber auch **Adverbien**, die **von Adjektiven** gebildet werden, z. B. *vērē* „wahrheitsgemäß“, *libenter* „gern“.

Homērus fortūnam Trōiae diū/iterum/vērē/libenter nārrat.

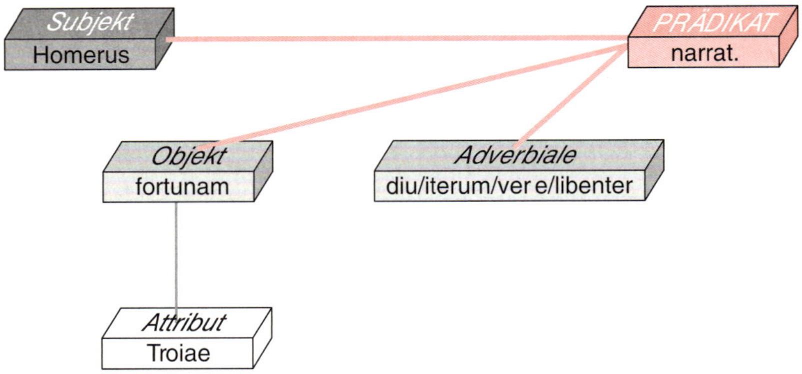

Homer erzählt das Schicksal Troias lange/wiederholt/wahrheitsgemäß/gerne.

F

Von Adjektiven werden Adverbien folgendermaßen gebildet:

ā-/o-Deklination

vēr ——— ē wahrheitsgemäß

Kons. Deklination

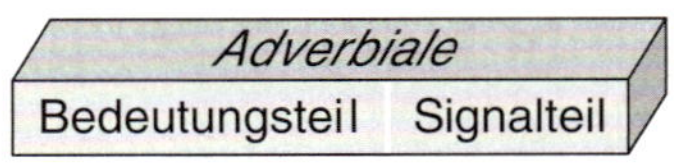

libent ——— **er** gern
ācr ——— **iter** heftig

1 Adverbien

① Nūntius cīvibus dē rēbus adversīs nōn **libenter**, sed **vērē** nārrāvit.	Der Bote erzählte den Bürgern nicht **gern**, aber **wahrheitsgemäß** vom Unglück.
② **Graviter** eīs dīxit: „Date auxilium miserīs!“	**Ernst** sagte er (zu) ihnen: „Helft (Gebt Hilfe) den Unglücklichen!“
③ Cīvēs **libenter** et **bene** pāruērunt.	Die Bürger gehorchten **gern** und **gut**.

1.1 Erscheinungsform

◀▶ Du erkennst:
1. Von Adjektiven können Adverbien gebildet werden.
2. Es gibt **verschiedene Bildungsweisen** des Adverbs.
3. Adverbien werden **nicht dekliniert**.

Adverb
-ē
-iter
-er

1.2 Bildung

	Nominativ	Bedeutungsteil	Adverb	deutsche Übersetzung
ā-/o-Dekl.	vērus	vēr-	vēr-**ē**	wahrheitsgemäß
	bonus	bon-	*aber:* ben-**e**	gut
	miser	miser-	miser-**ē**	elend
	pulcher	pulchr-	pulchr-**ē**	schön
Kons. Dekl.	gravis	grav-	grav-**iter**	ernst(haft)
	fēlīx	fēlīc-	fēlīc-**iter**	glücklich, erfolgreich
	ācer	ācr-	ācr-**iter**	heftig, scharf
	libēns	libent-	libent-**er**	gern

◀▶ Du erkennst:
Die Adjektive der **ā-/o-Deklination** bilden das Adverb auf *-ē*, die Adjektive der **Konsonantischen Deklination** auf *-iter/-er*.

2 Demonstrativ-Pronomen HIC, HAEC, HOC

2.1 Deklinationsschema

	Lateinisch						Deutsch			
	Singular			**Plural**			**Singular**			**Plural**
	m	f	n	m	f	n				
Nom.	hic	haec	hoc	hī	hae	haec	dieser	diese	dieses	diese
Gen.	**huius**	**huius**	**huius**	hōrum	hārum	hōrum	dieses	dieser	dieses	dieser
Dat.	**huic**	**huic**	**huic**	hīs	hīs	hīs	diesem	dieser	diesem	diesen
Akk.	hunc	hanc	hoc	hōs	hās	haec	diesen	diese	dieses	diese
Abl.	cum hōc	cum hāc	hōc	cum hīs	cum hīs	hīs	mit diesem	mit dieser	mit diesem	mit diesen

2.2 Verwendung

①	**Hic** est locus, ubī Paris et Helena vīvunt.	**Dies** ist der Ort, wo Paris und Helena leben.
②	**Haec** est urbs, in quā Priamus rēgnum tenet.	**Dies** ist die Stadt, in der Priamus herrscht.
③	**Hī** sunt mūrī Trōiae.	**Dies** sind die Mauern Troias.
④	**Huius** urbis vim frangēmus.	Die Macht **dieser** Stadt werden wir brechen.
⑤	**Hōs** Trōiānōs armīs nostrīs superābimus.	**Diese** Troianer werden wir durch unsere Waffen besiegen.
⑥	**Hoc** imperium tollēmus.	**Dieses** Reich werden wir vernichten (beseitigen).
⑦	Trōia urbs māgna est; **haec** autem nōs numquam opprimet.	Troia ist eine große Stadt; **diese** wird uns aber niemals überwältigen.

◀▶ Du erkennst:

1. Das **Demonstrativ-Pronomen** ***hic, haec, hoc*** weist auf etwas hin, was dem Sprechenden unmittelbar vor Augen steht ①–⑦.
2. In Verbindung mit einer Form von *esse* weist es auf ein **Substantiv** hin, das **im Satz folgt.** Mit diesem stimmt es in **Kasus, Numerus** und **Genus** überein (**KNG-Kongruenz**). Im **Deutschen** wird es aber stets mit **„dies“** wiedergegeben ①–③.
3. Es weist auf etwas **kurz zuvor Genanntes** hin: „diese“ (nämlich: „die große Stadt“) ⑦.

23 Partizip Perfekt Passiv (PPP) – Perfekt Passiv – Genitiv zur Angabe des „Subjekts“ und „Objekts“

Bisher hast du die **aktive Verwendung** der Verben kennen gelernt, z. B. *servat* „er rettet“, *servāvit* „er hat gerettet“. Von den meisten Verben kann aber auch das **Passiv** gebildet werden, z. B. **er wird gerettet** oder **er ist gerettet worden**.
Im Deutschen brauchst du zur Bildung des Passivs das Partizip II („gerettet“), im Lateinischen benötigt man für einige Tempora das **Partizip Perfekt Passiv** (**PPP**):
***servātus, -a, -um* „gerettet“**.
In solchen Fällen ist das Prädikat aus einem **PPP** und einer Form von ***esse*** gebildet.

S

Mit einer **Präsensform** von ***esse*** bildet das **PPP** das **Perfekt Passiv**:

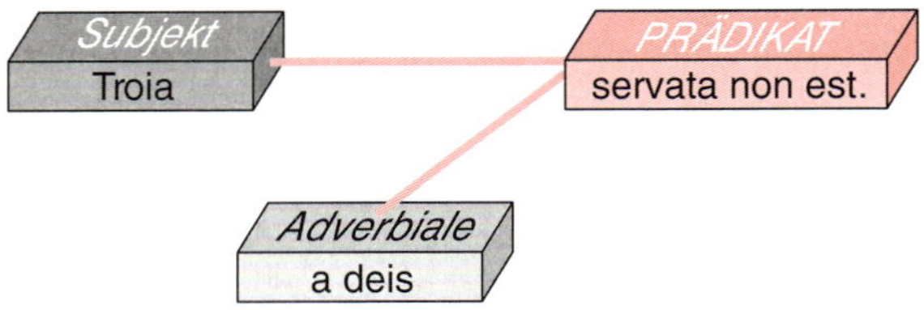

Troia ist von den Göttern nicht gerettet worden.

Das PPP stimmt dabei in **Kasus**, **Numerus** und **Genus** mit dem **Subjekt des Satzes** überein (**KNG-Kongruenz**).

F

Das **Perfekt Passiv** ist gekennzeichnet durch das **PPP** sowie eine **Präsensform** von ***esse***.

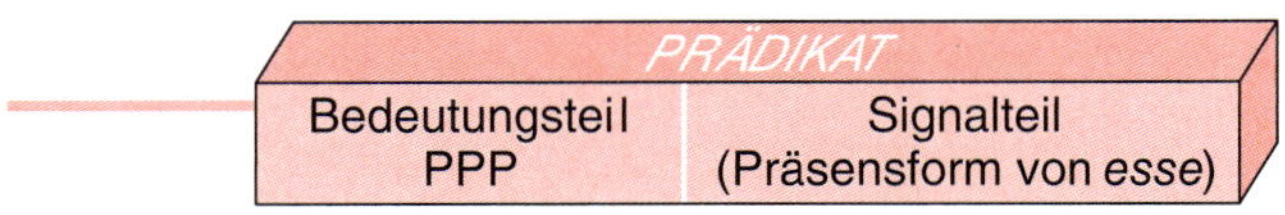

servātus	est	er ist gerettet worden/wurde gerettet
servātī	sunt	sie sind gerettet worden/wurden gerettet

1 Partizip Perfekt Passiv

1.1 Erscheinungsform

Inf. Präs. Akt.	PPP	
servā — re	servā — t-us, -a, -um	gerettet
audī — re	audī — t-us, -a, -um	gehört
cape — re	cap — t-us, -a, -um	erobert
movē — re	mō — t-us, -a, -um	bewegt
monē — re	moni — t-us, -a, -um	ermahnt
relinqu-*e* — re	relic — t-us, -a, -um	zurückgelassen
incend-*e* — re	incēn — s-us, -a, -um	entflammt
iubē — re	ius — s-us, -a, -um	beauftragt

PPP

-t-us, -a, -um
-s-us, -a, -um

◀▶ Du erkennst:
Das Kennzeichen für das Partizip Perfekt Passiv (PPP-Zeichen) ist *-t-* oder *-s-*; an dieses treten die Endungen der Adjektive der ā-/o-Deklination: ***-us/-a/-um***.

1.2 Stammformen-Reihe

Das PPP gehört zur Reihe der **Stammformen** eines Verbs. Diese **Stammformen-Reihe** soll dir ein **Ordnungsraster** beim Lernen der Verben sein. Nachfolgend ist dafür jeweils ein Verb aus den sechs verschiedenen Perfekt-Bildungen als Beispiel angeführt.
Die Stammformen aller Verben findest du in Tab. V1–5, S. 163 ff.

Perfekt-Bildung mit -v-				
amō	amāvī	amātum	amāre	lieben; verliebt sein
Perfekt-Bildung mit -u-				
terreō	terruī	territum	terrēre	(*jmdn.*) erschrecken
Perfekt-Bildung mit -s-				
sentiō	sēnsī	sēnsum	sentīre	fühlen; merken; meinen
Perfekt-Bildung durch Dehnung				
capiō	cēpī	captum	capere	(ein)nehmen, erobern; (er)fassen, (er)greifen
Perfekt-Bildung durch Reduplikation				
tangō	tétigī	tāctum	tangere	berühren
Perfekt-Bildung ohne Veränderung				
statuō	statuī	statūtum	statuere	beschließen, entscheiden; aufstellen; festsetzen

2 Perfekt Passiv

2.1 Erscheinungsform

◀▶ Das **Perfekt Passiv** erkennst du am

Partizip Perfekt Passiv (PPP) + Präsensformen von ESSE: *sum*, *es* usw.

2.2 Konjugationsschema

	Lateinisch		Deutsch
Sg.	servātus, -a, -um	sum es est	ich bin gerettet worden/wurde gerettet du bist gerettet worden/wurdest gerettet er, sie, es ist gerettet worden/wurde gerettet
Pl.	servātī, -ae, -a	sumus estis sunt	wir sind gerettet worden/wurden gerettet ihr seid gerettet worden/wurdet gerettet sie sind gerettet worden/wurden gerettet
Infinitiv	servātum, -am, -um/ -ōs, -ās, -a	esse	gerettet worden (zu) sein

2.3 Verwendung

① Trōia ā Graecīs petīta et capta est.	Troia ist von den Griechen angegriffen und erobert worden.
② Multōs hominēs ā Graecīs necātōs esse scīmus.	Wir wissen, dass viele Menschen von den Griechen getötet worden sind.

◀▶ Du erkennst:

1. Das Passiv drückt aus, dass jemand oder etwas von einer Handlung betroffen ist (**Troia** ist angegriffen worden ①, **viele Menschen** sind getötet worden ②).
2. Der **Täter einer Handlung** (der **Handelnde**) wird im Passiv durch ***ā/ab*** **mit Ablativ** angegeben ①, ②.
3. Genau wie das Perfekt Aktiv erfasst auch das Perfekt Passiv **Handlungen** und **Vorgänge** der **Vergangenheit**, die sich **nur einmal ereignet haben**, zum **Abschluss gekommen sind** oder als **Ergebnis mitgeteilt werden**.
4. Der **Infinitiv Perfekt Passiv** drückt in einem **AcI** die **Vorzeitigkeit** aus ②.

3 Genitiv zur Angabe des „Subjekts“ und „Objekts“

① Omnēs deī imperiō **Iovis** pārent.	Alle Götter gehorchen der Herrschaft **des Jupiter**.
② Iūnō īrā **Trōiānōrum** incēnsa est.	Juno ist von Zorn **auf die Troianer** entbrannt.

◀▶ Du erkennst:

1. In beiden Sätzen liegt in den Verbindungen *imperiō Iovis* ① und *īrā Trōiānōrum* ② ein **Genitiv-Attribut** vor.
2. Im ersten Satz antwortet der Genitiv auf die Frage **„wessen?“**. Die Wortverbindung *imperiō **Iovis*** „der Herrschaft **des Jupiter**“ drückt aus, dass Jupiter herrscht. Jupiter ist somit das **Subjekt** der Herrschaft.
3. Im zweiten Satz antwortet der Genitiv auf die Frage **„worauf?“** oder **„auf wen oder was?“**. Die Wortverbindung *īrā **Trōiānōrum*** „von Zorn **auf die Troianer**“ drückt aus, dass die Troianer diejenigen sind, auf die sich der Zorn richtet. Die Troianer sind somit das **Objekt** des Zorns.
4. Der Genitiv dient also in ① zur **Angabe des „Subjekts“** (Genitivus subiectivus),
in ② zur **Angabe des „Objekts“** (Genitivus obiectivus).

Merke dir:

Genitiv zur Angabe des „Subjekts“	
auxilium deōrum	die Hilfe **der Götter**
dolor Dīdōnis	**Didos** Schmerz
auctōritās imperātōris	das Ansehen **des Kaisers**
Genitiv zur Angabe des „Objekts“	
imperātor hominum	der Herrscher **über** die Menschen
sīgnum spectāculī	das Zeichen **zum** Schauspiel
spēs salūtis	die Hoffnung **auf** Rettung

24 Plusquamperfekt/Futur II Passiv – Relativischer Satzanschluss

F1

Das **Plusquamperfekt Passiv** ist gekennzeichnet durch das **PPP** sowie eine **Imperfektform** von ***esse***.

PRÄDIKAT	
Bedeutungsteil PPP	Signalteil (Imperfektform von *esse*)

servātus	erat	er war gerettet worden
servātī	erant	sie waren gerettet worden

F2

Das **Futur II Passiv** ist gekennzeichnet durch das **PPP** sowie eine **Futurform** von ***esse***.

PRÄDIKAT	
Bedeutungsteil PPP	Signalteil (Futurform von *esse*)

servātus	erit	er wird gerettet worden sein
servātī	erunt	sie werden gerettet worden sein

S

Du weißt, dass ein Relativ-Pronomen einen Hauptsatz mit einem untergeordneten Satz, einem Relativsatz, verbindet:

Dido Aeneam amavit,
qui | ex Asia in Africam venerat.

Dido liebte Äneas, der aus Kleinasien nach Afrika gekommen war.

Der **Relativsatz** kann aber auch zu einem **selbstständigen Hauptsatz** werden.

Dido Aeneam amavit. | Qui | ex Asia in Africam venerat.

Dido liebte Äneas. **Dieser** war aus Kleinasien nach Afrika gekommen.

Das Relativ-Pronomen stellt eine enge Verbindung der beiden Hauptsätze her. Diese Erscheinung heißt **relativischer Satzanschluss**.

1 Plusquamperfekt Passiv

1.1 Erscheinungsform

Das **Plusquamperfekt Passiv** erkennst du am

Partizip Perfekt Passiv (PPP) + Imperfektformen von ESSE: *eram*, *erās* usw.

1.2 Konjugationsschema

	Lateinisch		Deutsch
Sg.	servātus, -a, -um	erām erās erat	ich war gerettet worden du warst gerettet worden er, sie, es war gerettet worden
Pl.	servātī, -ae, -a	erāmus erātis erant	wir waren gerettet worden ihr wart gerettet worden sie waren gerettet worden

2 Futur II Passiv

2.1 Erscheinungsform

◀▶ Das **Futur II Passiv** erkennst du am

Partizip Perfekt Passiv (PPP) + Futurformen von ESSE: *erō*, *eris* usw.

2.2 Konjugationsschema

	Lateinisch		Deutsch
Sg.	servātus, -a, -um	erō eris erit	ich werde gerettet worden sein du wirst gerettet worden sein er, sie, es wird gerettet worden sein
Pl.	servātī, -ae, -a	erimus eritis erunt	wir werden gerettet worden sein ihr werdet gerettet worden sein sie werden gerettet worden sein

3 Relativischer Satzanschluss

① Ulixēs *sociōs* suōs quaesīvit. **Quōs** invenīre nōn poterat.	Odysseus suchte seine *Gefährten*. Er konnte **diese** nicht finden.
② **Quam ob rem** cūrīs nōn vacābat.	**Deshalb** (**Wegen dieser Sache**) machte er sich Sorgen (war er nicht frei von Sorgen).

◀▶ Du erkennst:

1. Das **Relativ-Pronomen** stellt als **relativischer Satzanschluss** jeweils eine enge Verbindung zum vorausgehenden Satz her.
   Im **Deutschen** wird es mit dem **Demonstrativ-Pronomen „dieser, diese, dieses“** wiedergegeben.
2. Das Relativ-Pronomen kann sich auf ein einzelnes Wort ① oder auf die ganze Aussage des vorausgehenden Satzes beziehen ②.

25 Partizip Perfekt Passiv als Attribut/Subjekt/Objekt und als Adverbiale: Participium coniunctum (PC)

Du weißt, dass das PPP im Bauwerk des Satzes mit einer Form von *esse* das Bauteil Prädikat bildet. Das **PPP** kann aber auch **ohne** eine Form von ***esse*** verwendet werden:

Urbs ā Rōmulō **condita** citō crēvit.

① Die von Romulus **gegründete** Stadt wuchs schnell.
② Die Stadt, **die** von Romulus **gegründet worden war,** wuchs schnell.
③ Die Stadt – von Romulus **gegründet** – wuchs schnell.
④ Die Stadt wuchs schnell, **nachdem sie** von Romulus **gegründet worden war.**

S1 Das **PPP . . . *condita*** kann man als **nähere Bestimmung des Subjekts *urbs*** auffassen ①/②. Es bildet dann im Bauwerk des Satzes das Bauteil **Attribut.**

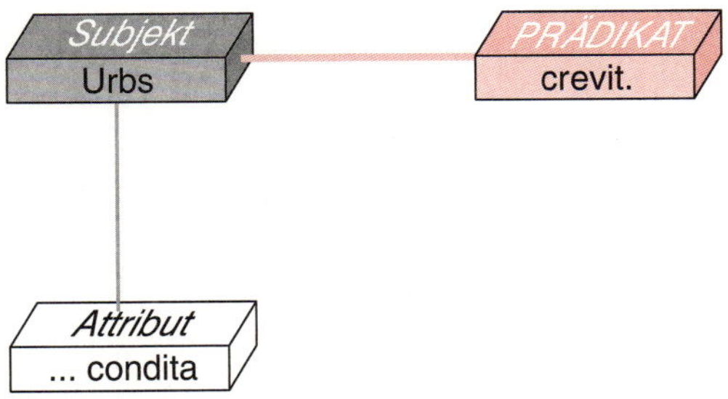

S2 Das **PPP . . . *condita*** kann man aber auch als Ergänzung des Prädikates *crēvit* auffassen ③/④. Es gibt einen **näheren Umstand** (hier temporal: „nachdem") an. Im Bauwerk des Satzes bildet es das Bauteil **Adverbiale.**

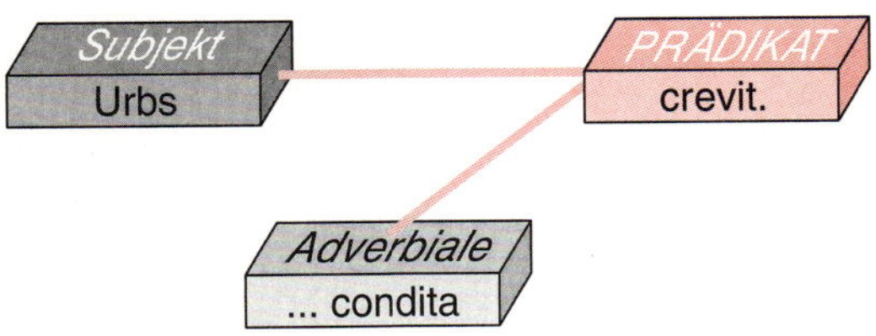

Das **PPP** hat im Satz meist ein **Bezugswort**, mit dem es in **Kasus, Numerus** und **Genus** übereinstimmt (**KNG-Kongruenz**). Dieses Bezugswort ist in der Regel **Subjekt** oder **Objekt** des Satzes. Das PPP ist mit dem Bezugswort gewissermaßen verbunden.
Wir sprechen deshalb von einem „verbundenen Partizip":

Participium coniunctum (PC) .

1 Partizip Perfekt Passiv (PPP) als Attribut/Subjekt/Objekt

1.1 PPP als Attribut

Manchmal ist das PPP wie ein **Adjektiv** verwendet. Es bildet dann im Bauwerk des Satzes das Bauteil **Attribut**.

① Quis urb**em** ā Rōmulō **conditam** īgnōrat?	Wer kennt die von Romulus **gegründete** Stadt/die Stadt, **die** von Romulus **gegründet worden ist,** nicht?
② Nārrā mihī dē auxili**ō** ā deīs **datō**!	Erzähl mir von der Hilfe, **die** von den Göttern **gewährt (gegeben) worden ist.**

◄► Du erkennst:

1. Das **PPP** ist hier **ohne** eine Form von ***esse*** verwendet.
2. Es stimmt in **Kasus, Numerus** und **Genus** mit seinem **Bezugswort** überein (**KNG-Kongruenz**). Dieses Bezugswort ist **Subjekt** oder **Objekt** ① des Satzes oder steht in einer **präpositionalen Verbindung** ②.
3. Im Deutschen wird es **wörtlich** ① oder mit einem **Relativsatz** ①/② wiedergegeben.

1.2 PPP als Subjekt oder Objekt

Manchmal ist das PPP auch wie ein **Substantiv** verwendet. Es bildet dann im Bauwerk des Satzes das Bauteil **Subjekt** oder **Objekt**.

① **Mandāta** deōrum Rōmānīs nōn semper placēbant.	Die **Aufträge** der Götter gefielen den Römern nicht immer.
② Quis **expositōs** servāvit?	Wer hat die **Ausgesetzten** gerettet?

◄► Du erkennst:

1. Das PPP ist hier **ohne** eine Form von ***esse*** verwendet.
2. Im **Deutschen** wird das PPP mit einem **Substantiv** wiedergegeben.

Merke dir:

factum	(das Getane) **die Tat**
mandātum	(das Aufgetragene) **der Auftrag**
dictum	(das Gesagte) **das Wort**

2 Partizip Perfekt Passiv (PPP) als Adverbiale: Participium coniunctum (PC)

Das **PPP** ist meist so verwendet, dass man es als **Adverbiale** auffassen muss.
In solchen Fällen bezeichnet man es als

Participium coniunctum (PC) .

2.1 Erscheinungsform und Sinnrichtungen

① Multī hostēs **urbem** ā Rōmulō **conditam** invāsērunt.	Viele Feinde haben **die Stadt, nachdem sie** von Romulus **gegründet worden war,** angegriffen.
② Deī **urbī** ā cīvibus piīs **aedificātae** semper favēbant.	Die Götter waren **der Stadt, da sie** von frommen Bürgern **erbaut worden war,** immer gewogen.
③ **Rōma** ā populīs ingentibus **petīta** (tamen) numquam capta est.	**Rom** ist, **obwohl es** von gewaltigen Völkern **angegriffen worden war,** (dennoch) niemals erobert worden.

◀▶ Du erkennst:

1. Das PPP ist hier **ohne** eine Form von ***esse*** verwendet.
2. Es hat **immer** ein **Bezugswort**, mit dem es in **Kasus**, **Numerus** und **Genus** übereinstimmt. Durch die **KNG-Kongruenz** ist es mit seinem **Bezugswort** „verbunden".
3. Das PPP drückt immer einen Vorgang aus, der **vor der Handlung des Prädikates** abgelaufen ist (vgl. ①: *Zuerst ist die Stadt gegründet worden, dann erst haben die Feinde sie angegriffen.*). Das **Zeitverhältnis** des PPP zum Prädikat ist somit **vorzeitig (Partizip der Vorzeitigkeit).**
4. Das PPP gibt – als Adverbiale im Satz – einen **näheren Umstand** an; dieser kann **verschiedene Sinnrichtungen** haben:

① Zeit:	NACHDEM/ALS	*temporal*
② beachteter Grund:	WEIL/DA	*kausal*
③ nicht beachteter Grund:	OBWOHL	*konzessiv*

Die **zutreffende Sinnrichtung** muss jeweils aus dem **Textzusammenhang** erschlossen werden.

2.2 Übersetzungsweg

1. Urbs ā Rōmulō **condita** citō crēvit.

Hilfsübersetzung (wörtlich):
Die Stadt – von Romulus **gegründet** – wuchs schnell.
Übersetzungsmöglichkeiten:
① Die Stadt **ist** von Romulus **gegründet worden; dann** ist sie schnell gewachsen.
② **Nachdem** die Stadt von Romulus **gegründet worden war,** ist sie schnell gewachsen.
③ **Nach der Gründung** durch Romulus ist die Stadt schnell gewachsen.

2. Rōma mūrīs altīs **circumdata** semper tūta fuit.

Hilfsübersetzung (wörtlich):
Rom – von hohen Mauern **umgeben** – war immer sicher.
Übersetzungsmöglichkeiten:
① Rom **war** von hohen Mauern **umgeben (worden)**; **deshalb** war es immer sicher.
② **Weil** Rom von hohen Mauern **umgeben (worden) war**, war es immer sicher.
③ **Wegen der Umfriedung** mit hohen Mauern war Rom immer sicher.

3. Rōma ā populīs ingentibus **petīta** (tamen) numquam capta est.

Hilfsübersetzung (wörtlich):
Rom – von gewaltigen Völkern **angegriffen** – ist (dennoch) niemals erobert worden.
Übersetzungsmöglichkeiten:
① Rom **war** von gewaltigen Völkern **angegriffen worden**; **dennoch** ist es niemals erobert worden.
② **Obwohl** Rom von gewaltigen Völkern **angegriffen worden war**, ist es (dennoch) niemals erobert worden.
③ **Trotz der Angriffe** gewaltiger Völker ist Rom niemals erobert worden.

◀▶ Du erkennst:
1. Die **wörtliche Übersetzung** des PPP schafft die **Voraussetzung** dafür, dass du die Übersetzungsmöglichkeit findest, die am besten passt.
2. Du kannst aus folgenden drei Übersetzungsmöglichkeiten auswählen:
   ① **Beiordnung**, d. h., das PPP wird durch einen eigenen Satz wiedergegeben und es wird eine **Satzreihe** gebildet.
   ② **Unterordnung**, d. h., das PPP wird als Gliedsatz übersetzt und es wird ein **Satzgefüge** gebildet.
   ③ **Einordnung**, d. h., das PPP wird durch eine Präposition mit Substantiv wiedergegeben und es wird eine **präpositionale Verbindung** gebildet.
3. Das **PPP** drückt eine zum Prädikat **vorzeitige Handlung** aus. Für die deutsche Übersetzung muss das entsprechende Tempus (Perfekt/Plusquamperfekt) gewählt werden ①/②.

2.3 Zusammenfassende Übersicht

Sinnrichtung	Übersetzungsmöglichkeiten des PPP (Partizip der Vorzeitigkeit)		
	Beiordnung/ Satzreihe	**Unterordnung**/ Satzgefüge (Gliedsatz)	**Einordnung**/ präpositionale Verbindung
1. **temporal**/ Zeit	... ist ... worden (und) da/dann ...	nachdem/als ... worden ist/war	nach + Substantiv
2. **kausal**/ beachteter Grund	... ist ... worden (und) deshalb	weil/da ... worden ist/war	wegen + Substantiv
3. **konzessiv**/ nicht beachteter Grund	... ist ... worden (und) dennoch	obwohl ... worden ist/war	trotz + Substantiv

26 Passiv im Präsensstamm: Präsens/Imperfekt/Futur I – Infinitiv Präsens Passiv – Doppelter Akkusativ – Dramatisches Präsens

F

①	Urbs servāta est.	Die Stadt ist gerettet worden.
②	Urbs servātur.	Die Stadt wird gerettet.

In Satz ① steht das Prädikat im Perfekt Passiv,
in **Satz** ② steht das Prädikat im **Präsens Passiv**.
An den Bedeutungsteil im Präsensstamm *servā-* ist ***-tur*** getreten.
Dies ist das **Person-Zeichen** für die **3. Person Singular Passiv**.

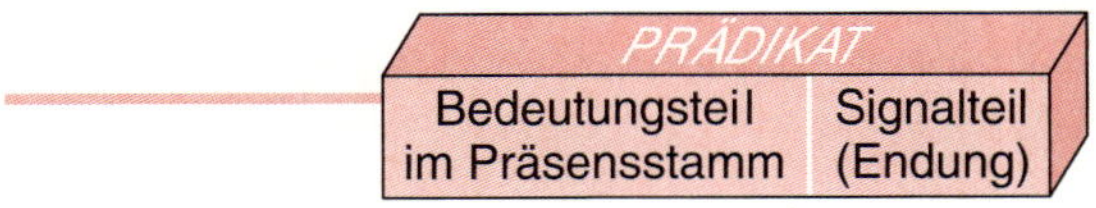

vocāre	vocā		**tur**	er, sie, es wird gerufen
monēre	monē		**tur**	er, sie, es wird gemahnt
audīre	audī		**tur**	er, sie, es wird gehört
mittere	mitt	*i*	**tur**	er, sie, es wird geschickt
capere	capĭ		**tur**	er, sie, es wird gefasst
		↑ *Sprech-vokal*	↑ Person-Zeichen	

1 Passiv im Präsensstamm: Präsens/Imperfekt/Futur I

1.1 Erscheinungsform

Ego perīculīs perturb**or**.	Ich werde durch Gefahren beunruhigt.
Nōnne tū furōre bellī terrē**ris**?	Wirst du nicht vom Wahnsinn des Krieges erschreckt?
Urbs nātūrā locī mūnī**tur**.	Die Stadt wird durch die Beschaffenheit des Ortes geschützt.
Nōs ab hostibus opprimi**mur**.	Wir werden von den Feinden überfallen.
Vōs in servitūtem mitti**minī**.	Ihr werdet in die Sklaverei geschickt.
Fīnēs patriae trānseu**ntur**.	Die Grenzen des Vaterlandes werden überschritten.

◀▶ Du erkennst:
Die **Person-Zeichen** des **Passivs im Präsensstamm** lauten:

-(o)r, -ris, -tur, -mur, -minī, -ntur .

Person-Zeichen

Singular	Plural
-(o)r	-mur
-ris	-minī
-tur	-ntur

1.2 Konjugationsschemata
Präsens Passiv

	Lateinisch					Deutsch	
	ā-Konj.	ē-Konj.	ī-Konj.	Kons. Konj.	kurzvok. Konj.		
1. P. Sg.	voc**or**	mone**or**	audi**or**	mitt**or**	capi**or**	ich werde	gerufen
2. P. Sg.	vocā**ris**	monē**ris**	audī**ris**	mitt**eris**	cap**eris**	du wirst	gemahnt
3. P. Sg.	vocā**tur**	monē**tur**	audī**tur**	mitt*i***tur**	capi**tur**	er, sie, es wird	gehört
1. P. Pl.	vocā**mur**	monē**mur**	audī**mur**	mitt*i***mur**	capi**mur**	wir werden	geschickt
2. P. Pl.	vocā**minī**	monē**minī**	audī**minī**	mitt*i***minī**	capi**minī**	ihr werdet	gefasst
3. P. Pl.	voca**ntur**	mone**ntur**	audi*u***ntur**	mitt*u***ntur**	capi*u***ntur**	sie werden	

Die Komposita von *īre* wie *adīre* und *trānsīre* bilden ein Passiv meist nur in der 3. Person Singular und Plural:

modus trānsītur	das Maß wird überschritten
ōrācula adeuntur	man wendet sich an die Orakel

.

Imperfekt Passiv

	Lateinisch					Deutsch	
	ā-Konj.	ē-Konj.	ī-Konj.	Kons. Konj.	kurzvok. Konj.		
1. P. Sg.	vocā**bar**	monē**bar**	audi*ē***bar**	mitt*ē***bar**	capi*ē***bar**	ich wurde	gerufen
2. P. Sg.	vocā**bāris**	monē**bāris**	audi*ē***bāris**	mitt*ē***bāris**	capi*ē***bāris**	du wurdest	gemahnt
3. P. Sg.	vocā**bātur**	monē**bātur**	audi*ē***bātur**	mitt*ē***bātur**	capi*ē***bātur**	er, sie, es wurde	gehört
1. P. Pl.	vocā**bāmur**	monē**bāmur**	audi*ē***bāmur**	mitt*ē***bāmur**	capi*ē***bāmur**	wir wurden	geschickt
2. P. Pl.	vocā**bāminī**	monē**bāminī**	audi*ē***bāminī**	mitt*ē***bāminī**	capi*ē***bāminī**	ihr wurdet	gefasst
3. P. Pl.	vocā**bantur**	monē**bantur**	audi*ē***bantur**	mitt*ē***bantur**	capi*ē***bantur**	sie wurden	

Futur I Passiv

	Lateinisch					Deutsch		
	ā-Konj.	ē-Konj.	ī-Konj.	Kons. Konj.	kurzvok. Konj.			
1. P. Sg.	vocā**bor**	monē**bor**	audi**ar**	mitt**ar**	capi**ar**	ich werde	gerufen	werden
2. P. Sg.	vocā**beris**	monē**beris**	audi**ēris**	mitt**ēris**	capi**ēris**	du wirst	gemahnt	
3. P. Sg.	vocā**b***i***tur**	monē**b***i***tur**	audi**ētur**	mitt**ētur**	capi**ētur**	er, sie, es wird	gehört	
1. P. Pl.	vocā**b***i***mur**	monē**b***i***mur**	audi**ēmur**	mitt**ēmur**	capi**ēmur**	wir werden	geschickt	
2. P. Pl.	vocā**b***i***minī**	monē**b***i***minī**	audi**ēminī**	mitt**ēminī**	capi**ēminī**	ihr werdet	gefasst	
3. P. Pl.	vocā**b***u***ntur**	monē**b***u***ntur**	audi**entur**	mitt**entur**	capi**entur**	sie werden		

1.3 Besondere Übersetzung des Präsens Passiv

① Hannibal bellō Rōmānōrum nōn **terrētur**.	Hannibal **erschrickt** nicht über den Krieg mit den Römern. Hannibal **lässt sich** vom Krieg mit den Römern nicht **erschrecken.**
② Hamilcar sēcum cōgitat: „Dē animō fortī fīliī meī nōn **fallor.**“	Hamilkar denkt bei sich: „In der Tapferkeit meines Sohnes **täusche ich mich** nicht.“

◀▶ Du erkennst:
Das Präsens Passiv kann in bestimmten Fällen auch durch das **Aktiv mit oder ohne Reflexiv-Pronomen** oder mit **„lassen“** wiedergegeben werden.

Merke dir:

terreor	„ich erschrecke mich“/erschrecke	(*wörtlich:* ich werde erschreckt)
nōn terreor	ich lasse mich nicht erschrecken	(*wörtlich:* ich werde nicht erschreckt)
fallor	ich täusche mich	(*wörtlich:* ich werde getäuscht)

2 Infinitiv Präsens Passiv

2.1 Erscheinungsform

Urbs servā**rī** et dēfend**ī** potest.	Die Stadt kann gerettet und verteidigt werden.

◀▶ Du erkennst:
Der **Infinitiv Präsens Passiv** endet auf das Infinitiv-Zeichen *-rī* oder *-ī*.

	Inf. Präs. Passiv	deutsche Übersetzung
ā-Konj.	vocā-**rī**	gerufen (zu) werden
ē-Konj.	monē-**rī**	gemahnt (zu) werden
ī-Konj.	audī-**rī**	gehört (zu) werden
Kons. Konj.	mitt-**ī**	geschickt (zu) werden
kurzvok. Konj.	cap-**ī**	gefasst (zu) werden

Inf.-Präs.-Passiv-Zeichen

-rī
-ī

2.2 Verwendung im AcI

① Urbem **servātam** et **dēfēnsam esse** cōnstat.	Es steht fest, dass die Stadt **gerettet** und **verteidigt worden ist.**
② Urbem **servārī** et **dēfendī** scīmus.	Wir wissen, dass die Stadt **gerettet** und **verteidigt wird.**

◀▶ Du erkennst:
Im AcI (vgl. G 16, 1.2) ist ausgedrückt
1. durch den **Infinitiv Perfekt Passiv** ① das **vorzeitige Zeitverhältnis (Infinitiv der Vorzeitigkeit),**
2. durch den **Infinitiv Präsens Passiv** ② das **gleichzeitige Zeitverhältnis (Infinitiv der Gleichzeitigkeit).**

Merke dir:

Infinitiv		Zeitverhältnis zum Prädikat
Infinitiv **Präsens** Aktiv: Infinitiv **Präsens** Passiv:	*(-re)* *(-rī/-ī)*	Gleichzeitigkeit
Infinitiv **Perfekt** Aktiv: Infinitiv **Perfekt** Passiv:	*(-isse)* (PPP + *esse*)	Vorzeitigkeit

3 Doppelter Akkusativ

① Cīvēs **sē** in urbe **tūtōs** nōn putābant.	Die Bürger hielten **sich** in der Stadt nicht **für sicher.**
② Quis **Rēmum rēgem** appellāvit?	Wer hat **Remus als König** bezeichnet (**König** genannt)?
③ **Rōmulus rēx** factus est.	**Romulus** ist **zum König gemacht** worden.

◀▶ Du erkennst:

1. Nach Verben wie *putāre* („halten für"), *appellāre* („bezeichnen als"), *facere* („machen zu") steht im Lateinischen der **doppelte Akkusativ** ①/②. Im Passiv steht hier der doppelte Nominativ ③.
2. Der zweite Akkusativ bzw. Nominativ ist jeweils als **Praedicativum** verwendet. Dieses ist im Deutschen meist durch eine Verbindung mit „für" ①, „als" ② oder „zu" ③ wiederzugeben.

4 Dramatisches Präsens

Gallī nocte ad montem **successērunt.** Saxa **ascendunt.** Invicem[1] **sublevant,** aliī aliōs **trahunt.** Ita silentiō ad summum **perveniunt.** Nēmō eōs **audit.** Etiam canēs **fallunt.** Subitō autem ānserēs[2] **clāmant** ...	Die Gallier **rückten** nachts an den Berg **heran.** Sie **steigen** die Felsen **hinauf.** Sie **heben** sich gegenseitig **hoch**, die einen **ziehen** die anderen. So **gelangen** sie in aller Stille nach oben. Niemand **hört** sie. Auch die Hunde **täuschen** sie. Plötzlich **schnattern** aber die Gänse ...

1) **invicem sublevāre:** sich gegenseitig hochheben 2) **ānser, -eris** m: Gans

◀▶ Du erkennst:

1. In dem kurzen Text wird ein **historisches Ereignis** erzählt.
2. In der Erzählung wechselt das Tempus vom Perfekt (*successērunt*) in das Präsens (*ascendunt*, *sublevant*, *trahunt* ...).
3. Das Präsens rückt das Geschehen näher an den Leser heran; dieser erlebt es so **unmittelbar** mit.
4. Das Geschehen wirkt anschaulicher, spannender, dramatischer. Wir sprechen deshalb von einem **dramatischen Präsens** (vgl. T 2, 3).

27 u-Deklination – Demonstrativ-Pronomen ILLE, ILLA, ILLUD

F

Du kennst bereits
- Substantive mit dem Kennvokal *-ā-* wie *amīc-ā-s* (ā-Deklination),
- Substantive mit dem Kennvokal *-o-* wie *amīc-ō-s* (o-Deklination),
- Substantive mit dem Kennvokal *-ē-* wie *r-ē-s* (ē-Deklination).

Nun lernst du **Substantive** mit dem **Kennvokal** *-u-* kennen, der zwischen Bedeutungsteil und Kasus-Zeichen tritt. Diese Substantive gehören zur **u-Deklination**.

impet ———— u-m   den Angriff
exercit ———— ū-s   die Heere
↑ Kennvokal

1 u-Deklination

① Xerxēs **cum exercitū** et classe Graeciam invāsit.	Xerxes griff **mit Heer** und Flotte Griechenland an.
② Graecī autem **impetum exercitūs** barbarī sustinēre nōn poterant.	Die Griechen konnten aber **den Angriff des** Barbaren**heeres** nicht (aus-)aufhalten.
③ Itaque māgnō **metū** mōtī Delphīs ōrāculum cōnsuluērunt.	Deshalb befragten sie **in** ihrer großen **Angst** (**von** großer **Angst** bewegt) in Delphi das Orakel.
④ Pythia respondit: „**Impetuī** parēs eritis, sī vōs mūrīs līgneīs (→ 27 L) mūnīveritis.“	Pythia antwortete: „**Dem Angriff** werdet ihr gewachsen sein, wenn ihr euch mit hölzernen Mauern schützt.“

1.1 Erscheinungsform

◀▶ Du erkennst:
1. Zur **u-Deklination** gehören die Formen *exercitū*, *impetum*, *exercitūs*, *metū*, *impetuī*.
2. Substantive der u-Deklination sind in der Regel **Maskulina**:
   ② *exercitūs barbarī* „des Barbarenheeres“, ③ *māgnō metū* „in großer Angst“.

Die Substantive der u-Deklination haben folgende Signalteile:

	Singular	Plural
Nom.	-us	-ūs
Gen.	-ūs	-uum
Dat.	-uī	-ibus
Akk.	-um	-ūs
Abl.	-ū	-ibus

Der **Kennvokal** *-u-* tritt in allen Kasus außer im Dativ und Ablativ Plural auf.

1.2 Deklinationsschema

	Singular	Plural
	das/ein Heer	*(die) Heere*
Nom.	exercit-**us**	exercit-**ūs**
Gen.	exercit-**ūs**	exercit-**uum**
Dat.	exercit-**uī**	exercit-**ibus**
Akk.	exercit-**um**	exercit-**ūs**
Abl.	exercit-**ū**	exercit-**ibus**

2 Demonstrativ-Pronomen ILLE, ILLA, ILLUD

2.1 Deklinationsschema

Lateinisch

	Singular			Plural		
	m	f	n	m	f	n
Nom.	ille	illa	illud	illī	illae	illa
Gen.	**illīus**	**illīus**	**illīus**	illōrum	illārum	illōrum
Dat.	**illī**	**illī**	**illī**	illīs	illīs	illīs
Akk.	illum	illam	illud	illōs	illās	illa
Abl.	cum illō	cum illā	illō	cum illīs	cum illīs	illīs

Deutsch

	Singular			Plural
Nom.	jener	jene	jenes	jene
Gen.	jenes	jener	jenes	jener
Dat.	jenem	jener	jenem	jenen
Akk.	jenen	jene	jenes	jene
Abl.	mit jenem	mit jener	mit jenem	mit jenen

2.2 Verwendung

① Graecī cum Persīs apud Salamīna **illud** proelium commīsērunt.	Die Griechen lieferten den Persern bei Salamis **jene** (berühmte) Schlacht.
② *Hī* dolō Themistoclis oppressī sunt.	*Diese* wurden durch die List des Themistokles geschlagen.
Illī māgnam dē Xerxē victōriam peperērunt.	**Jene** errangen einen großen Sieg über Xerxes.
③ Sīc Graecia ab imperiō **illīus** rēgis dēfēnsa est.	So ist Griechenland gegen die Herrschaft **jenes** Königs verteidigt worden.

◀▶ Du erkennst:

Das **Demonstrativ-Pronomen** ***ille, illa, illud*** weist auf etwas hin,

1. was aus der Sicht des Sprechers als **geschichtlich berühmt** gilt; dies kann eine Person, Sache oder ein Ereignis sein ①,
2. was **zeitlich** und/oder **räumlich vom Sprecher entfernter** liegt ③; wenn Personen oder Sachen gegenübergestellt sind ②, so bezieht sich eine Form von ***hic***, ***haec***, ***hoc*** immer auf das **zuletzt Genannte**, eine Form von ***ille***, ***illa***, ***illud*** immer auf das zuerst Genannte (was weiter weg ist).

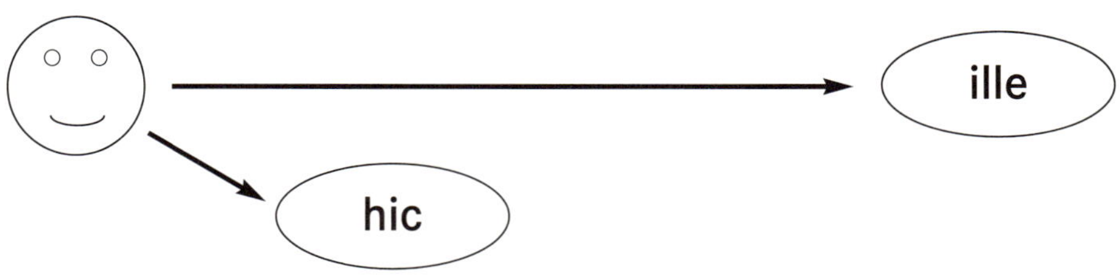

28 Partizip Präsens Aktiv (PPA) als Attribut/Subjekt/Objekt und als Adverbiale: Participium coniunctum (PC) – QUI, QUAE, QUOD als adjektivisches Interrogativ-Pronomen

Wie im Deutschen kann auch im Lateinischen von fast jedem Verb ein **Partizip Präsens Aktiv (PPA)** gebildet werden: fürchte-**nd** – *timē-**ns***.

Athēniēnsēs Persās **timentēs** Salamīna sē recēpērunt.

① Die die Perser **fürchtenden** Athener zogen sich nach Salamis zurück.
② Die Athener, **die** die Perser **fürchteten**, zogen sich nach Salamis zurück.
③ Die Athener – die Perser **fürchtend** – zogen sich nach Salamis zurück.
④ Die Athener zogen sich, **weil sie** die Perser **fürchteten**, nach Salamis zurück.

S1 Das **PPA ... *timentēs*** kann man als **nähere Bestimmung des Subjekts** *Athēniēnsēs* auffassen ①/②. Es bildet dann im Bauwerk des Satzes das Bauteil **Attribut**.

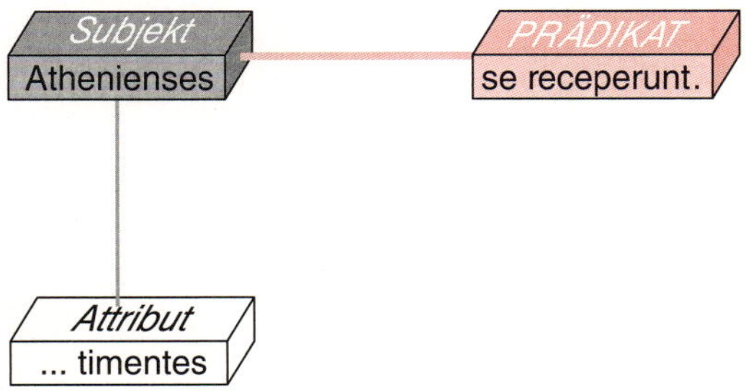

S2 Das **PPA ... *timentēs*** kann man aber auch als **Ergänzung des Prädikates** *sē recēpērunt* auffassen ③/④. Es gibt einen **näheren Umstand** (hier kausal: „weil“) an. Im Bauwerk des Satzes bildet es das Bauteil **Adverbiale**.

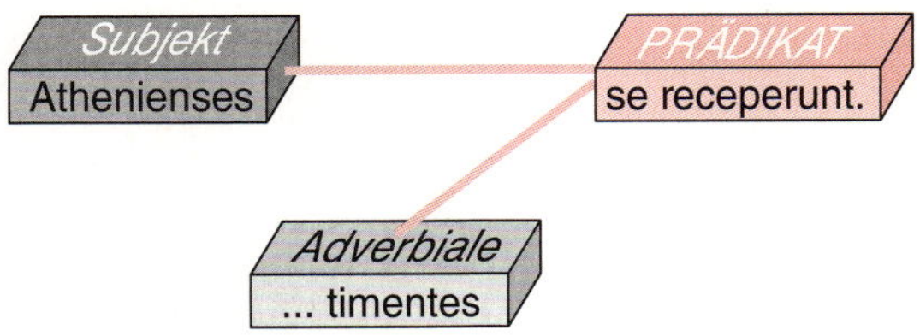

Das **PPA** hat im Satz meist ein **Bezugswort**, mit dem es in **Kasus, Numerus** und **Genus** übereinstimmt (**KNG-Kongruenz**). Auch hier liegt also ein „verbundenes Partizip“ vor:

Participium coniunctum (PC) .

1 Partizip Präsens Aktiv (PPA)

1.1 Erscheinungsform

Inf. Präs. Akt.	PPA Nom. Sg.	Gen. Sg.	
vocā—re	vocā—**ns**,	voca—**nt**-is	rufend
monē—re	monē—**ns**,	mone—**nt**-is	mahnend
audī—re	audi-*ē*-**ns**,	audi-*e*-**nt**-is	hörend
mitt-*e*-re	mitt-*ē*-**ns**,	mitt-*e*-**nt**-is	schickend
cape—re	capi-*ē*-**ns**,	capi-*e*-**nt**-is	fassend
ī—re	i-*ē*-**ns**,	e-*u*-**nt**-is	gehend

◀▶ Du erkennst:

1. Das Kennzeichen für das **Partizip Präsens Aktiv (PPA-Zeichen)** ist *-nt-*; an dieses treten die Signalteile (Endungen) der Adjektive der Konsonantischen Deklination: ***-is***, ***-ī***, ***-em*** usw. (eine Ausnahme bildet der Ablativ Singular: *vehement-ī*, aber *legent-**e***).
2. Im **Nominativ Singular** endet das PPA jeweils auf ***-ns*** (-ns < nt-s).

1.2 Deklinationsschema

	legēns *lesend/der, die Lesende*			
	Singular m/f	n	**Plural** m/f	n
Nom.	legēns	legēns	legentēs	legentia
Gen.	legentis		legentium	
Dat.	legentī		legentibus	
Akk.	legentem	legēns	legentēs	legentia
Abl.	ā legente		ā legentibus	

PPA-Zeichen

-nt-

2 Partizip Präsens Aktiv (PPA) als Attribut/Subjekt/Objekt

2.1 PPA als Attribut

Manchmal ist das PPA wie ein **Adjektiv** verwendet. Es bildet dann im Bauwerk des Satzes das Bauteil **Attribut**.

① Nōn omnēs hominēs Rōmae **vīventēs** cīvēs Rōmānī sunt.	Nicht alle in Rom **lebenden** Menschen sind römische Bürger.
② Quis īgnōrat virōs dē nātūrā **quaerentēs**?	Wer kennt die Männer nicht, **die** die Natur **erforschen** (über die Natur fragen)?

◀▶ Du erkennst:

1. Das **PPA** stimmt in **Kasus, Numerus** und **Genus** mit seinem Bezugswort überein (**KNG-Kongruenz**).
2. Im **Deutschen** wird es **wörtlich** oder mit einem **Relativsatz** wiedergegeben.

2.2 PPA als Subjekt oder Objekt

Gelegentlich ist das PPA auch wie ein **Substantiv** verwendet. Es bildet dann im Bauwerk des Satzes das Bauteil **Subjekt** oder **Objekt**.

① **Spectantēs** perturbābantur.	**Die Zuschauer** waren in Panik (wurden beunruhigt).
② Quis studet **latentia** cognōscere?	Wer strebt danach, **das Verborgene** zu erkennen?

Im **Deutschen** wird das PPA mit einem **Substantiv** wiedergegeben.

3 Partizip Präsens Aktiv (PPA) als Adverbiale: Participium coniunctum (PC)

Das **PPA** ist meist so verwendet, dass man es als **Adverbiale** auffassen muss. In solchen Fällen bezeichnet man es als

Participium coniunctum (PC) .

3.1 Erscheinungsform und Sinnrichtungen

① Nēmō **Xerxem** Athēnās **petentem** arcēre potuit.	Niemand konnte **Xerxes, als er** Athen **angriff,** abwehren.
② **Athēniēnsēs** Persās **timentēs** Salamīna sē recēpērunt.	**Die Athener** zogen sich, **weil sie** die Perser **fürchteten,** nach Salamis zurück.
③ **Persīs** classe ingentī **invādentibus** Graecī (tamen) parēs erant.	Die Griechen waren **den Persern, obwohl diese** mit einer gewaltigen Flotte **angriffen,** (dennoch) gewachsen.

◀▶ Du erkennst:

1. Das PPA stimmt **immer** mit einem **Bezugswort**, mit dem es verbunden ist, in **Kasus, Numerus** und **Genus** überein (**KNG-Kongruenz**).
2. Das PPA drückt immer einen Vorgang aus, der **zeitgleich zur Handlung des Prädikates** abläuft (vgl. ①: *Xerxes griff Athen an; es konnte ihn dabei niemand abwehren.*). Das **Zeitverhältnis** des PPA zum Prädikat ist somit **gleichzeitig (Partizip der Gleichzeitigkeit).**
3. Das PPA gibt – als Adverbiale im Satz – einen **näheren Umstand** an; dieser kann **verschiedene Sinnrichtungen** haben:

① Zeit:	WÄHREND/ALS	*temporal*
② beachteter Grund:	WEIL/DA	*kausal*
③ nicht beachteter Grund:	OBWOHL	*konzessiv*

Die **zutreffende Sinnrichtung** muss jeweils aus dem **Textzusammenhang** erschlossen werden.

3.2 Übersetzungsweg

Athēniēnsēs Persās **timentēs** Salamīna sē recēpērunt.

Hilfsübersetzung (wörtlich):
Die Athener – die Perser **fürchtend** – zogen sich nach Salamis zurück.
Übersetzungsmöglichkeiten:
① Die Athener **fürchteten** die Perser; **deshalb** zogen sie sich nach Salamis zurück.
② Die Athener zogen sich, **weil sie** die Perser **fürchteten**, nach Salamis zurück.
③ Die Athener zogen sich **aus Furcht vor** den Persern nach Salamis zurück.

◀▶ Du erkennst:

1. Die **wörtliche Übersetzung** des PPA schafft die **Voraussetzung** dafür, dass du die Übersetzungsmöglichkeit findest, die am besten passt.
2. Du kannst aus folgenden drei Übersetzungsmöglichkeiten auswählen:
   ① **Beiordnung**, d. h., das PPA wird durch einen eigenen Satz wiedergegeben und es wird eine **Satzreihe** gebildet.
   ② **Unterordnung**, d. h., das PPA wird als Gliedsatz übersetzt und es wird ein **Satzgefüge** gebildet.
   ③ **Einordnung**, d. h., das PPA wird durch eine Präposition mit Substantiv wiedergegeben und es wird eine **präpositionale Verbindung** gebildet.
3. Das **PPA** drückt eine zum Prädikat **gleichzeitige Handlung** aus. Für die deutsche Übersetzung muss das entsprechende Tempus (Imperfekt/Präsens) gewählt werden ①/②.

3.3 Zusammenfassende Übersicht

Sinnrichtung	Übersetzungsmöglichkeiten des PPA (Partizip der Gleichzeitigkeit)		
	Beiordnung/ Satzreihe	**Unterordnung/** Satzgefüge (Gliedsatz)	**Einordnung/** präpositionale Verbindung
1. **temporal/** Zeit	...; dabei	als/während ...	bei/während + Substantiv
2. **kausal/** beachteter Grund	...; deshalb	weil/da ...	wegen + Substantiv
3. **konzessiv/** nicht beachteter Grund	...; dennoch	obwohl ...	trotz + Substantiv

4 QUI, QUAE, QUOD als adjektivisches Interrogativ-Pronomen

4.1 Deklinationsschema

	qui? quae? quod? *welcher? welche? welches?*					
	Singular			**Plural**		
	m	f	n	m	f	n
Nom.	quī	quae	quod	quī	quae	quae
Gen.	**cuius**	**cuius**	**cuius**	quōrum	quārum	quōrum
Dat.	**cui**	**cui**	**cui**	quibus	quibus	quibus
Akk.	quem	quam	quod	quōs	quās	quae
Abl.	quō	quā	quō	quibus	quibus	quibus

4.2 Erscheinungsform und Verwendung

Ein stolzer Römer:

① **Quae gēns** tōtī orbī terrārum imperat?	**Welches Volk** herrscht über den ganzen Erdkreis?
② **Cuius populī** imperium cēterae gentēs valdē timent?	**Welches Volkes** Herrschaft fürchten die übrigen Völker sehr?
③ **Cui cīvitātī** deī favent?	**Welchem Staat** sind die Götter gewogen?
④ **Quod perīculum** nōbīs nunc īnstat?	**Welche Gefahr** droht uns jetzt (noch)?
⑤ **Quae bella** Rōmānī bene fīnīvērunt?	**Welche Kriege** haben die Römer erfolgreich beendet?

◀▶ Du erkennst:

1. Das Interrogativ-Pronomen *quī, quae, quod?* wird wie das Relativ-Pronomen (vgl. auch Tab. II4, S. 154) dekliniert.
2. Das Interrogativ-Pronomen ist wie ein **Adjektiv** einem Substantiv „beigefügt“, mit dem es in **Kasus, Numerus** und **Genus** übereinstimmt (**KNG-Kongruenz**). Es ist also **adjektivisch gebraucht**.

29 Konjunktiv Präsens Aktiv – Konjunktivische Gliedsätze

S

Der **Modus** einer Verbform gibt die jeweilige **Aussageweise** an. Bisher hast du zwei Modi kennen gelernt:
den **Indikativ** (Wirklichkeitsform), z. B. *pāret* „er gehorcht" (das passiert tatsächlich),
den **Imperativ** (Befehlsform), z. B. *pārē!* „gehorche!".

Nun lernst du im Lateinischen den dritten Modus kennen: den **Konjunktiv** (Möglichkeitsform).

HS	Puer paret,		Der Junge gehorcht,
GS		ut patri **placeat.**	damit **er** dem Vater **gefällt.**

Das **Prädikat des lateinischen Gliedsatzes** *placeat* steht im **Konjunktiv Präsens Aktiv** (→ **F**). Dieser Modus ist hier aufgrund der einleitenden Subjunktion *ut* („damit") notwendig; diese leitet hier einen Gliedsatz ein, in dem eine Absicht, also etwas, was nicht tatsächlich, sondern nur möglich ist, ausgedrückt wird. Für die **Wiedergabe im Deutschen** wird der **Indikativ Präsens** verwendet.

F

Der **Konjunktiv Präsens Aktiv** ist durch das **Modus-Zeichen** *-e-* in der ā-Konjugation und *-a-* in allen anderen Konjugationen gekennzeichnet.
Dieses steht – außer in der ā-Konjugation – zwischen dem Bedeutungsteil im Präsensstamm und dem Person-Zeichen.

PRÄDIKAT: Bedeutungsteil im Präsensstamm | Signalteil (Endung)

vocāre	z. B. ut	voc	e	t	(e < *a-e)	z. B. damit	er, sie, es ruft
monēre		mone	a	t			er, sie, es mahnt
audīre		audi	a	t			er, sie, es hört
mittere		mitt	a	t			er, sie, es schickt
capere		capi	a	t			er, sie, es fasst
			↑ Modus-Zeichen	↑ Person-Zeichen			

Der **Konjunktiv Präsens** von ***esse*** lautet: *s-i-m*, *s-ī-s* usw.

1 Konjunktiv Präsens Aktiv

Scīmus, { quid Hannibal **iūret.** quare Hamilcar magno odiō in Rōmānōs **ārdeat.** cūr inter Rōmānōs et Hannibalem amīcitia nōn **sit.**	Wir wissen, { was Hannibal **schwört.** weshalb Hamikar von großem Hass gegen die Römer **entflammt ist (vor . . . brennt).** warum es zwischen den Römern und Hannibal keine Freundschaft **gibt.**

1.1 Erscheinungsform

Du erkennst:
Der **Konjunktiv Präsens Aktiv** unterscheidet sich vom Indikativ Präsens Aktiv durch ein bestimmtes **Modus-Zeichen**. Dies ist der Vokal

-e- für die ā-Konjugation,
-a- für die übrigen Konjugationen einschließlich *īre*,
-i- für *esse, posse, velle* und *nōlle*.

Modus-Zeichen
Konj. Präs. Aktiv

-e-
-a-
-i-

1.2 Konjugationsschema

	ā-Konj.	ē-Konj.	ī-Konj.	Kons. Konj.	kurzvok. Konj.	*īre*
1. P. Sg.	vocem	moneam	audiam	mittam	capiam	eam
2. P. Sg.	vocēs	moneās	audiās	mittās	capiās	eās
3. P. Sg.	vocet	moneat	audiat	mittat	capiat	eat
1. P. Pl.	vocēmus	moneāmus	audiāmus	mittāmus	capiāmus	eāmus
2. P. Pl.	vocētis	moneātis	audiātis	mittātis	capiātis	eātis
3. P. Pl.	vocent	moneant	audiant	mittant	capiant	eant

	esse	*posse*	*velle*	*nōlle*
1. P. Sg.	sim	possim	velim	nōlim
2. P. Sg.	sīs	possīs	velīs	nōlīs
3. P. Sg.	sit	possit	velit	nōlit
1. P. Pl.	sīmus	possīmus	velīmus	nōlīmus
2. P. Pl.	sītis	possītis	velītis	nōlītis
3. P. Pl.	sint	possint	velint	nōlint

Die **Konjunktivformen** werden in der Regel mit dem **Indikativ** wiedergegeben. Genaueres erfährst du unter G 29, 2 „Konjunktivische Gliedsätze“.

2 Konjunktivische Gliedsätze

lateinischer Text	deutsche Übersetzung	Art des Gliedsatzes
① Hamilcar postulat, **ut** fīlius *iūret*/ **nē** fīlius *timeat*. Hamilcar ōrat, **ut** fīlius *veniat*.	Hamilkar fordert, **dass** der Sohn *schwören soll (schwört)*/ **dass** *sich* der Sohn **nicht** *fürchten soll (fürchtet)*. Hamilkar bittet, **dass** der Sohn *kommen soll (kommt)*. (Hamilkar bittet den Sohn *zu kommen*.)	**Begehrsatz**
② Hannibal pāret, **ut** patrī *placeat*/ **nē** pater dūrō animō *sit*.	Hannibal gehorcht, **damit** er dem Vater *gefällt* (um dem Vater *zu gefallen*)/ **damit** der Vater **nicht** hartherzig *ist*.	**Finalsatz** (Absichtssatz)
③ Hannibal tam fortis est, **ut** in castrīs esse *velit*.	Hannibal ist so tapfer, **dass** er im Militärlager (dabei) sein *will*.	**Konsekutivsatz** (Folgesatz)
④ Hannibal patrem rogat, **quid** dē Rōmānīs *cōgitet*/ **num** Rōmānī omnēs terrās *petant*.	Hannibal fragt den Vater, **was** er über die Römer *denkt*/ **ob** die Römer alle Länder *angreifen*.	**indirekter Interrogativsatz** (Fragesatz)

◀▶ Du erkennst:

1. Es gibt im Lateinischen **Gliedsätze**, in denen das **Prädikat im Konjunktiv** steht.
2. Diese Gliedsätze drücken einen **Wunsch** ①, eine **Absicht** ②, eine **Folge** ③ oder eine **indirekte Frage** ④ aus.
3. Der lateinische Konjunktiv wird **meistens** mit dem deutschen **Indikativ** wiedergegeben. Oft ist auch eine Übersetzung mit dem **Infinitiv mit „zu/um zu“** möglich ①/②.

Merke dir:

	ut/nē	dass/dass … nicht	→	Begehrsatz
		damit/damit … nicht	→	Finalsatz (Absicht)
(ita/tam …)	ut/ut … nōn	(so)dass/ (so)dass … nicht	→	Konsekutivsatz (Folge)

30 Konjunktiv Perfekt Aktiv – Konjunktiv Präsens und Perfekt Passiv – Zeitverhältnis im konjunktivischen Gliedsatz (Präsens/Perfekt) – Mehrdeutiges CUM

S

Du weißt, dass ein **Satzgefüge** aus Sätzen besteht, die durch eine **Subjunktion** (z. B. *quod* „weil“, *dum* „während“) miteinander verbunden sind. Diese Subjunktionen bestimmen, welche **Sinnrichtung** der Gliedsatz hat (z. B. *quod* „weil“ = **kausal**; *dum* „während“ = **temporal**).
Es gibt im Lateinischen eine Subjunktion, die verschiedene Sinnrichtungen zum Ausdruck bringen kann:

Hannibal iūrat, < cum / cum / cum > perīculum Rōmānōrum cognōscat.

Hannibal schwört, < als / weil / obwohl > er die Gefahr durch die Römer erkennt.

Die Subjunktion ***cum*** ist **mehrdeutig** und kann eine
temporale (Zeit),
kausale (beachteter Grund),
konzessive (nicht beachteter Grund)
Sinnrichtung ausdrücken.

F1

Der **Konjunktiv Perfekt Aktiv** ist durch das **Modus-Zeichen** *-eri-* gekennzeichnet. Dieses steht zwischen dem Bedeutungsteil im Perfektstamm und dem Person-Zeichen.

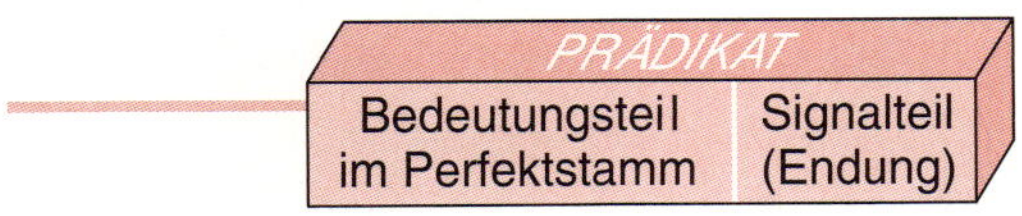

z. B. nescit, cūr	vocāv — **eri**-m monu — **eri**-t vēn — **eri**-mus cucurr — **eri**-nt		z. B. er weiß nicht, warum	ich gerufen habe er gemahnt hat wir gekommen sind sie gelaufen sind

↑ Modus-Zeichen ↑ Person-Zeichen

Der **Konjunktiv Perfekt von *esse*** lautet: *fu-**eri**-m*, *fu-**eri**-s* usw.

F2

Der **Konjunktiv Perfekt Passiv** ist gekennzeichnet durch das **PPP** und eine **Konjunktiv-Präsens-Form** von ***esse***.

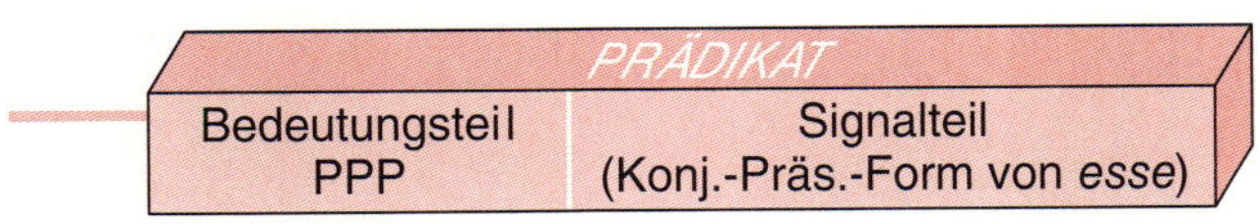

z. B. nescit, cūr	servātus	sit	z. B. er weiß nicht, warum	er gerettet worden ist
	servātī	sint		sie gerettet worden sind

1 Konjunktiv Perfekt Aktiv

Scīmus,	quis urbem Rōmam **condiderit**.	Wir wissen,	wer die Stadt Rom **gegründet hat**.
	quae gentēs Trōiae **pūgnāverint**.		welche Völker in Troia **gekämpft haben**.
	cūr arx Rōmae in perīculō **fuerit**.		warum die Burg Roms in Gefahr **gewesen ist**.

1.1 Erscheinungsform

Der **Signalteil** des Konjunktiv Perfekt Aktiv (Modus-Zeichen + Person-Zeichen) lautet für alle Konjugationen:

Modus-Zeichen
Konj. Perf. Aktiv

-eri-

-eri-m, **-eri**-s, **-eri**-t, **-eri**-mus, **-eri**-tis, **-eri**-nt .

◀▶ Den **Konjunktiv Perfekt Aktiv** erkennst du also
1. am Bedeutungsteil im Perfektstamm,
2. am Modus-Zeichen *-eri-*.

1.2 Konjugationsschema

vocāv- monu- māns- vēn- cucurr- statu- fu-	**-eri**-m **-eri**-s **-eri**-t **-eri**-mus **-eri**-tis **-eri**-nt

◀▶ Du erkennst:
Die Formen des Konjunktiv Perfekt Aktiv sind **bis auf** die **1. Person Singular** mit denen des **Futur II Aktiv identisch.**
Die Konjunktivformen werden in der Regel mit dem **Indikativ** wiedergegeben (vgl. auch G 29, 2 „Konjunktivische Gliedsätze“ und G 30, 3 „Mehrdeutiges CUM“).

2 Konjunktiv Präsens und Perfekt Passiv

Interrogās, quā rē	perturb**er**. terre**āmur**. perturb**ātus sim**. territ**ī sīmus**.	Du fragst, wodurch	ich beunruhigt werde. wir erschreckt werden. ich beunruhigt worden bin. wir erschreckt worden sind.

2.1 Konjunktiv Präsens Passiv
Erscheinungsform

◀▶ Den **Konjunktiv Präsens Passiv** erkennst du
1. am Bedeutungsteil im Präsensstamm,
2. am **Modus-Zeichen** *-e-/-a-*,
3. an den Person-Zeichen des Passivs.

Konjugationsschema

	ā-Konj.	ē-Konj.	ī-Konj.	Kons. Konj.	kurzvok. Konj.
1. P. Sg.	vocer	monear	audiar	mittar	capiar
2. P. Sg	vocēris	moneāris	audiāris	mittāris	capiāris
3. P. Sg.	vocētur	moneātur	audiātur	mittātur	capiātur
1. P. Pl.	vocēmur	moneāmur	audiāmur	mittāmur	capiāmur
2. P. Pl.	vocēminī	moneāminī	audiāminī	mittāminī	capiāminī
3. P. Pl.	vocentur	moneantur	audiantur	mittantur	capiantur

Die Konjunktivformen werden in der Regel mit dem **Indikativ** wiedergegeben (vgl. auch G 29, 2 „Konjunktivische Gliedsätze“ und G 30, 3 „Mehrdeutiges CUM“).

2.2 Konjunktiv Perfekt Passiv
Erscheinungsform

◀▶ Den **Konjunktiv Perfekt Passiv** erkennst du am

Partizip Perfekt Passiv (PPP) + Konjunktiv-Präsens-Formen von ESSE: *sim, sīs* usw.

Konjugationsschema

Sg.	servātus, -a, -um	sim sīs sit
Pl.	servātī, -ae, -a	sīmus sītis sint

Die Konjunktivformen werden in der Regel mit dem **Indikativ** wiedergegeben (vgl. auch G 29, 2 „Konjunktivische Gliedsätze“ und 30, 3 „Mehrdeutiges CUM“).

2.3 Zeitverhältnis im konjunktivischen Gliedsatz (Präsens: Konjunktiv I der Gleichzeitigkeit/ Perfekt: Konjunktiv I der Vorzeitigkeit)

① Cum Coriolānus animō dūrō nōn **sit**, verbīs mātris **pāret.**	Da Coriolan nicht hartherzig **ist**, **hört** er auf die Worte der Mutter.
② Cum māter fīliō dē perīculīs **persuāserit,** perniciem urbis **āvertit.**	Da die Mutter den Sohn von den Gefahren **überzeugt hat,** **wendet** sie das Unheil der Stadt ab.

◀▶ Du erkennst:
1. Der **Konjunktiv Präsens** im Gliedsatz drückt ein **gleichzeitiges Zeitverhältnis** aus (**Konjunktiv I der Gleichzeitigkeit**) ①.
2. Der **Konjunktiv Perfekt** im Gliedsatz drückt ein **vorzeitiges Zeitverhältnis** aus (**Konjunktiv I der Vorzeitigkeit**) ②.

3 Mehrdeutiges CUM

① Aenēās, **cum** ā Iove **iussus sit** Carthāginem relinquere, statim deō pāret.	Äneas gehorcht, **als/nachdem er** von Jupiter **beauftragt worden ist,** Karthago zu verlassen, sofort dem Gott.
② Dīdō, **cum** cōnsilium Aenēae **perspexerit,** dē vītā dēspērat.	Dido verzweifelt, **weil/da/als/nachdem sie** den Plan des Äneas **durchschaut hat,** am Leben.
③ Aenēās, **cum** Dīdōnem vehementer **amet,** (tamen) eius dolōre nōn movētur.	Äneas lässt sich, **obwohl er** Dido leidenschaftlich **liebt,** (dennoch) von ihrem Schmerz nicht beeindrucken (wird ... nicht bewegt).

◀▶ Du erkennst:
1. In den **lateinischen** Sätzen mit der **Subjunktion** *cum* steht das Prädikat im **Konjunktiv.** Im **Deutschen** wird es mit dem **Indikativ derselben Zeit** wiedergegeben.
2. *cum* mit Konjunktiv ist **mehrdeutig.** Die **zutreffende Bedeutung** musst du aus dem **Textzusammenhang** erschließen.
3. Die Sinnrichtung ist nicht immer eindeutig festzulegen ②.

Merke dir:

CUM	als/nachdem ①/② weil/da ② obwohl ③	*temporal (Zeit)* *kausal (beachteter Grund)* *konzessiv (nicht beachteter Grund)*

31 Konjunktiv Imperfekt – Konjunktiv Plusquamperfekt – Zeitverhältnis im konjunktivischen Gliedsatz (Imperfekt/Plusquamperfekt) – Mehrgliedriges Satzgefüge

S

Du weißt, dass ein **Satzgefüge** aus einem Hauptsatz und einem Gliedsatz besteht. Die beiden Sätze sind durch eine Subjunktion, z. B. *ut*, miteinander verbunden.
Es kommt im Lateinischen häufig vor, dass von einem Gliedsatz ein weiterer Gliedsatz abhängt. Wir sprechen dann von einem **mehrgliedrigen Satzgefüge** oder von einer „Periode".

Cicerō sciēbat,	Cicero wusste,
cūr Catilīna id ageret,	**warum** Catilina danach strebte,
nē coniūrātiō aperīrētur.	**dass** die Verschwörung **nicht** aufgedeckt wurde.

Hauptsatz	Cicero sciebat,				
Gliedsatz		cur	... ageret,		
Gliedsatz				ne	... aperiretur.

F1

Der **Konjunktiv Imperfekt** ist gekennzeichnet durch das **Modus-Zeichen** *-re-*.
Dieses steht zwischen dem Bedeutungsteil im Präsensstamm und dem Person-Zeichen.

z. B. cūr { ag ——— e-**re**–t — z. B. warum { er strebte
nē { aperī ——— **rē**–tur — dass { sie nicht aufgedeckt wurde

↑ Modus-Zeichen ↑ Person-Zeichen

Der **Konjunktiv Imperfekt von *esse*** lautet: ***esse**-m, **essē**-s* usw.

F2

Der **Konjunktiv Plusquamperfekt Aktiv** ist gekennzeichnet durch das **Modus-Zeichen** *-isse-*. Dieses steht zwischen dem Bedeutungsteil im Perfektstamm und dem Person-Zeichen.

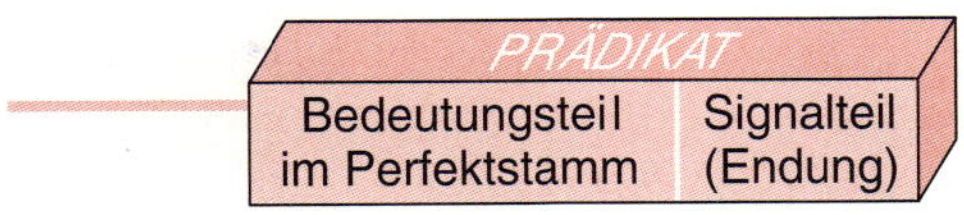

z. B. cum { vocāv ——— **isse**-m / monu ——— **isse**-t / vēn ——— **issē**-mus / cucurr ——— **isse**-nt }
z. B. nachdem { ich gerufen hatte / er gemahnt hatte / wir gekommen waren / sie gelaufen waren }

↑ Modus-Zeichen ↑ Person-Zeichen

F3

Der **Konjunktiv Plusquamperfekt Passiv** ist gekennzeichnet durch das **PPP** und die **Konjunktiv-Imperfekt-Form** von ***esse***:
z. B. *(cum) servātus esset* „(nachdem) er gerettet worden war".

1 Konjunktiv Imperfekt Aktiv und Passiv

Cicerō sciēbat,
- quid Catilīna **cōgitāret**, in animō **habēret, ageret**.
- quam vehementer ā Catilīnā iuvenēs ad scelera **incitārentur** et **incenderentur**.
- quantīs in perīculīs cīvitās **esset**.

Cicero wusste,
- was Catilina **beabsichtigte**, im Sinn **hatte, trieb**.
- wie heftig von Catilina die jungen Leute zu Verbrechen **angetrieben** und **angefeuert** wurden.
- in welch großen Gefahren **sich** der Staat **befand** (**war**).

1.1 Erscheinungsform

Der **Signalteil** des Konjunktiv Imperfekt Aktiv/Passiv (Modus-Zeichen + Person-Zeichen) lautet:

-re-m, **-rē**-s, **-re**-t, **-rē**-mus, **-rē**-tis, **-re**-nt /
-re-r, **-rē**-ris, **-rē**-tur, **-rē**-mur, **-rē**-minī, **-re**-ntur .

Modus-Zeichen
Konj. Imperfekt

-re-

◀▶ Den **Konjunktiv Imperfekt Aktiv/Passiv** erkennst du also
1. am Bedeutungsteil im Präsensstamm,
2. am Modus-Zeichen *-re-*.

1.2 Konjugationsschema

	ā-Konj.	ē-Konj.	ī-Konj.	Kons. Konj.	kurzvok. Konj.	*īre*	*esse*	*posse*
Aktiv								
1. P. Sg.	vocā**rem**	monē**rem**	audī**rem**	mitte**rem**	cape**rem**	ī**rem**	es**sem**	pos**sem**
2. P. Sg.	vocā**rēs**	monē**rēs**	audī**rēs**	mitte**rēs**	cape**rēs**	ī**rēs**	es**sēs**	pos**sēs**
3. P. Sg.	vocā**ret**	monē**ret**	audī**ret**	mitte**ret**	cape**ret**	ī**ret**	es**set**	pos**set**
1. P. Pl.	vocā**rēmus**	monē**rēmus**	audī**rēmus**	mitte**rēmus**	cape**rēmus**	ī**rēmus**	es**sēmus**	pos**sēmus**
2. P. Pl.	vocā**rētis**	monē**rētis**	audī**rētis**	mitte**rētis**	cape**rētis**	ī**rētis**	es**sētis**	pos**sētis**
3. P. Pl.	vocā**rent**	monē**rent**	audī**rent**	mitte**rent**	cape**rent**	ī**rent**	es**sent**	pos**sent**
							velle	*nōlle*
Passiv								
1. P. Sg.	vocā**rer**	monē**rer**	audī**rer**	mitte**rer**	cape**rer**		vel**lem**	nōl**lem**
2. P. Sg.	vocā**rēris**	monē**rēris**	audī**rēris**	mitte**rēris**	cape**rēris**		vel**lēs**	nōl**lēs**
3. P. Sg.	vocā**rētur**	monē**rētur**	audī**rētur**	mitte**rētur**	cape**rētur**		vel**let**	nōl**let**
1. P. Pl.	vocā**rēmur**	monē**rēmur**	audī**rēmur**	mitte**rēmur**	cape**rēmur**		vel**lēmus**	nōl**lēmus**
2. P. Pl.	vocā**rēminī**	monē**rēminī**	audī**rēminī**	mitte**rēminī**	cape**rēminī**		vel**lētis**	nōl**lētis**
3. P. Pl.	vocā**rentur**	monē**rentur**	audī**rentur**	mitte**rentur**	cape**rentur**		vel**lent**	nōl**lent**

◀▶ Du erkennst:
Der lateinische Konjunktiv Imperfekt sieht aus wie der **Infinitiv Präsens Aktiv** mit **angehängten Person-Zeichen.**
Die Konjunktivformen werden in der Regel mit dem **Indikativ** wiedergegeben (vgl. auch G 31, 3 „Mehrgliedriges Satzgefüge“).

2 Konjunktiv Plusquamperfekt Aktiv und Passiv

Appārēbat,	cūr Catilīna rēbus novīs **studuisset.** quandō ā Catilīnā illud crūdēle cōnsilium **captum esset.** quam terribilis Catilīna **fuisset.**	Es war klar,	warum Catilina nach Umsturz (nach neuen Dingen) **gestrebt hatte.** wann von Catilina jener grausame Plan **gefasst worden war.** wie schrecklich Catilina **gewesen war.**

2.1 Konjunktiv Plusquamperfekt Aktiv
Erscheinungsform

Der **Signalteil** des Konjunktiv Plusquamperfekt Aktiv (Modus-Zeichen + Person-Zeichen) lautet:

-**isse**-m, -**issē**-s, -**isse**-t, -**issē**-mus, -**issē**-tis, -**isse**-nt .

Modus-Zeichen
Konj. Plusquamperfekt
Aktiv

-isse-

◀▶ Den **Konjunktiv Plusquamperfekt Aktiv** erkennst du also
1. am Bedeutungsteil im Perfektstamm,
2. am Modus-Zeichen *-isse-*.

Konjugationsschema

clāmāv- tacu- māns- vēn- cucurr- statu- fu-	-**isse**-m -**issē**-s -**isse**-t -**issē**-mus -**issē**-tis -**isse**-nt

◀▶ Du erkennst:
Der Konjunktiv Plusquamperfekt Aktiv sieht aus wie der **Infinitiv Perfekt Aktiv** mit **angehängten Person-Zeichen.**
Die Konjunktivformen werden in der Regel mit dem **Indikativ** wiedergegeben (vgl. auch G 31, 3 „Mehrgliedriges Satzgefüge").

2.2 Konjunktiv Plusquamperfekt Passiv
Erscheinungsform

◀▶ Den **Konjunktiv Plusquamperfekt Passiv** erkennst du am

Partizip Perfekt Passiv (PPP) + Konjunktiv-Imperfekt-Formen von ESSE: *essem*, *essēs* usw.

Konjugationsschema

Sg.	servātus, -a, -um	essem essēs esset
Pl.	servātī, -ae, -a	essēmus essētis essent

Die Konjunktivformen werden in der Regel mit dem **Indikativ** wiedergegeben (vgl. auch G 31, 3 „Mehrgliedriges Satzgefüge").

2.3 Zeitverhältnis im konjunktivischen Gliedsatz (Imperfekt: Konjunktiv II der Gleichzeitigkeit/ Plusquamperfekt: Konjunktiv II der Vorzeitigkeit)

① Cum rēgīna **adesset**, Caesar **tacēbat**.	Als die Königin **da war, schwieg** Cäsar.
② Caesar **gaudēbat**, cum rēgīnam **cognōvisset**.	Cäsar **freute sich**, als er die Königin **erkannt hatte**.

◀▶ Du erkennst:
1. Der **Konjunktiv Imperfekt** im Gliedsatz drückt ein **gleichzeitiges Zeitverhältnis** aus **(Konjunktiv II der Gleichzeitigkeit)** ①.
2. Der **Konjunktiv Plusquamperfekt** im Gliedsatz drückt ein **vorzeitiges Zeitverhältnis** aus **(Konjunktiv II der Vorzeitigkeit)** ②.

3 Mehrgliedriges Satzgefüge

① Caesar postulāvit, **ut** Cleopatra in rēgiam (→ 31 L) venīret.	Cäsar verlangte, **dass** Kleopatra in den Palast kam (kommen solle).
② **Cum** Cleopatra rēgīna Aegyptī esset, Caesar eam vidēre voluit.	**Da** Kleopatra die Königin Ägyptens war, wollte Cäsar sie sehen.
③ **Cum** Cleopatra diū id studuisset, **ut** in rēgiam (→ 31 L) venīret, dolō tandem ad fīnem pervēnit.	**Als** Kleopatra sich lange darum bemüht hatte, in den Palast zu kommen (**dass** sie ... kam), kam sie schließlich durch List ans Ziel.

◀▶ Du erkennst:
1. Das **mehrgliedrige Satzgefüge** (Periode) kann verschiedene Subjunktionen enthalten.
2. Steht der **Gliedsatz im Konjunktiv**, wird dieser **meistens mit dem Indikativ derselben Zeit** wiedergegeben.
3. Das mehrgliedrige Satzgefüge kann **verschieden gebaut** sein. Gliedsätze können dem Hauptsatz folgen ①, diesem aber auch vorangehen ②/③. Durch ein so genanntes **„Treppenschema"** verdeutlicht, sieht dies folgendermaßen aus:

① ... postulavit, → ut ... veniret.

② Cum ... esset, → Caesar ... voluit.

③ Cum ... studuisset, → ut ... veniret, → dolo ... pervenit.

32 Irrealis der Gegenwart und der Vergangenheit

S

Sicherlich hast du schon einmal folgende Sätze gehört oder selbst gesagt:

① Wenn die Prüfung schon vorbei **wäre, ginge** es mir besser/würde ... gehen.
② Wenn ich die letzte Prüfung schlecht **gemacht hätte, wäre** ich nicht **versetzt worden**.

In beiden Sätzen wird ein Gedanke ausgedrückt, der der Wirklichkeit nicht entspricht, d. h. **irreal** (unwirklich) ist. Wir benutzen im **Deutschen** hierfür den **Konjunktiv II**, der oft auch mit „würde" umschrieben wird.

Auch im Lateinischen können **Konditionalsätze** (Bedingungssätze) formuliert werden, die der Wirklichkeit nicht entsprechen:

③ Nisī mihī amīcī **essent**, laetus nōn **essem**.	Wenn ich keine Freunde **hätte, wäre** ich nicht froh.
④ Sī mihī auxilium **negāvissētis, servātus** nōn **essem**.	Wenn ihr mir die Hilfe **verweigert hättet, wäre** ich nicht **gerettet worden**.

Der Konjunktiv Imperfekt ③ drückt dabei einen Gedanken aus, der den Zuständen oder Ereignissen in der Gegenwart nicht entspricht (**Irrealis der Gegenwart**):
„Wenn ich keine Freunde hätte (*Ich habe aber Freunde!*), wäre ich nicht froh (*Ich bin aber froh!*)."
Der Konjunktiv Plusquamperfekt ④ drückt einen Gedanken aus, der den Zuständen oder Ereignissen der Vergangenheit nicht entspricht (**Irrealis der Vergangenheit**):
„Wenn ihr mir die Hilfe verweigert hättet (*Ihr habt mir aber geholfen!*), wäre ich nicht gerettet worden (*Ich bin aber gerettet worden!*)."

Für die **deutsche Übersetzung** muss in irrealen Konditionalsätzen der **Konjunktiv II** (**der Gleichzeitigkeit** bzw. **der Vorzeitigkeit**) verwendet werden.

1 Irrealis der Gegenwart

Aenēās cōgitat:	*Äneas denkt:*
① *Sī* voluntātem deōrum **neglegerem**, **pius** nōn **essem**.	*Wenn* ich den Willen der Götter **missachten würde, wäre** ich nicht **fromm**.
② *Nisī* Carthāginem relinquere **dēbērem**, cūrīs nōn **sollicitārer**.	*Wenn* ich Karthago *nicht* verlassen **müsste, würde** ich nicht von Sorgen **beunruhigt**.

◀▶ Du erkennst:
1. Der lateinische Bedingungssatz und der Hauptsatz stehen jeweils im **Konjunktiv Imperfekt**.
2. Im **Deutschen** wird der Konjunktiv Imperfekt hier durch den **Konjunktiv II** (**der Gleichzeitigkeit**) bzw. durch die Ersatzform mit „würde" wiedergegeben.
3. Die **Aussage** des Satzgefüges ist **für die Gegenwart nicht-wirklich** (irreal):
   ① „Wenn ich den Willen der Götter missachten würde (*Ich tue es aber nicht!*), wäre ich nicht fromm (*Ich bin aber fromm!*)."
   Wir sprechen deshalb vom **Irrealis der Gegenwart**.

2 Irrealis der Vergangenheit

Aenēās cōgitat:	*Äneas denkt:*
① *Nisī* Trōia **dēlēta esset,** numquam ē patriā **fūgissēmus.**	*Wenn* Troia *nicht* **zerstört worden wäre, wären** wir niemals aus der Heimat **geflohen.**
② *Sī* apud Dīdōnem **mānsissem,** Trōiānī in Italiam nōn **venīrent.**	*Wenn* ich bei Dido **geblieben wäre, kämen** die Troianer nicht nach Italien.

◄► Du erkennst:

1. In Satz ① steht sowohl der lateinische Bedingungssatz wie auch der Hauptsatz im **Konjunktiv Plusquamperfekt.**
2. Im **Deutschen** wird der Konjunktiv Plusquamperfekt hier durch den **Konjunktiv II** (**der Vorzeitigkeit**) wiedergegeben.
3. Die **Aussage** des Satzgefüges ist **für die Vergangenheit nicht-wirklich** (irreal):
   ① „Wenn Troia nicht zerstört worden wäre (*Es ist aber zerstört worden!*), wären wir niemals aus der Heimat geflohen (*Wir sind aber geflohen!*)."
   Wir sprechen deshalb vom **Irrealis der Vergangenheit.**
4. In Satz ② sind der Irrealis der Vergangenheit und der Irrealis der Gegenwart miteinander „vermischt".

33 FERRE

F

In der Regel ist es nicht schwierig, von einem PPP oder einer Perfektform auf den jeweiligen Infinitiv Präsens zu schließen, da du den (manchmal veränderten) Präsensstamm erkennen kannst: ***dictum*** *–* ***dīxī*** *→* ***dīcere*** „sagen".
Es gibt aber neben dem Verb *esse* noch ein **Verb**, das seine **Stammformen-Reihe** aus **verschiedenartigen Stämmen** bildet: ***ferre*** „tragen".

ferre:	**fer**-ō	**tul**-ī	**lā**-t-um	tragen, bringen; ertragen; berichten

Hier kannst du vom PPP bzw. Perfektstamm nicht auf den Infinitiv Präsens schließen. Die Person-Zeichen, Modus-Zeichen und Tempus-Zeichen werden – wie du es gewohnt bist – an den jeweiligen Bedeutungsteil angehängt.

1 FERRE

Alexander et Philippus:	*Alexander und Philippus:*
A. ① Quod remedium **fers**, Philippe?	Welches Heilmittel **bringst du**, Philippus?
Ph. ② Tibī pōtiōnem (→ 32 L) **ferō**.	**Ich bringe** dir einen Trank.
③ Haec tibī salūtem **feret**.	Dieser **wird** dir Heilung **bringen**.
④ Cēterōs medicōs remedium strēnuum nōndum invēnisse **ferunt**.	Die übrigen Ärzte haben, wie **man berichtet**, noch kein starkes Mittel gefunden.
A. ⑤ A cēterīs mihī remedia ūtilia nōn **feruntur**.	Von den übrigen **werden** mir keine brauchbaren Heilmittel **gebracht**.
⑥ Nēmō eōrum mihī auxilium **tulit**.	Niemand von ihnen **hat** mir Hilfe **gebracht**.
⑦ Sed ā tē iam multīs auxilium **lātum esse** sciō.	Aber ich weiß, dass von dir schon vielen Hilfe **gebracht worden ist**.
⑧ Proinde **ferte** mihī pōculum!	Deshalb **bringt** mir den Becher!

1.1 Erscheinungsform

◀▶ Du erkennst:

1. Die **Formen** des **Präsensstammes** werden gebildet aus dem Bedeutungsteil im Präsensstamm *fer-* und dem **Signalteil** des **Aktivs** ①/②/③/④/⑧ oder **Passivs** ⑤.
2. Die **Formen** des **Perfektstammes** im **Aktiv** werden gebildet aus dem Bedeutungsteil im Perfektstamm *tul-* (vgl. *tol-lere*) und dem **Signalteil** des **Aktivs** ⑥.
3. Das **PPP** von *ferre* lautet ***lātus****, -a, -um*. Mit dem PPP und den Formen von *esse* werden die **Formen** des **Perfektstammes** im **Passiv** gebildet ⑦.

fer-	tul-	lāt-

tragen

1.2 Konjugationsschema
Formen des Präsensstammes

				AKTIV				
	Präsens			*Imperfekt*			*Futur*	
	Indikativ		Konjunktiv	Indikativ		Konjunktiv		
1. P. Sg.	ferō	ich trage	feram	ferēbam	ich trug	ferrem	feram	ich werde
2. P. Sg.	fers	du trägst	ferās	ferēbās	du trugst	ferrēs	ferēs	tragen
3. P. Sg.	fert	er, sie, es trägt	ferat	ferēbat	er, sie, es trug	ferret	feret	*usw.*
1. P. Pl.	fer*i*mus	wir tragen	ferāmus	ferēbāmus	wir trugen	ferrēmus	ferēmus	
2. P. Pl.	fertis	ihr tragt	ferātis	ferēbātis	ihr trugt	ferrētis	ferētis	
3. P. Pl.	fer*u*nt	sie tragen	ferant	ferēbant	sie trugen	ferrent	ferent	
Infinitiv	ferre	(zu) tragen						
Imperativ	Sg. fer!	trag!						
	Pl. ferte!	tragt!						
Partizip	ferēns, ferentis	tragend						
				PASSIV				
1. P. Sg.	feror	ich werde	ferar	ferēbar	ich wurde	ferrer	ferar	ich werde
2. P. Sg.	ferris	getragen	ferāris	ferēbāris	getragen	ferrēris	ferēris	getragen
3. P. Sg.	fertur	*usw.*	ferātur	ferēbātur	*usw.*	ferrētur	ferētur	werden *usw.*
1. P. Pl.	fer*i*mur		ferāmur	ferēbāmur		ferrēmur	ferēmur	
2. P. Pl.	fer*i*minī		ferāminī	ferēbāminī		ferrēminī	ferēminī	
3. P. Pl.	fer*u*ntur		ferantur	ferēbantur		ferrentur	ferentur	
Infinitiv	ferrī	getragen (zu) werden						

Formen des Perfektstammes

				AKTIV				
	Perfekt			*Plusquamperfekt*			*Futur II*	
	Indikativ		Konjunktiv	Indikativ		Konjunktiv		
1. P. Sg.	tulī	ich habe	tulerim	tuleram	ich hatte	tulissem	tulerō	ich werde
2. P. Sg.	tulistī	getragen	tuleris	tulerās	getragen	tulissēs	tuleris	getragen
	usw.	*usw.*	*usw.*	*usw.*	*usw.*	*usw.*	*usw.*	haben *usw.*
Infinitiv	tulisse	getragen (zu) haben						
				PASSIV				
1. P. Sg.	lātus sum	ich bin getragen worden	lātus sim	lātus eram	ich war getragen worden	lātus essem	lātus erō	ich werde getragen worden sein
	usw.	*usw.*	*usw.*	*usw.*	*usw.*	*usw.*	*usw.*	*usw.*
Infinitiv	lātum, -am, -um esse		getragen worden (zu) sein					
Partizip	lātus, -a, -um		getragen					

34 Ablativus absolutus (Abl. abs.) mit PPP: Vorzeitigkeit – Dativ des Vorteils/Zwecks

S

Du kennst bereits das **Participium coniunctum (PC)**, das in verschiedenen Kasus vorkommt, z. B.:

Augustus	Augustus dachte immer an
nūntium allātum	**die Nachricht, als sie gemeldet worden war.**
semper cōgitābat.	

Das Partizip *allātum* stimmt mit seinem **Bezugswort** *nūntium* in **KNG** überein; dieses Bezugswort stellt ein Bauteil des Satzes (hier: Objekt) dar.
Das Partizip gibt hier allein für sich einen **Umstand der Zeit** („als ...") an; es stellt also das Bauteil **Adverbiale** dar.

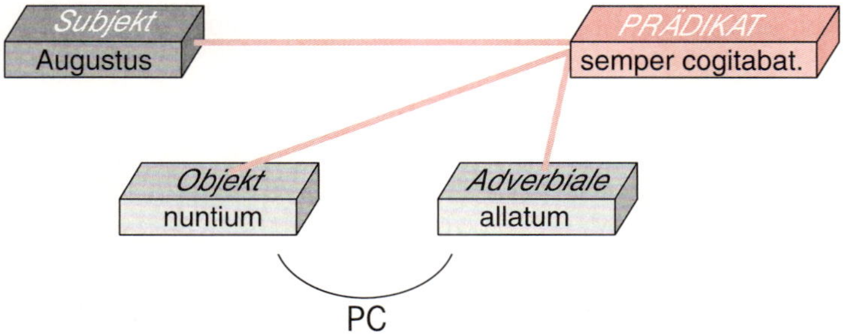

Betrachte nun folgenden Satz:

Augustus	Augustus schwieg,
nūntiō allātō	**als die Nachricht gemeldet worden war.**
tacēbat.	

Auch hier tritt ein Partizip auf, das in **KNG** mit seinem **Bezugswort** übereinstimmt.
Dieses **Bezugswort** steht im **Ablativ**: *nūntiō*. Es ist allein für sich kein Bauteil im Satz.
Die Aussage *Augustus tacēbat* bedürfte keiner weiteren Ergänzung; sie ist **für sich genommen verständlich**.
Das Bezugswort ***nūntiō*** ist vom Rest des Satzes **„losgelöst"** (absolut).
Das **Partizip und sein Bezugswort**, *nūntiō allātō*, geben hier einen **Umstand der Zeit** („als ...") an. Sie bilden demnach zusammen das Bauteil **Adverbiale**.
Diese Konstruktion nennen wir:

Ablativus absolutus (Abl. abs.) .

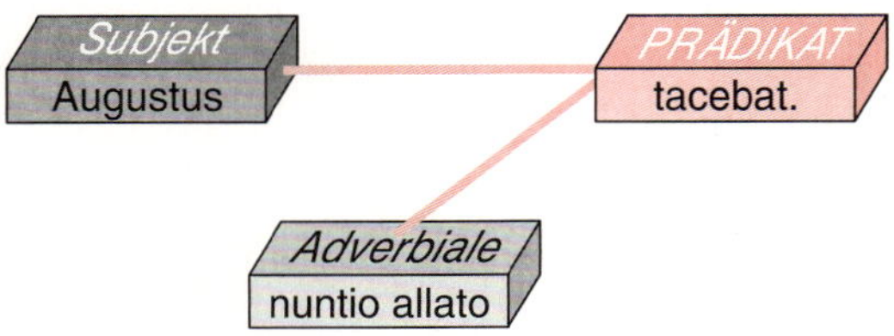

Ablativus absolutus

1 Ablativus absolutus (Abl. abs.) mit PPP: Vorzeitigkeit

1.1 Erscheinungsform und Sinnrichtungen

① Augustus **calamitāte legiōnum suārum nūntiātā** tacēbat.	Augustus schwieg, **als die Niederlage seiner Legionen gemeldet worden war.**
② **Exercitibus dēlētīs** Augustus dē imperiō sollicitātus erat.	**Da die Heere vernichtet worden waren,** war Augustus in Sorge um das Reich.
③ **Pāce factā** (tamen) Germānī arma in Rōmānōs tulērunt.	**Obwohl Frieden geschlossen war,** erhoben die Germanen die Waffen gegen die Römer.

◀▶ Du erkennst:

1. Der **Ablativus absolutus (Abl. abs.)** besteht hier jeweils aus einem **Substantiv + PPP im Ablativ.**
2. Der Abl. abs. steht häufig am **Satzanfang** ②/③. Er stellt im Satz eine **klar abgrenzbare Konstruktion** dar.
3. Der **Abl. abs. mit PPP** drückt einen Vorgang aus, der **vor der Handlung des Prädikates abgelaufen** ist (vgl. ①: *Die Niederlage ist gemeldet worden; erst dann schwieg Augustus.*). Das **Zeitverhältnis des PPP** zum Prädikat ist somit **vorzeitig (Partizip der Vorzeitigkeit).**
4. Der Abl. abs. mit PPP gibt – als Adverbiale im Satz – einen **näheren Umstand** an; er kann **verschiedene Sinnrichtungen** haben:

① Zeit:	NACHDEM/ALS	*temporal*
② beachteter Grund:	WEIL/DA	*kausal*
③ nicht beachteter Grund:	OBWOHL	*konzessiv*

Die **zutreffende Sinnrichtung** muss jeweils aus dem **Textzusammenhang** erschlossen werden.

1.2 Übersetzungsweg

1. Augustus **calamitāte nūntiātā** tacēbat.

Hilfsübersetzung (selbstständiger Satz):
Augustus – **die Niederlage war gemeldet worden** – schwieg.
Übersetzungsmöglichkeiten:
① **Die Niederlage war gemeldet worden; da** schwieg Augustus.
② **Nachdem die Niederlage gemeldet worden war,** schwieg Augustus.
③ **Nach der Nachricht von der Niederlage** schwieg Augustus.

2. **Exercitibus dēlētīs** Augustus dē imperiō sollicitātus erat.

Hilfsübersetzung (selbstständiger Satz):
Die Heere waren vernichtet worden – Augustus war in Sorge um das Reich.
Übersetzungsmöglichkeiten:
① **Die Heere waren vernichtet worden; deshalb** war Augustus in Sorge um das Reich.
② **Weil die Heere vernichtet worden waren,** war Augustus in Sorge um das Reich.
③ **Wegen der Vernichtung der Heere** war Augustus in Sorge um das Reich.

3. **Pāce factā** (tamen) Germānī arma in Rōmānōs tulērunt.

Hilfsübersetzung (selbstständiger Satz):
Der Frieden war geschlossen worden – die Germanen erhoben (dennoch) die Waffen gegen die Römer.
Übersetzungsmöglichkeiten:
① **Der Frieden war geschlossen worden; dennoch** erhoben die Germanen die Waffen gegen die Römer.
② **Obwohl Frieden geschlossen worden war,** erhoben die Germanen die Waffen gegen die Römer.
③ **Trotz Friedensschlusses** erhoben die Germanen die Waffen gegen die Römer.

◀▶ Du erkennst:
1. Die Übersetzung des Abl. abs. mit einem **selbstständigen Satz** schafft die **Voraussetzung** dafür, dass du die Übersetzungsmöglichkeit findest, die am besten passt.
2. Wie beim PC kannst du aus den drei Übersetzungsmöglichkeiten **Beiordnung** ①, **Unterordnung** ② und **Einordnung** ③ auswählen (vgl. G 25, 2.2/3; G 28, 3.2/3).
3. Da der **Abl. abs. mit PPP** eine zum Prädikat **vorzeitige Handlung** ausdrückt, muss für die deutsche Übersetzung das entsprechende Tempus (Perfekt/Plusquamperfekt) gewählt werden ①/②.

1.3 Zusammenfassende Übersicht
Abl. abs. mit PPP (Partizip der Vorzeitigkeit): Vorzeitigkeit

Sinnrichtung	Übersetzungsmöglichkeiten des Abl. abs.		
	Beiordnung/ Satzreihe	**Unterordnung/** Satzgefüge (Gliedsatz)	**Einordnung/** präpositionale Verbindung
1. **temporal/** Zeit	... ist ... worden (und) da/dann ...	nachdem/als ... worden ist/war	nach + Substantiv
2. **kausal**/beachteter Grund	... ist ... worden (und) deshalb	weil/da ... worden ist/war	wegen + Substantiv
3. **konzessiv/** nicht beachteter Grund	... ist ... worden (und) dennoch	obwohl ... worden ist/war	trotz + Substantiv

2 Dativ des Vorteils/Zwecks

① Cūr nēmō legiōnibus Vārī **auxiliō** *vēnit*? / **auxiliō** *missus est*?	Warum ist niemand den Legionen des Varus **zu Hilfe** *gekommen*? / **zu Hilfe** *geschickt worden*?
② Germānī Augustō **odiō** *erant*.	Die Germanen *waren* dem Augustus **verhasst** (*wörtl.: waren* **zum Hass**).
③ Augustī imperium etiam hodiē multīs **admīrātiōnī** *est*.	Augustus' Herrschaft *wird* auch heute (noch) von vielen **bewundert** (*wörtl.: ist* vielen **zur Bewunderung**).

◀▶ Du erkennst:

1. In den Sätzen kommen jeweils zwei Dative vor, wobei nur einer auf die Frage **„wem?"** antwortet: „den Legionen" ①, „(dem) Augustus" ②, „vielen" ③. Nach diesem Dativ lässt sich auch fragen: **„für wen?"**, **„zu wessen Vorteil?"**. Man bezeichnet ihn deshalb als **Dativ des Vorteils.**
2. Der zweite **Dativ in Verbindung mit *esse*** oder Verben wie ***venīre*** und ***mittere*** drückt dagegen einen **Zweck** aus. Er antwortet auf die Frage **„wozu?"**. Man bezeichnet ihn deshalb als **Dativ des Zwecks.**
3. Im **Deutschen** wird der Dativ des Zwecks entweder mit einer Umschreibung mit **„zu"/„zum"/„zur"** oder mit einer **freien Übersetzung** wiedergegeben.

Merke dir:

imperātōrī **odiō** *esse*	dem Kaiser **verhasst** *sein* (*wörtl.:* **zum Hass** *sein*)
cīvibus **invidiae** *esse*	von den Bürgern **beneidet** *werden* (*wörtl.:* den Bürgern **zum Neid** *sein*)
plēbī **admīrātiōnī** *esse*	vom Volk **bewundert** *werden* (*wörtl.:* dem Volk **zur Bewunderung** *sein*)
amīcīs **auxiliō** *venīre* / (medicum) **auxiliō** *mittere*	den Freunden **zu Hilfe** *kommen* / (einen Arzt) **zu Hilfe** *schicken*

35 Ablativus absolutus (Abl. abs.) mit PPA: Gleichzeitigkeit – Ablativus absolutus (Abl. abs.) in nominalen Wendungen – NE nach Ausdrücken des Fürchtens

S1

Du kennst bereits den Ablativus absolutus mit PPP (vgl. G 34). Es gibt im Lateinischen aber auch den **Ablativus absolutus** mit **PPA**:

Omnēs cīvēs	Alle Bürger eilten,
Alcibiadē adveniente	**als Alkibiades ankam,**
in Pīraeum properāvērunt.	zum Piräus.

Das Partizip *adveniente* stimmt mit seinem **Bezugswort** *Alcibiadē* in **KNG** überein. Das Bezugswort ist kein Bauteil des Satzes, da die Aussage *omnēs cīvēs in Pīraeum properāvērunt* **für sich genommen verständlich** ist. Es ist vom Satz **„losgelöst"** (absolut).

Das **Partizip und sein Bezugswort**, *Alcibiadē adveniente*, geben hier einen **Umstand der Zeit** („als …") an und bilden somit zusammen das Bauteil **Adverbiale**.

Der **Vorgang**, der durch diesen **Ablativus absolutus** ausgedrückt wird, verläuft **gleichzeitig** zur Handlung des Prädikates.

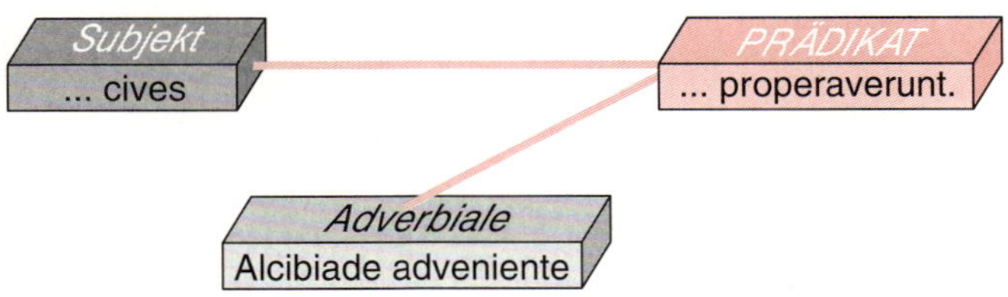

S2

Es gibt im Lateinischen einen **Ablativus absolutus**, bei dem **kein Partizip** vorkommt. An die Stelle des PPA ist ein **Adjektiv** oder **Substantiv** getreten:

Hannibale vīvō	**Zu Lebzeiten Hannibals**
Rōmānī ā perīculīs tūtī nōn erant.	waren die Römer vor Gefahren nicht sicher.

Wir sprechen hier deshalb von einem **Ablativus absolutus in nominalen Wendungen.**

1 Ablativus absolutus (Abl. abs.) mit PPA: Gleichzeitigkeit

1.1 Erscheinungsform und Sinnrichtungen

① Alcibiadēs **multīs audientibus** dē patriā disseruit.	Alkibiades sprach, **während viele zuhörten,** über seine Vaterstadt.
② **Māgnō perīculō īnstante** Alcibiadēs fūgit.	**Da eine große Gefahr drohte,** floh Alkibiades.
③ Lacedaemoniī oppidum **multīs fortiter dēfendentibus** (tamen) cēpērunt.	Die Lakedämonier haben die Stadt, **obwohl viele ‹sie› tapfer verteidigten,** (dennoch) eingenommen.

◀▶ Du erkennst:

1. Der **Ablativus absolutus (Abl. abs.)** besteht aus einem **Substantiv + PPA im Ablativ.**
2. Er steht sowohl am **Satzanfang** ② als auch in der **Satzmitte** ①/③. Im Satz stellt er eine **klar abgrenzbare Konstruktion** dar.
3. Der **Abl. abs. mit PPA** drückt einen Vorgang aus, der **gleichzeitig zu der Handlung des Prädikates** abläuft (vgl. ①: *Während viele zuhörten, sprach Alkibiades.*). Das **Zeitverhältnis des PPA** zum Prädikat ist somit **gleichzeitig (Partizip der Gleichzeitigkeit).**
4. Der Abl. abs. mit PPA gibt – als Adverbiale im Satz – einen **näheren Umstand** an; er kann **verschiedene Sinnrichtungen** haben:

① Zeit:	WÄHREND/ALS	*temporal*
② beachteter Grund:	WEIL/DA	*kausal*
③ nicht beachteter Grund:	OBWOHL	*konzessiv*

Die **zutreffende Sinnrichtung** muss jeweils aus dem **Textzusammenhang** erschlossen werden.

1.2 Übersetzungsweg

1. Alcibiadēs **multīs audientibus** dē patriā disseruit.

Hilfsübersetzung (selbstständiger Satz):
Alkibiades sprach – viele hörten zu – über seine Vaterstadt.
Übersetzungsmöglichkeiten:
① Alkibiades sprach über seine Vaterstadt; **dabei hörten viele zu.**
② Alkibiades sprach, **während viele zuhörten,** über seine Vaterstadt.
③ Alkibiades sprach **vor vielen Zuhörern** über seine Vaterstadt.

2. **Māgnō perīculō īnstante** Alcibiadēs fūgit.

Hilfsübersetzung (selbstständiger Satz):
Eine große Gefahr drohte – Alkibiades floh.
Übersetzungsmöglichkeiten:
① **Eine große Gefahr drohte; deshalb** floh Alkibiades.
② **Weil eine große Gefahr drohte,** floh Alkibiades.
③ Alkibiades floh **wegen einer drohenden großen Gefahr.**

3. Lacedaemoniī oppidum **multīs fortiter dēfendentibus** (tamen) cēpērunt.

Hilfsübersetzung (selbstständiger Satz):
Die Lakedämonier haben die Stadt eingenommen – viele verteidigten ‹sie› tapfer.
Übersetzungsmöglichkeiten:
① **Viele verteidigten die Stadt tapfer; trotzdem** haben <sie> die Lakedämonier eingenommen.
② Die Lakedämonier haben die Stadt eingenommen, **obwohl viele** <sie> **tapfer verteidigten.**
③ Die Lakedämonier haben die Stadt **trotz der tapferen Verteidigung durch viele (vieler)** eingenommen.

Du erkennst:
1. Die Übersetzung des Abl. abs. mit einem **selbstständigen Satz** schafft die **Voraussetzung** dafür, dass du die Übersetzungsmöglichkeit findest, die am besten passt.
2. Wie beim PC kannst du aus den drei Übersetzungsmöglichkeiten **Beiordnung** ①, **Unterordnung** ② und **Einordnung** ③ auswählen (vgl. G 28, 3.2).
3. Da der **Abl. abs. mit PPA** eine zum Prädikat **gleichzeitige Handlung** ausdrückt, muss für die deutsche Übersetzung das entsprechende Tempus (Präsens/Präteritum) gewählt werden.

1.3 Zusammenfassende Übersicht
Abl. abs. mit PPA (Partizip der Gleichzeitigkeit): Gleichzeitigkeit

Sinnrichtung	Übersetzungsmöglichkeiten des Abl. abs.		
	Beiordnung/ Satzreihe	**Unterordnung/** Satzgefüge (Gliedsatz)	**Einordnung/** präpositionale Verbindung
1. **temporal**/ Zeit	. . . ; dabei	als/während . . .	bei/während + Substantiv
2. **kausal**/beachteter Grund	. . .; deshalb	weil/da . . .	wegen + Substantiv
3. **konzessiv**/ nicht beachteter Grund	. . .; dennoch	obwohl . . .	trotz + Substantiv

2 Ablativus absolutus in nominalen Wendungen

① Imperium Rōmānum **Hannibale vīvō** ā perīculīs tūtum nōn erat.	Das Römische Reich war **zu Lebzeiten Hannibals** (solange Hannibal lebte) vor Gefahren nicht sicher.
② **Augustō imperātōre** urbs Rōma aedificiīs pulchrīs abundābat[1].	**Unter der Herrschaft des Augustus** (als Augustus Kaiser war) war die Stadt Rom reich an schönen Gebäuden.
③ **Cicerōne cōnsule** Catilīna cīvitātem Rōmānam ad summum perīculum addūxit.	**Unter dem Konsulat Ciceros** (als Cicero Konsul war) brachte Catilina den römischen Staat in höchste Gefahr.

1) **abundāre** (*m. Abl.*): reich sein (*an etw.*)

Du erkennst:
1. Auch in diesen Sätzen kommen Ablative vor, die vom restlichen Satz **„losgelöst“** (absolut) sind.
2. An die **Stelle des Partizips** ist hier ein **Adjektiv** ① oder ein **Substantiv** ②/③ getreten. Wir sprechen deshalb von einem **Abl. abs. in nominalen Wendungen**.
3. Im **Deutschen** wird der Abl. abs. in nominalen Wendungen in der Regel mit einer **präpositionalen Verbindung** (Präposition + Substantiv) wiedergegeben. Die Wiedergabe mit einem **Gliedsatz** ist möglich. Dabei muss aber meist die **Gleichzeitigkeit** beachtet werden, die in den nominalen Wendungen erfasst ist (Ausnahme z. B. *Nerōne mortuō*).

Merke dir:

Hannibale vīvō	zu Lebzeiten Hannibals
Themistoclē duce	unter der Führung des Themistokles
Augustō imperātōre	unter der Herrschaft des Augustus
Cicerōne cōnsule	unter dem Konsulat Ciceros
Caesare auctōre	auf Veranlassung Cäsars
Nerōne mortuō	nach Neros Tod

3 NE nach Ausdrücken des Fürchtens

① Alcibiadēs *timēbat*, **nē** ā Lacedaemoniīs interficerētur.	Alkibiades *fürchtete*, **dass** er von den Lakedämoniern ermordet werde/ von den Lakedämoniern ermordet zu werden.
② Nam *perīculum erat*, **nē** īnsidiās parārent.	Denn *es bestand die Gefahr*, **dass** sie ein Attentat (einen Anschlag) verübten.

◀▶ Du erkennst:
Nach **Verben und Ausdrücken des Fürchtens** bedeutet ***nē*** zu Beginn des Gliedsatzes **„dass“**. Der Gliedsatz im Konjunktiv enthält das, was befürchtet wird, also eigentlich **nicht** eintreten soll.

36 Ablativus absolutus (Zusammenfassung) – Demonstrativ-Pronomen IPSE, IPSA, IPSUM

1 Ablativus absolutus (Zusammenfassung)

temporal	*kausal*	*konzessiv*	***Sinnrichtung***
Augusto imperante Während Augustus regierte,	**Deis faventibus** Da die Götter gewogen waren,	**Hostibus instantibus** Obwohl Feinde drohten,	**Abl. abs. mit PPA (Partizip der Gleichzeitigkeit)**

gleichzeitiges Zeitverhältnis

civitas Romana crevit.
ist der römische Staat gewachsen.

vorzeitiges Zeitverhältnis

Multis bellis gestis Nachdem viele Kriege geführt worden waren,	**Pace facta** Weil Frieden geschlossen worden war,	**Magnis cladibus illatis** Obwohl <ihm> große Niederlagen zugefügt worden waren,	**Abl. abs. mit PPP (Partizip der Vorzeitigkeit)**
temporal	*kausal*	*konzessiv*	***Sinnrichtung***

2 Demonstrativ-Pronomen IPSE, IPSA IPSUM

2.1 Deklinationsschema

	Lateinisch						Deutsch
	Singular			Plural			
	m	f	n	m	f	n	
Nom.	ipse	ipsa	ipsum	ipsī	ipsae	ipsa	
Gen.	**ipsīus**	**ipsīus**	**ipsīus**	ipsōrum	ipsārum	ipsōrum	
Dat.	**ipsī**	**ipsī**	**ipsī**	ipsīs	ipsīs	ipsīs	selbst
Akk.	ipsum	ipsam	ipsum	ipsōs	ipsās	ipsa	
Abl.	ipsō	ipsā	ipsō	ipsīs	ipsīs	ipsīs	

2.2 Verwendung

Urbs Rōma ārdēbat. Omnēs perterritī erant.	*Die Stadt Rom brannte. Alle waren in Schrecken.*
① Nerō **ipse** ē turrī altā incendium urbis spectābat.	Nero **selbst** betrachtete den Brand der Stadt von einem hohen Turm aus.
② Hoc spectāculum eī **ipsī** placēbat.	Dieses Schauspiel gefiel ihm **persönlich.**
③ Nam **ipsam** urbem Rōmam ārdentem vidēre voluit.	Denn er wollte **gerade** die Stadt Rom brennen sehen.

◄► Du erkennst:

1. Das **Demonstrativ-Pronomen** *ipse, ipsa, ipsum* hebt einen Begriff stark hervor.
2. Im **Deutschen** lässt sich dieses Pronomen je nach **Textzusammenhang** verschieden wiedergeben:

ipse, ipsa, ipsum: ① selbst
② persönlich
③ gerade

37 Steigerung der Adjektive und Adverbien – Ablativ des Vergleichs

Du weißt, dass eine Person oder Sache durch ein **Adjektiv** näher beschrieben wird. Bisher hast du den **Positiv** (Grundstufe) der Adjektive kennen gelernt. Ein Adjektiv kann aber auch gesteigert werden, um Personen oder Sachen miteinander zu vergleichen:

Die verschiedenen **Vergleichsstufen** lauten:

Positiv (Grundstufe) **Komparativ** (Höherstufe) **Superlativ** (Höchststufe)

F1

Im Lateinischen werden die Vergleichsstufen der Adjektive folgendermaßen gebildet:

	Positiv	**Komparativ**	**Superlativ**
Bedeutungsteil			
clār-	clār-us, -a, -um	clār-**ior**, -**ior**, -**ius**	clār-**issim**-us, -a, -um
ācr-	ācer, ācr-is, ācr-e	ācr-**ior**, -**ior**, -**ius**	ācer-**rim**-us, -a, -um

Der Komparativ wird wie ein Substantiv der Konsonantischen Deklination, dessen Bedeutungsteil auf *-or* endet, dekliniert, der Superlativ wie ein Adjektiv der ā-/o-Deklination.

F2

Auch Adverbien können gesteigert werden.

	Positiv	**Komparativ**	**Superlativ**
Bedeutungsteil			
vēr-	vēr-ē	vēr-**ius**	vēr-**issim**-ē
ācr-	ācr-iter	ācr-**ius**	ācer-**rim**-ē
vehement-	vehement-er	vehement-**ius**	vehement-**issim**-ē

1 Steigerung der Adjektive

① Uter populus **clārior** erat: Rōmānī an Graecī?	Welches Volk war **berühmter**: die Römer oder die Griechen?
② Erantne Graecī **hūmāniōrēs** *quam* Rōmānī, Rōmānī **fortiōrēs** *quam* Graecī?	Waren die Griechen **gebildeter** *als* die Römer, die Römer **tapferer** *als* die Griechen?
③ Multī Sōcratem **beātissimum/fēlīcissimum** omnium philosophōrum[1] putant.	Viele halten Sokrates für **den glücklichsten** aller Philosophen.
④ Cicerō **ācerrimus** ōrātor fuit.	Cicero war ein **sehr hitziger** Redner.
⑤ Vīta philosophōrum[1] **melior** est ***quam*** ōrātōrum.	Das Leben der Philosophen ist **besser** ***als*** das der Redner.
⑥ Philosophī[1] ***quam*** **plūrima** cognōscere student.	Die Philosophen wollen ***möglichst*** **viel** erkennen.

1.1 Erscheinungsform und Verwendung

Komparativ-Zeichen

-ior-

◀▶ Du erkennst:

1. Das Komparativ-Zeichen lautet *-ior-*.
2. Der Komparativ wird wie ein Substantiv der Konsonantischen Deklination, dessen Bedeutungsteil auf *-or* endet, dekliniert (vgl. 1.2).
3. Die Superlativ-Zeichen lauten *-issim-* bzw. *-rim-*.
4. Der Superlativ wird wie ein Adjektiv der ā-/o-Deklination dekliniert.
5. Er wird in der Regel mit der Höchststufe wiedergegeben ③. Häufig drückt er auch einen sehr hohen Grad einer Eigenschaft aus ④. Die Wiedergabe im Deutschen erfolgt dann durch „sehr/äußerst" mit dem Positiv.
6. *quam* **nach** einem **Komparativ** bedeutet „als" ②/⑤, **vor** einem **Superlativ** „möglichst" ⑥.

Superlativ-Zeichen

-issim-
-rim-

1.2 Deklinationsschema des Komparativs

	Singular			Plural		
	m	f	n	m	f	n
Nom.	clārior	clārior	clārius	clāriōrēs	clāriōrēs	clāriōra
Gen.	clāriōris	clāriōris	clāriōris	clāriōrum	clāriōrum	clāriōrum
Dat.	clāriōrī	clāriōrī	clāriōrī	clāriōribus	clāriōribus	clāriōribus
Akk.	clāriōrem	clāriōrem	clārius	clāriōrēs	clāriōrēs	clāriōra
Abl.	clāriōre	clāriōre	clāriōre	clāriōribus	clāriōribus	clāriōribus

1.3 Unregelmäßige Bildungsweise

Wie im Deutschen („gut" – „besser" – „der Beste") und Englischen („good" – „better" – „best") gibt es auch im Lateinischen **Adjektive**, die **unregelmäßig gesteigert** werden.

Merke dir:

māgnus, -a, -um	mā-ior, mā-ior, mā-ius	māximus, -a, -um
bonus, -a, -um	mel-ior, mel-ior, mel-ius	optimus, -a, -um
multī, -ae, -a	plūr-ēs, plūr-ēs, plūr-a	plūrimī, -ae, -a

2 Steigerung des Adverbs

① Quis **longius** et **celerius** in Asiam invāsit *quam* Alexander?	Wer ist **weiter** und **schneller** in Asien eingedrungen *als* Alexander?
② Caesaris mīlitēs **fortissimē** in Galliā pūgnāvērunt.	Cäsars Soldaten kämpften **am tapfersten/sehr tapfer** in Gallien.

◀▶ Du erkennst:

1. Der **Signalteil** des **Komparativs** gleicht dem Neutrum Singular des Komparativs der Adjektive: *-ius*.
2. Der **Signalteil** des **Superlativs** lautet *-issim-ē/-rim-ē*.
3. Das Adverb wird wie das Adjektiv im Komparativ und Superlativ verwendet und übersetzt.

3 Ablativ des Vergleichs

① Caesar sibī māiōrem glōriam parāvit **Augustō** (~ quam Augustus).	Cäsar erwarb (verschaffte sich) größeren Ruhm **als Augustus**.
② Sed Augustus beātius vīxit **Caesare** (~ quam Caesar).	Aber Augustus lebte glücklicher **als Cäsar**.

◀▶ Du erkennst:
Nach einem Komparativ kann die verglichene Person (oder Sache) mit einem bloßen Ablativ wiedergegeben werden. Dieser Ablativ heißt **Ablativ des Vergleichs**.

38 ★ Deponentien der ā-/ē-/ī-Konjugation

F

Du weißt, dass Verben mit aktivischen Person-Zeichen aktivisch, Verben mit passivischen Person-Zeichen passivisch übersetzt werden, z. B. *amant* „sie lieben“, *amantur* „sie werden geliebt“.
Es gibt im Lateinischen aber auch Verben, die passivische Person-Zeichen haben und aktivisch übersetzt werden:

*cōna**ntur*** (**passivische Form**): **sie** versuch**en** (**aktivische Bedeutung**).

Solche Verben nennt man Deponentien .

Sie haben sozusagen die **Formen des Aktivs abgelegt** (*dēpōnere* „ablegen“).

Deponentien gibt es in allen Konjugationen; zunächst lernst du die Deponentien der ā-, ē- und ī-Konjugation kennen:

ā-Konjugation: cōnor, cōnātus sum: ich versuche, ich habe versucht/versuchte
ē-Konjugation: vereor, veritus sum: ich fürchte, ich habe gefürchtet/fürchtete
ī-Konjugation: mōlior, mōlītus sum: ich plane, ich habe geplant/plante

★ 1 Formen des Präsensstammes

1.1 Erscheinungsform

① *Spectātōrēs vident*: „Āthlētae[1] summō studiō vincere **cōnantur.**“	*Die Zuschauer sehen:* „Die Athleten **versuchen**, mit höchstem Einsatz zu siegen.“
② *Cōgitant*: „Nostrōs semper incitāre **cōnābimur.**“	*Sie denken*: „**Wir werden** die Unseren immer anzufeuern **versuchen.**“
③ *Multī clāmant*: „Vōs vincere **cōnārī** necesse est. (Ut vincere **cōnēminī**, petimus.)	*Viele rufen*: „Dass ihr zu siegen **versucht**, ist notwendig. (Dass **ihr** zu siegen **versucht**, verlangen wir.)
④ **Cōnāre/Cōnāminī** quam celerrimē currere!	**Versuche,/Versucht**, möglichst schnell zu laufen!
⑤ Vōs omnibus vīribus vincere **cōnantēs** nōbīs admīrātiōnī eritis.“	**Wenn ihr** mit allen Kräften zu siegen **versucht**, werdet ihr von uns bewundert werden.“

◀▶ Du erkennst:

1. Die Formen ***cōnantur, cōnābimur, cōnārī, cōnēminī*** und ***cōnāminī*** haben passivische Person-Zeichen, werden aber aktivisch übersetzt ①–④. Sie haben die Formen des Aktivs sozusagen abgelegt. Deshalb nennt man diese Verben Deponentien.
2. Die Deponentien werden wie die dir bekannten Verben der ā-, ē-, ī-Konjugation im Passiv konjugiert (vgl. G 38, 1.2). Eine vollständige Übersicht findest du in Tab. VI1, S. 169.
3. Das **Imperativ-Zeichen** ④ lautet im Singular *-re*,
   im Plural *-minī*.
4. Das Partizip Präsens **cōnantēs** ⑤ wird wie jedes andere dir bekannte PPA dekliniert und übersetzt.

1.2 Konjugationsschema Präsensstamm

		ā-Konjugation	ē-Konjugation	ī-Konjugation
	Infinitiv	*(zu) versuchen* cōnā-rī	*(zu) fürchten* verē-rī	*(zu) planen* mōlī-rī
Präsens	Indikativ			
	ich versuche, . . .	cōn-or cōnā-ris cōnā-tur cōnā-mur cōnā-minī cōna-ntur	vere-or verē-ris verē-tur verē-mur verē-minī vere-ntur	mōli-or mōlī-ris mōlī-tur mōlī-mur mōlī-minī mōli-*u*-ntur
	Konjunktiv			
		cōne-r cōnē-ris *usw.*	vere-ar vere-āris *usw.*	mōli-ar mōli-āris *usw.*
Imperfekt	Indikativ			
	ich versuchte, . . .	cōnā-bar cōnā-bāris *usw.*	verē-bar verē-bāris *usw.*	mōli-ēbar mōli-ēbāris *usw.*
	Konjunktiv			
		cōnā-rer cōnā-rēris *usw.*	verē-rer verē-rēris *usw.*	mōlī-rer mōlī-rēris *usw.*
Futur I	*ich werde versuchen, . . .*	cōnā-bor cōnā-beris *usw.*	verē-bor verē-beris *usw.*	mōli-ar mōli-ēris *usw.*
	Imperativ			
	versuche! *versucht!*	cōnā-re! cōnā-minī!	verē-re! verē-minī!	mōlī-re! mōlī-minī!
	Partizip			
	versuchend	cōnā-ns, -ntis	verē-ns, -ntis	mōli-*ē*-ns, -ntis

★2 Formen des Perfektstammes

2.1 Erscheinungsform

① *Spectātōrēs*[1] *tandem dīxērunt:* „Omnēs āthlētae[1] optimē certāre **cōnātī sunt.**“	*Die Zuschauer sagten schließlich:* „Alle Athleten **haben** bestens zu kämpfen **versucht.**“
② *Sed cognōvērunt*: „Multī summō studiō vincere **cōnātī** nōn fēlīciter certāvērunt.“	*Aber sie erkannten*: „Viele haben, **obwohl sie** mit höchstem Eifer zu siegen **versucht hatten**, nicht erfolgreich gekämpft.“

◀▶ Du erkennst:

1. Die Formen des Perfektstammes werden mit dem Partizip Perfekt und einer Form von *esse* gebildet ①.
2. Das Partizip ***cōnātī*** ist der **Form** nach **passivisch**, hat jedoch eine **aktivische Bedeutung** ②.
3. Das Partizip ***cōnātī*** drückt wie ein PPP eine **vorzeitige Handlung** aus.
4. Die passivischen Formen werden wie im Präsensstamm **aktivisch übersetzt**. Das vollständige Konjugationsschema findest du in Tab. VI2, S. 170.

2.2 Konjugationsschema Perfektstamm

		ā-Konjugation	ē-Konjugation	ī-Konjugation
	Infinitiv	*versucht (zu) haben* cōnātum/-am esse	*gefürchtet (zu) haben* veritum/-am esse	*geplant (zu) haben* mōlītum/-am esse
Indikativ **Perfekt**	*ich habe versucht,* ...	cōnātus, -a, -um sum *usw.* cōnātī, -ae, -a sumus *usw.*	veritus, -a, -um sum *usw.* veritī, -ae, -a sumus *usw.*	mōlītus, -a, -um sum *usw.* mōlītī, -ae, -a sumus *usw.*
Konjunktiv **Perfekt**		cōnātus, -a, -um sim *usw.* cōnātī, -ae, -a sīmus *usw.*	veritus, -a, -um sim *usw.* veritī, -ae, -a sīmus *usw.*	mōlītus, -a, -um sim *usw.* mōlītī, -ae, -a sīmus *usw.*
Indikativ **Plqupf.**	*ich hatte versucht,* ...	cōnātus, -a, -um eram *usw.* cōnātī, -ae, -a erāmus *usw.*	veritus, -a, -um eram *usw.* veritī, -ae, -a erāmus *usw.*	mōlītus, -a, -um eram *usw.* mōlītī, -ae, -a erāmus *usw.*
Konjunktiv **Plqupf.**		cōnātus, -a, -um essem *usw.* cōnātī, -ae, -a essēmus *usw.*	veritus, -a, -um essem *usw.* veritī, -ae, -a essēmus *usw.*	mōlītus, -a, -um essem *usw.* mōlītī, -ae, -a essēmus *usw.*
Futur II	*ich werde versucht haben,* ...	cōnātus, -a, -um erō *usw.* cōnātī, -ae, -a erimus *usw.*	veritus, -a, -um erō *usw.* veritī, -ae, -a erimus *usw.*	mōlītus, -a, -um erō *usw.* mōlītī, -ae, -a erimus *usw.*

39 ★ NcI – ★ Deponentien der Konsonantischen und der kurzvokalischen ĭ-Konjugation

S

Du kennst bereits den AcI, eine Konstruktion, die im Lateinischen nach bestimmten Verben (z. B. des Glaubens und Sagens) steht.

Hominēs **Archimēdem multa invēnisse** *dīcunt*.	Die Menschen *sagen*, **dass Archimedes vieles erfunden** hat.

Betrachte folgenden Satz:

Archimēdēs multa invēnisse *dīcitur*.	*Es wird gesagt/Man sagt*, **dass Archimedes vieles erfunden hat.**

Von *dīcitur* hängt eine Konstruktion ab, die aus einem **Nominativ** und einem **Infinitiv** besteht.
Diese Konstruktion heißt deshalb Nominativus cum Infinitivo (NcI) .

Im Bauwerk des Satzes steht der **NcI** an der Stelle des **Subjekts**.

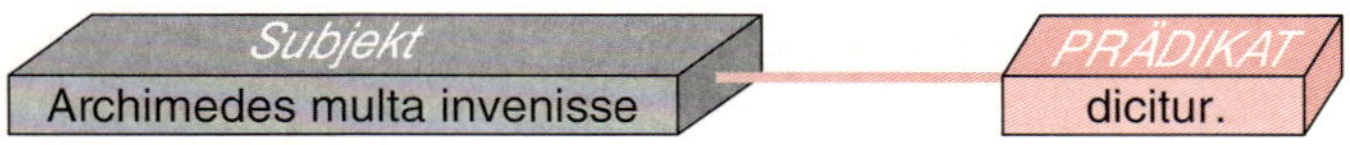

Dass Archimedes vieles erfunden hat, wird gesagt.

★ 1 Nominativus cum Infinitivo (NcI)

1.1 Erscheinungsform des NcI

① **Multī** hodiē quoque Archimēdem **laudāre** et **admīrārī** *videntur*.	**Viele** *scheinen* auch heute noch Archimedes **zu loben** und **zu bewundern**.
② Nam **ille** multa **invēnisse** et **expertus esse** *dīcitur*.	Denn *man sagt*, dass **jener** vieles **erfunden** und **erprobt hat**./Denn **jener** *soll* vieles **erfunden** und **erprobt haben**.

◀▶ Du erkennst:

1. Die Prädikate *videntur* ① und *dīcitur* ② haben passivische Formen.
2. Von den Prädikaten *videntur* ①/*dīcitur* ② hängt jeweils ein Nominativ (*multī* ①/*ille* ②) und ein Infinitiv (*laudāre et admīrārī* ①/*invēnisse et expertus esse* ②) ab.
   Diese Konstruktion heißt **Nominativus cum Infinitivo** (**NcI**).
3. Der **Infinitiv Präsens** ① drückt wie beim AcI die **Gleichzeitigkeit (Infinitiv der Gleichzeitigkeit)**, der **Infinitiv Perfekt** ② die **Vorzeitigkeit (Infinitiv der Vorzeitigkeit)** zur Aussage des Prädikates aus.

1.2 Übersetzung des NcI

Die passivischen Ausdrücke *dīcitur*, *trāditur*, *fertur* (*dīcuntur* usw.) und *vidētur*/*videntur* können folgendermaßen wiedergegeben werden:

1. **wörtlich**: es wird gesagt, überliefert, berichtet, dass ...; es scheint, dass ...;
2. durch **Umschreibung mit „sollen"** bzw. **„scheinen"**: er, sie, es soll (erfunden) ... haben bzw. er, sie, es scheint (zu loben);
3. mit einem **eingeschobenen Satz**: wie man sagt/überliefert/berichtet; wie es scheint.

★ 2 Deponentien der Konsonantischen und der kurzvokalischen ĭ-Konjugation

Die Deponentien der Konsonantischen und der kurzvokalischen ĭ-Konjugation werden wie die dir bekannten Verben *mittere* (Kons. Konjugation) und *capere* (kurzvokalische ĭ-Konjugation) im Passiv konjugiert. Eine vollständige Übersicht findest du in Tab. VI1/2, S. 171f.
Ihre passivischen Formen werden aktivisch übersetzt.

2.1 Konjugationsschema Präsensstamm

		Konsonantische Konjugation	ĭ-Konjugation (kurzvokalisch)
	Infinitiv	*(zu) folgen* sequ-ī	*(zu) dulden* pat-ī
Präsens	Indikativ		
	ich folge, ...	sequ-or sequ-*e*-ris sequ-*i*-tur sequ-*i*-mur sequ-*i*-minī sequ-*u*-ntur	patĭ-or patĕ-ris patĭ-tur patĭ-mur patĭ-minī patĭ-*u*-ntur
	Konjunktiv		
		sequ-a-r sequ-āris *usw.*	patĭ-a-r patĭ-āris *usw.*
Imperfekt	Indikativ		
	ich folgte, ...	sequ-ēbar sequ-ēbāris *usw.*	patĭ-ēbar patĭ-ēbāris *usw.*
	Konjunktiv		
		sequ-*e*-rer sequ-*e*-rēris *usw.*	patĕ-rer patĕ-rēris *usw.*
Futur I	*ich werde folgen, ...*	sequ-ar sequ-ēris *usw.*	patĭ-ar patĭ-ēris *usw.*
	Imperativ		
	folge! *folgt!*	sequ-*e*-re! sequ-*i*-minī!	patĕ-re! patĭ-minī!
	Partizip		
	folgend	sequ-*ē*-ns, -ntis	patĭ-*ē*-ns, -ntis

2.2 Konjugationsschema Perfektstamm

		Konsonantische Konjugation	ĭ-Konjugation (kurzvokalisch)
	Infinitiv	*gefolgt (zu) sein* secūtum/-am esse	*geduldet (zu) haben* passum/-am esse
Indikativ **Perfekt**	*ich bin gefolgt, …*	secūtus, -a, -um sum *usw.* secūtī, -ae, -a sumus *usw.*	passus, -a, -um sum *usw.* passī, -ae, -a sumus *usw.*
Konjunktiv **Perfekt**		secūtus, -a, -um sim *usw.* secūtī, -ae, -a sīmus *usw.*	passus, -a, -um sim *usw.* passī, -ae, -a sīmus *usw.*
Indikativ **Plqupf.**	*ich war gefolgt, …*	secūtus, -a, -um eram *usw.* secūtī, -ae, -a erāmus *usw.*	passus, -a, -um eram *usw.* passī, -ae, -a erāmus *usw.*
Konjunktiv **Plqupf.**		secūtus, -a, -um essem *usw.* secūtī, -ae, -a essēmus *usw.*	passus, -a, -um essem *usw.* passī, -ae, -a essēmus *usw.*
Futur II	*ich werde gefolgt sein, …*	secūtus, -a, -um erō *usw.* secūtī, -ae, -a erimus *usw.*	passus, -a, -um erō *usw.* passī, -ae, -a erimus *usw.*

40 Gerundium

F

Du weißt, dass im Deutschen ein **Verb** (und zwar der Infinitiv) durch den Artikel zum **Substantiv** gemacht werden kann:
(zu) erzählen ⟶ **das** Erzählen – **des** Erzählens . . .
Der **substantivierte Infinitiv** (**Verbalsubstantiv**) kann also dekliniert werden.

Betrachte folgende Sätze:

① (Das) **Erzählen** ist schön. — **Nārrāre** pulchrum est.
② Die Kunst **des Erzählens** ist schwierig. — Ars **nārrandī** difficilis est.
③ Nicht alle sind **zum Erzählen** fähig. — Nōn omnēs **ad nārrandum** idōneī sunt.

Im Lateinischen hat der **substantivierte Infinitiv** im Nominativ die Form des Infinitiv Präsens Aktiv. Für die anderen Kasus gibt es eine **besondere Bildungsweise**:

	Bedeutungsteil im Präsensstamm	Signalteil	
nārrāre	nārra -	nd——ī	des Erzählens
	(ad) nārra -	nd——um	(zum) Erzählen

↑ nd-Zeichen ↑ Kasus-Zeichen

Diese veränderte Form des substantivierten Infinitivs heißt

Gerundium .

S

Das **Gerundium** bildet im Bauwerk des Satzes das Bauteil **Attribut** (Was für eine Kunst? Die des Erzählens.) oder **Adverbiale** (Wozu sind sie fähig? Zum Erzählen.).

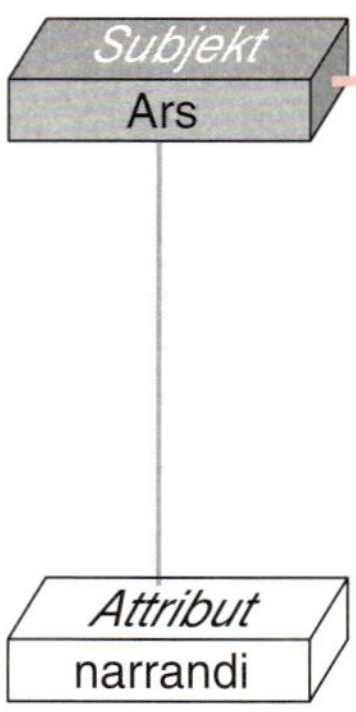

Die Kunst des Erzählens ist schwierig.

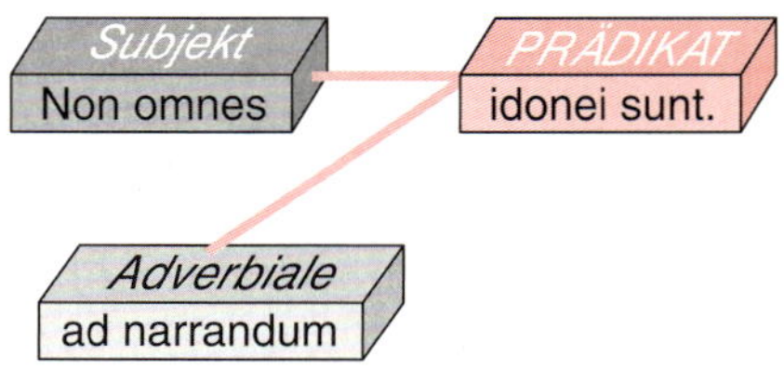

Nicht alle sind fähig zum Erzählen.

1 Gerundium

1.1 Erscheinungsform

① Archimēdī ars **inveniendī** erat.	Archimedes besaß die Kunst **des Erfindens/zu erfinden.**
② Māchinae[1] eius idōneae erant et **ad expūgnandum** et **ad dēfendendum;** eīs Syrācūsānī diū parātī erant **ad resistendum.**	Seine Kriegsmaschinen waren sowohl geeignet **zum Erobern** als auch **zum Verteidigen;** mit diesen waren die Syrakusaner lange bereit, **Widerstand zu leisten.**
③ Archimēdēs **contemplandō** et **experiendō** multās rēs perspexit.	Archimedes hat **durch Betrachten** und **Erproben** viele Dinge durchschaut.
④ Itaque **in inveniendō** māgna praestitit.	Deshalb hat er **im Erfinden** Großes geleistet.
⑤ Etiam *multās rēs bene* **gerendō** patriam servāre cōnātus est.	Auch versuchte er **dadurch, dass er** *vieles gut* **durchführte,** die Heimatstadt zu retten.

◀▶ Du erkennst:

1. Der **Infinitiv** kann im Lateinischen **dekliniert** werden. Er nimmt dann – außer im Nominativ – eine besondere Form an. Diese besteht aus dem Bedeutungsteil im Präsensstamm,
   dem -**nd**-Zeichen
   und dem Signalteil der o-Deklination im Singular. Sie heißt Gerundium .
2. Das Gerundium kommt meist nur im Genitiv ①, Akkusativ ② und Ablativ ③–⑤ vor.
3. Es kann durch ein Adverb und/oder Objekt erweitert sein ⑤.
4. Die **Übersetzung** erfolgt durch ein **Substantiv** ①–④. Im **Genitiv** und **Akkusativ** kann das Gerundium auch durch einen **Infinitiv mit „zu"** wiedergegeben werden ①/②.
5. Der **Ablativ** wird oft mit einem **Gliedsatz** wiedergegeben ⑤.

1.2 Deklinationsschema

Nom.	nārrāre	das Erzählen	experīrī	das Erproben
Gen.	nārra-nd-ī	des Erzählens	experi-*e*-nd-ī	des Erprobens
Dat.	–	–	–	–
Akk.	ad nārra-nd-um	zum Erzählen	ad experi-*e*-nd-um	zum Erproben
Abl.	nārra-nd-ō	durch Erzählen	experi-*e*-nd-ō	durch Erproben
	in nārra-nd-ō	beim Erzählen	in experi-*e*-nd-ō	beim Erproben

Merke dir:

īre, e-*u*-nd-ī *usw.*: gehen/das Gehen, des Gehens *usw.*

41 Genitiv der Teilung (Genitivus partitivus) – ★ Konjunktiv in Hauptsätzen

1 Genitiv der Teilung (Genitivus partitivus)

Die Not der Menschen am Vesuv:

① **Māxima pars hominum** ex oppidīs fugere cōnābātur.	**Der größte Teil der Menschen** versuchte, aus den Städten zu fliehen.
② Nē eīs quidem **satis temporis** erat.	Nicht einmal sie hatten **genug Zeit**.
③ **Miserrimī omnium** erant līberī et mulierēs.	**Die Unglücklichsten von allen** waren die Kinder und Frauen.
④ Eīs enim nōn **tantum vīrium** erat, ut ē perīculō ēvāderent.	Sie besaßen nämlich nicht **so viel Kräfte,** dass sie der Gefahr entkommen konnten.
⑤ **Quid auxiliī** exspectāre poterant?	**Was an Hilfe/Welche Hilfe** konnten sie erwarten?

◄► Du erkennst:
1. Der Genitiv kann auch eine **Menge** bezeichnen. Von dieser Menge wird ein Teil näher angegeben. Der Genitiv wird deshalb **„Genitiv der Teilung"** genannt.
2. Der Genitiv der Teilung steht **nach Mengenangaben** wie *pars* ①, *satis* ②, *tantum* ④ sowie **nach Superlativen** wie *miserrimī* ③ und dem **Interrogativ-Pronomen** *quis?/quid?* ⑤.

Merke dir:

pars hominum	ein Teil der Menschen	tantum aquae	so viel Wasser (des Wassers)
satis verbōrum	genug Worte		
fortissimī omnium	die Tapfersten von allen	quid auxiliī?	welche Hilfe?

★ 2 Konjunktiv in Hauptsätzen

S

Du weißt, dass der **Modus** im **Hauptsatz** entweder der Indikativ oder der Imperativ ist. Im Hauptsatz kann aber auch der **Konjunktiv** stehen.

① Nēmō hoc *crēdat.*	② *Vīvat!*	③ Cūr nōn *redeam*?
Niemand *dürfte* das *glauben.*	*Er soll leben!*	Warum *soll ich* nicht *zurückkehren*?

Der **Konjunktiv Präsens** drückt dabei
① eine **Möglichkeit,** ② einen **Wunsch** bzw. einen **Befehl,** ③ eine **Überlegung** aus.
Im Deutschen erfolgt eine Umschreibung mit „können", „dürfen", „sollen".

④ *Nē clāmāveritis! – Schreit nicht!*

Der **Konjunktiv Perfekt** der **2. Person** drückt zusammen mit *nē* ④ einen **verneinten Befehl** aus und wird im Deutschen als **Verbot** wiedergegeben.

2.1 Verwendung

Stimmengewirr im dichten Aschenregen am Vesuv:

①	„Cinis omnia citō *tegat*.“	„Die Asche *kann* schnell alles *bedecken*.“
	„Spēs nōbīs nōn iam *sit*.“	„Hoffnung *dürfte* uns keine mehr *bleiben*.“
②	„Omnēs *currant*!“	„Alle *sollen laufen*!“
	„Nēmō *cōnsīdat*!“	„Niemand *soll sich setzen*!“
③	*„Proficīscāmur!“*	*„Lasst uns aufbrechen!“*
④	„Utinam nōbīs auxiliō *veniātis*!“	*„Hoffentlich kommt ihr* uns zu Hilfe!/ *Kommt* uns *doch (bitte)* zu Hilfe!“
	„(Utinam) nē *cessētis*!“	*„Hoffentlich zögert ihr* nicht!“
⑤	„Quō *fugiāmus*?“	„Wohin *sollen wir fliehen*?“
⑥	*„Nē timueritis!“*	*„Fürchtet euch nicht!“*

◀▶ Du erkennst:

1. In **Aussage**- und **Aufforderungssätzen** kann der **Konjunktiv Präsens** oder **Konjunktiv Perfekt** stehen.
2. Der **Konjunktiv Präsens** kann eine **Möglichkeit** ①, einen **Befehl** ②, eine **Aufforderung** ③ oder einen **Wunsch** ④ ausdrücken. Der Wunsch wird dabei häufig mit *utinam (nē)* eingeleitet.
3. Der **Konjunktiv Perfekt** der **2. Person** drückt zusammen mit *nē* ein **Verbot** ⑥ aus.
4. In **Fragesätzen** kann der **Konjunktiv Präsens** stehen. Er drückt eine **Überlegung** ⑤ aus.
5. Für die Übersetzung des Konjunktivs in Hauptsätzen ist häufig eine Umschreibung mit „können“, „dürfen“ und „sollen“ notwendig (vgl. G 41, 1.2).

2.2 Zusammenfassende Übersicht

Tempus	Sinnrichtung	Deutsche Wiedergabe
Konjunktiv Präsens:		
① Aussage über eine Möglichkeit (Negation: nōn)	Potentialis	Umschreibung mit „können“, „dürfen“
② Befehl meist an die 3. P. Sg./Pl. (Negation: nē)	Jussiv	Umschreibung mit „sollen“
③ Aufforderung an die 1. P. Pl. (Negation: nē)	Hortativ	Umschreibung mit „lass(t) uns“
④ Wunsch meist an die 2. P. Sg./Pl., häufig eingeleitet durch *utinam* (Negation: [utinam] nē)	Optativ	Umschreibung mit „hoffentlich“, „doch (bitte)“
⑤ Überlegende Frage an die 1. P. Sg./Pl. (Negation: nōn)	Deliberativ	Umschreibung mit „sollen“
Konjunktiv Perfekt:	Prohibitiv	Verbot
⑥ Verneinter Befehl an die 2. P. Sg./Pl.		

42 ★ Semideponentien – ★ FIERI

F

Du weißt, dass Deponentien Verben sind, deren passivische Formen aktivische Bedeutung haben.
Im Lateinischen gibt es aber auch „halbe“ Deponentien:

	Präsensstamm	Perfektstamm	
ich freue mich	gaudeō	gāvīsus sum	ich habe mich gefreut
ich vertraue	cōnfīdō	cōnfīsus sum	ich habe vertraut
ich kehre zurück	revertor	revertī	ich bin zurückgekehrt

Solche Verben sind entweder nur im Präsensstamm oder nur im Perfektstamm Deponentien.

Man nennt sie deshalb Semideponentien .

(„Halb-Deponentien“, vgl. Semifinale = Halbfinale)

★ 1 Semideponentien

1.1 Erscheinungsform

① Trachāliō Palaestrae auxiliō venīre **audet/ausus est.**	Trachalio **wagt es/hat es gewagt,** Palaestra zu Hilfe zu kommen.
② Paucī **solent/solitī sunt** miserīs adesse.	Wenige **sind es gewohnt/waren es gewohnt,** den Unglücklichen beizustehen.
③ Palaestra dē hūmānitāte servī **gaudet/gāvīsa est.**	Palästra **freut sich** über die Menschlichkeit des Sklaven/**hat sich ... gefreut.**
④ Daemonēs semper auxiliō deōrum **cōnfīdit/cōnfīsus est.**	Daemones **vertraut** immer auf die Hilfe der Götter/**hat ... vertraut.**
⑤ Subitō cognōvit: Fīlia ad patrem **revertitur/revertit.**	Plötzlich erkannte er: Die Tochter **kehrt** zum Vater **zurück/ist ... zurückgekehrt.**

◀▶ Du erkennst:

1. Es gibt Verben, die nur teilweise die Merkmale eines Deponens – passivische Form und aktivische Bedeutung – aufweisen. Dies kann entweder im Perfektstamm ①–④ oder im Präsensstamm ⑤ der Fall sein.
2. Solche Verben sind also „halbe“ Deponentien. Man nennt sie deshalb

Semideponentien .

1.2 Stammformen

audeō	ausus, -a, -um sum	–	audēre	wagen
cōnfīdō	cōnfīsus, -a, -um sum	–	cōnfīdere	vertrauen
gaudeō	gāvīsus, -a, -um sum	–	gaudēre	sich freuen
soleō	solitus, -a, -um sum	–	solēre	gewohnt sein, pflegen
revertor	revertī	reversus	revertī	zurückkehren

★ 2 FIERI

2.1 Erscheinungsform

① Calamitās fit/facta est.	Es geschieht/geschah ein Unglück.
② Fīat lūx!	Es werde Licht!
③ Et lūx facta est.	Und es wurde Licht/Und Licht ist gemacht worden.

◀▶ Du erkennst:

1. *fierī* hat nur Formen des Präsensstammes.
2. Diese Formen ersetzen die fehlenden Passivformen des Präsensstammes von *facere* ①/②.
3. Die Perfektformen sind identisch mit den Formen des Perfekt Passiv von *facere* ①/③.

2.2 Konjugationsschema

	Präsens		*Imperfekt*		*Futur I*
	Indikativ	Konjunktiv	Indikativ	Konjunktiv	
	ich werde		*ich wurde*		*ich werde werden*
1. P. Sg.	fī-ō	fī-a-m	fī-ē-ba-m	fi-*e*-re-m	fī-a-m
2. P. Sg.	fī-s	fī-ā-s	fī-ē-bā-s	fi-*e*-rē-s	fī-ē-s
3. P. Sg.	fi-t	fī-a-t	fī-ē-ba-t	fi-*e*-re-t	fī-e-t
1. P. Pl.	fī-mus	fī-ā-mus	fī-ē-bā-mus	fi-*e*-rē-mus	fī-ē-mus
2. P. Pl.	fī-tis	fī-ā-tis	fī-ē-bā-tis	fi-*e*-rē-tis	fī-ē-tis
3. P. Pl.	fī-*unt*	fī-a-nt	fī-ē-ba-nt	fi-*e*-re-nt	fī-e-nt
Infinitiv	fierī				

2.3 Stammformen

fīō factus sum fierī	geschehen, werden; gemacht werden

Akkusativ:
Singular/Plural

tam/-as
-um/-os
-um/-a

43 Gerundivum-V – Demonstrativ-Pronomen IDEM, EADEM, IDEM – ★ Indefinit-Pronomen ALIQUIS, ALIQUID/ALIQUI, ALIQUA, ALIQUOD

Du weißt, dass das Gerundium ein substantivierter Infinitiv ist und drei verschiedene Signalteile haben kann: *-ndī* (Gen.), *-ndum* (Akk.) und *-ndō* (Abl.).

Betrachte nun folgende Sätze:

① Ars fābulae nārrandae difficilis est.	Die Kunst, eine Geschichte zu erzählen, ist schwierig.
② Quis ad iuvenēs docendōs idōneus est?	Wer ist zum Unterrichten junger Menschen geeignet?/Wer ist geeignet, junge Menschen zu unterrichten?

Die Formen *nārrandae* und *docendōs* ähneln einem Gerundium, haben aber einen anderen Signalteil: *-nd-**ae**/-nd-**ōs***. Es fällt auf, dass dieser Signalteil jeweils in **Kasus**, **Numerus** und **Genus** mit *fābulae* bzw. *iuvenēs* übereinstimmt.
Aus dem **Verb** *nārrāre/docēre* ist der Form nach ein **Adjektiv** geworden, das einem Substantiv als **Attribut** „hinzugefügt" worden ist.
Diese **Adjektivform des Verbs** heißt

Gerundivum .

F

Sie wird folgendermaßen gebildet:

	Bedeutungsteil im Präsensstamm	Signalteil
nārrāre docēre	nārra- doce-	nd——us, -a, -um

↑ nd-Zeichen ↑ Kasus-Zeichen (der Adjektive der ā-/o-Deklination)

Die Verbindung ars ***fābulae nārrandae*** bzw. **ad *iuvenēs docendōs*** drückt einen **Vorgang** aus („die Kunst, *eine Geschichte zu erzählen*"/„zum *Unterrichten junger Menschen*").
Wir nennen eine solche **Konstruktion** deshalb

Gerundivum-V .

S

Das **Gerundivum-V** bildet im Bauwerk des Satzes das Bauteil **Attribut** oder **Adverbiale**.

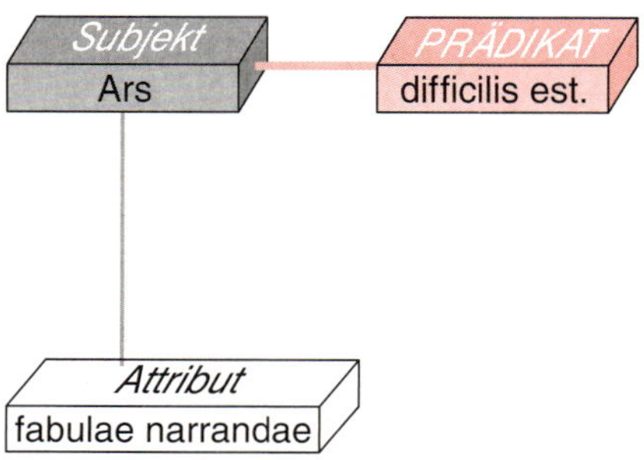

Die Kunst, eine Geschichte zu erzählen, ist schwierig.

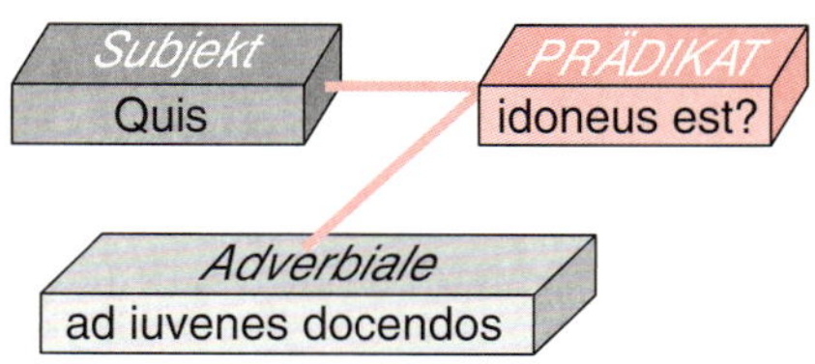

Wer ist zum Unterrichten junger Menschen geeignet?

1 Gerundivum-V

1.1 Erscheinungsform

Critognātus:	*Critognatus:*
① „Undique Gallī **ad patriam dēfendendam** veniunt.	„Von überallher kommen die Gallier **zur Verteidigung der Heimat/, um die Heimat zu verteidigen.**
② **Lībertātis servandae causā** pūgnant.	Sie kämpfen **für die** (**wegen der**) **Erhaltung der Freiheit/ , um die Freiheit zu erhalten.**
③ **Labōribus ferendīs** vincēmus.	Wir werden siegen **durch Ertragen von Leiden/dadurch, dass wir Leiden ertragen.**
④ Nōbīs quoque ars **bellī gerendī** est.	Auch wir besitzen die Kunst **der Kriegsführung/, einen Krieg zu führen.**
⑤ Utāmur virtūte **in hostibus arcendīs**!“	Lasst uns Tapferkeit zeigen **bei der Abwehr der Feinde/ , wenn wir die Feinde abwehren**!“

◀▶ Du erkennst:

1. **Alle** im Text vorkommenden nd-Formen haben ein **Bezugswort**, mit dem sie in **Kasus, Numerus** und **Genus** übereinstimmen, z. B. *patriam dēfendendam* ①. Sie werden der Form nach wie ein Adjektiv verwendet und können demnach alle Kasus-Zeichen der ā-/o-Deklination aufweisen.

   Diese **Adjektivform des Verbs** nennen wir Gerundivum .

2. Das Gerundivum und sein Bezugswort bilden eine **Gerundiv-Konstruktion**. Diese Konstruktion drückt immer einen **Vorgang** aus (z. B. ① *ad patriam dēfendendam*: zur Verteidigung der Heimat).

   Wir nennen diese Konstruktion deshalb Gerundivum-V .

1.2 Übersetzungsweg

1. Quis est idōneus **ad urbem dēfendendam?**

Übersetzungsmöglichkeiten:
① Wer ist geeignet **zur Verteidigung der Stadt**?
② Wer ist geeignet, **die Stadt zu verteidigen**?

2. Rōmānōrum cupiditās erat **orbis terrārum pācandī.**

Übersetzungsmöglichkeiten:
① Das Bestreben der Römer war **die Unterwerfung der Welt.**
② Das Bestreben der Römer war es, **die Welt zu unterwerfen.**

3. **Nātūrā contemplandā** philosophus plūrima cognōscit.

Übersetzungsmöglichkeiten:
① **Durch die Betrachtung der Natur** erkennt der Philosoph sehr viel.
② **Durch Naturbetrachtung** erkennt der Philosoph sehr viel.
③ **Dadurch, dass er die Natur betrachtet**, erkennt der Philosoph sehr viel.

◀▶ Du erkennst:

1. Es gibt verschiedene Möglichkeiten, das Gerundivum-V im Deutschen wiederzugeben.
2. Das Gerundivum-V lässt sich immer durch ein **Vorgangssubstantiv** und das **Bezugswort als Genitiv-Attribut** übersetzen ①.

	Substantiv	Gerundivum	Vorgangssubstantiv	Genitiv-Attribut
ad	urbem	dēfendendam	zur Verteidigung	der Stadt
Lateinisch			Deutsch	

3. Eine bessere deutsche Formulierung erhält man durch die Wiedergabe des Gerundivum-V:
   - mit einem **Infinitiv** (mit Objekt): 1. ②, 2. ②,
   - mit einem **zusammengesetzten Substantiv**: 3. ②,
   - mit einem **Gliedsatz**: 3. ③.

1.3

Quis tibī **hunc librum legendum** dedit?	Wer hat dir **dieses Buch zum Lesen** gegeben?

Gelegentlich dient das **Gerundivum-V** nach bestimmten Verben (wie *trādere/dare* „übergeben/überlassen") zur **Bezeichnung eines Zwecks**.

2 Demonstrativ-Pronomen IDEM, EADEM, IDEM

2.1 Erscheinungsform

① Nihil novī sub sōle, sed semper **idem**.	Nichts Neues unter der Sonne, sondern immer **dasselbe**.
② Philosophī[!] tum nōndum **eāsdem** rēs cognōvērunt, quās hodiē.	Die Philosophen haben damals noch nicht **dieselben** Dinge erkannt wie heute (welche sie heute erkannt haben).

◀▶ Du erkennst:

1. Das **Demonstrativ-Pronomen *īdem, eadem, idem*** drückt die **Gleichheit (Identität)** mit etwas Bekanntem oder Erwähntem aus.
2. Es wird entweder substantivisch ① oder adjektivisch ② gebraucht.

2.2 Deklinationsschema

īdem, eadem, idem
derselbe, dieselbe, dasselbe

	Singular m	f	n	Plural m	f	n
Nom.	īdem	eadem	idem	iīdem	eaedem	eadem
Gen.	eiusdem	eiusdem	eiusdem	eōrundem	eārundem	eōrundem
Dat.	eīdem	eīdem	eīdem	eīsdem (iīsdem)	eīsdem (iīsdem)	eīsdem (iīsdem)
Akk.	eundem	eandem	idem	eōsdem	eāsdem	eadem
Abl.	cum eōdem	cum eādem	eōdem	cum eīsdem (iīsdem)	cum eīsdem (iīsdem)	eīsdem (iīsdem)

★ 3 Indefinit-Pronomen ALIQUIS, ALIQUID/ALIQUI, ALIQUA, ALIQUOD

3.1 Erscheinungsform

① Dīcat **aliquis** Critognātum barbarum esse.	Es könnte **jemand** sagen, dass Critognatus ein Barbar ist.
② Sī **quid** dē Gallīs scīs, nārrā mihī!	Wenn du **etwas** über die Gallier weißt, erzähl es mir!
③ **Aliquī** multa dē mōribus Gallōrum sciunt.	**Einige (Irgendwelche)** wissen viel über die Sitten der Gallier.
④ Quis eōrum nōn **aliquam** artem didicit?	Wer von ihnen hat nicht **irgendeine** Kunst gelernt?

◀▶ Du erkennst:

1. Das **Indefinit-Pronomen** ***aliquis, aliquid/aliquī, aliqua, aliquod*** bezeichnet eine **unbestimmte Person** oder **Sache**: irgendjemand, irgendetwas/irgendein, irgendeine, irgendein.
2. Es wird substantivisch ①–③ oder adjektivisch ④ gebraucht.
3. Nach bestimmten Wörtern, wie z. B. *sī, nisī* und *nē*, erscheinen nur die Formen *quis, quid/quī, qua, quod* ②.
4. Die Pluralform *aliquī* bedeutet „irgendwelche/einige“ ③.

3.2 Deklinationsschema

	substantivisch		**adjektivisch**					
	irgendjemand, irgendetwas		*irgendein, irgendeine, irgendein*					
			Singular			**Plural**		
	m/f	n	m	f	n	m	f	n
Nom.	aliquis	aliquid	aliquī	aliqua	aliquod	aliquī	aliquae	aliqua
Gen.	alicuius		alicuius	alicuius	alicuius	aliquōrum	aliquārum	aliquōrum
Dat.	alicui		alicui	alicui	alicui	aliquibus	aliquibus	aliquibus
Akk.	aliquem	aliquid	aliquem	aliquam	aliquod	aliquōs	aliquās	aliqua
Abl.	cum aliquō		cum aliquō	cum aliquā	aliquō	cum aliquibus	cum aliquibus	aliquibus

44 Gerundivum-N – ★Indefinit-Pronomen QUIDAM, QUAEDAM, QUODDAM

Du hast die Adjektivform des Verbs, das Gerundivum, bereits kennen gelernt und weißt, dass dieses zusammen mit einem Bezugswort die Konstruktion eines Gerundivum-V bildet. Das **Gerundivum** lässt sich aber auch **mit** einer Form von ***esse*** verbinden.

① Lēgēs **servandae sunt.**	Die Gesetze **sind zu beachten/ müssen beachtet werden.**
② Lēgēs **neglegendae nōn sunt.**	Gesetze **sind nicht zu missachten/ dürfen nicht missachtet werden.**

S1

Das mit einer **Form von *esse*** verbundene **Gerundivum** drückt immer eine **Notwendigkeit** aus. Wir nennen eine solche Konstruktion deshalb

Gerundivum-N .

S2

③ **Omnibus** lēgēs **servandae sunt.**	**Von allen** sind die Gesetze zu beachten./ **Von allen** müssen die Gesetze beachtet werden./ **Alle** müssen die Gesetze beachten.

Ein **Dativ** drückt beim Gerundivum-N in der Regel die **Person** aus, **die etwas tun muss.** Damit ist gleichsam der „Urheber“ der Handlung bezeichnet.
Wir nennen diesen Dativ deshalb

Dativus auctoris (Dativ des Urhebers).

S3

Das **Gerundivum-N** bildet im Bauwerk des Satzes das Prädikatsnomen im Bauteil **Prädikat.**

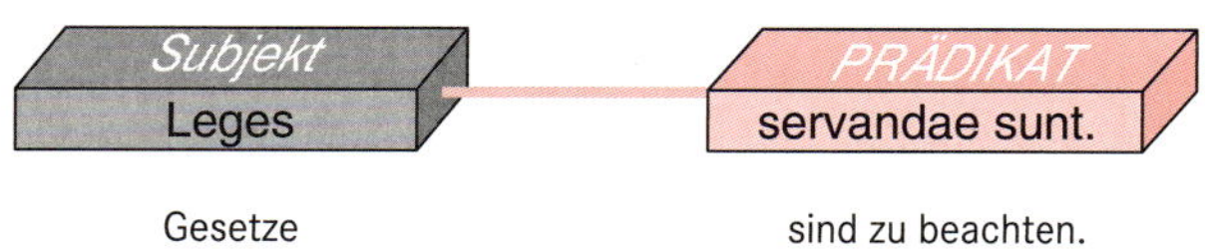

1 Gerundivum-N

1.1 Erscheinungsform

Seneca:	*Seneca*:
① Etiam servī **dīligendī sunt.**	Auch Sklaven **sind zu achten/müssen geachtet werden.**
② Servī **contemnendī nōn sunt.**	Sklaven **sind nicht zu verachten/dürfen nicht verachtet werden.**
③ Servīs hūmānē **ūtendum est.**	Mit den Sklaven **muss man** menschlich **umgehen.**
④ *Dominīs* servī tamquam hominēs **habendī sunt.**	*Von den Herren* **müssen** die Sklaven wie Menschen **behandelt werden.**/*Die Herren* **müssen** die Sklaven wie Menschen **behandeln.**

◀▶ Du erkennst:

1. Das Gerundivum ist hier mit einer Form von *esse* verbunden und bildet das Prädikat des Satzes.
2. Bei **transitiven Verben** (Verben, die einen Akkusativ nach sich ziehen, z. B. *dīligere*) stimmt es in **Kasus, Numerus** und **Genus** mit dem **Subjekt** überein (**KNG-Kongruenz**).
   Wir sprechen auch von einer **persönlichen Konstruktion** ①/②/④.
3. Bei **intransitiven Verben** (Verben, die keinen Akkusativ nach sich ziehen, z. B. *īre*, oder mit einem anderen Kasus verbunden werden, z. B. *ūtī*) liegt kein eigenes Subjekt vor. Das Gerundivum erscheint deshalb im **Neutrum Singular** ③.
   Wir sprechen von einer **unpersönlichen Konstruktion** („man").
4. Das Gerundivum in Verbindung mit *esse* drückt immer eine **Notwendigkeit** aus. Wir nennen diese Konstruktion **Gerundivum-N**.
5. Ein **Dativ** beim **Gerundivum-N** bezeichnet meist die **Person**, die etwas **tun muss** oder **nicht tun darf**; er drückt also den „Urheber" der Handlung aus.
   Wir nennen diesen Dativ deshalb **Dativus auctoris** ④.

1.2 Übersetzungsweg

1. Officia explenda sunt.

Übersetzungsmöglichkeiten:
① Die Pflichten sind zu erfüllen.
② Die Pflichten müssen erfüllt werden.
③ Man muss die Pflichten erfüllen.

2. Acriter audiendum est.

Übersetzungsmöglichkeiten:
① Es ist aufmerksam zuzuhören.
② Es muss aufmerksam zugehört werden.
③ Man muss aufmerksam zuhören.

3. Hoc neglegendum nōn est.

Übersetzungsmöglichkeiten:
① Dies ist nicht zu vernachlässigen.
② Dies darf nicht vernachlässigt werden.
③ Man darf dies nicht vernachlässigen.

4. Hominī/Hominibus lēgēs servandae sunt.

Übersetzungsmöglichkeiten:
① Die Gesetze sind vom Menschen/von den Menschen zu beachten.
② Die Gesetze müssen vom Menschen/von den Menschen beachtet werden.
③ Der Mensch muss/die Menschen müssen die Gesetze beachten.

◀▶ Du erkennst:

1. Es gibt verschiedene Möglichkeiten, das Gerundivum-N im Deutschen wiederzugeben.
2. Das Gerundivum-N lässt sich oft durch „...ist zu.../... sind zu..." ①, der Dativus auctoris 4. ①/② mit „von..." übersetzen.
3. Eine bessere deutsche Formulierung erhältst du, wenn du das Gerundivum-N wiedergibst:
   - mit „müssen/nicht dürfen", wobei das Verb im Passiv bleibt ②,
   - durch Umschreibung mit „man muss" bei einer unpersönlichen Konstruktion 2. ③,
   - durch die Verwandlung ins Aktiv, wobei der Dativus auctoris zum Subjekt wird 4. ③:

Dativus auctoris	Subjekt	Prädikat	Subjekt	Prädikat (im Aktiv)	Objekt
Hominī / *Hominibus*	lēgēs	**servandae sunt.**	*Der Mensch* / *Die Menschen*	**muss** / **müssen**	die Gesetze **beachten.**
Lateinisch			Deutsch		

Beachte:

Mihī pārendum est.	**Ich** muss gehorchen. (*mihī:* Dativus auctoris) **Mir** muss man gehorchen. (*mihī:* Dativ-Objekt)

★2 Indefinit-Pronomen QUIDAM, QUAEDAM, QUODDAM

2.1 Erscheinungsform

① Philosophus[1] **quīdam** scrīpsit: „Multī hominēs nātūrā servī sunt."	**Ein (bestimmter/gewisser)** Philosoph schrieb: „Viele Menschen sind von Natur aus Sklaven."
② **Quīdam** dē servīs nōn bene cōgitāvērunt.	**Manche (Gewisse Menschen)** haben von den Sklaven nicht gut gedacht.
③ Fuit **quoddam** tempus, quō dominīs iūs erat servōs necāre.	Es gab **eine (bestimmte)** Zeit, in der die Herren das Recht hatten, ihre Sklaven zu töten.

◀▶ Du erkennst:

1. Das **Indefinit-Pronomen** ***quīdam, quaedam, quoddam*** weist auf eine Person oder Sache hin, die **unbestimmt** bleiben soll ①–③.
2. Im Deutschen genügt dafür häufig der **unbestimmte Artikel** ①/③.

2.2 Deklinationsschema

quīdam, quaedam, quoddam*
ein gewisser (adjektivisch)

	Singular m	Singular f	Singular n	Plural m	Plural f	Plural n
Nom.	quīdam	quaedam	quoddam	quīdam	quaedam	quaedam
Gen.	cuiusdam	cuiusdam	cuiusdam	quōrundam	quārundam	quōrundam
Dat.	cuidam	cuidam	cuidam	quibusdam	quibusdam	quibusdam
Akk.	quendam	quandam	quoddam	quōsdam	quāsdam	quaedam
Abl.	cum quōdam	cum quādam	quōdam	cum quibusdam	cum quibusdam	quibusdam

*Bei substantivischem Gebrauch lautet der Nom./Akk. Sg. des Neutrums *quiddam*. Alle anderen Formen sind identisch.

45 Partizip Futur Aktiv (PFA) – Zeitverhältnisse

Du weißt, dass von fast jedem Verb ein Partizip Präsens Aktiv und ein Partizip Perfekt Passiv gebildet werden kann.
Im Gegensatz zum Deutschen gibt es im Lateinischen auch ein **Partizip Futur Aktiv** (PFA): ***nārrātūrus, -a, -um*** **„einer, der erzählen wird/will“.**

S1

In Verbindung **mit *esse*** bildet das PFA den **Infinitiv Futur Aktiv**.
Dieser drückt im AcI die **Nachzeitigkeit (Infinitiv der Nachzeitigkeit)** aus.

Spērō tē multa **nārrātūrum esse.** — Ich hoffe, dass du viel **erzählen wirst.**

S2

Das PFA kann auch **ohne** eine Form von ***esse*** stehen. Es bildet dann im Bauwerk des Satzes das Bauteil **Adverbiale**. Als **Participium coniunctum** (PC) drückt das PFA immer einen Vorgang aus, der **nach der Handlung des Prädikates** abläuft (**Partizip der Nachzeitigkeit**). Es erfasst eine Handlung, die man vollziehen will, und hat somit eine **finale Sinnrichtung**.

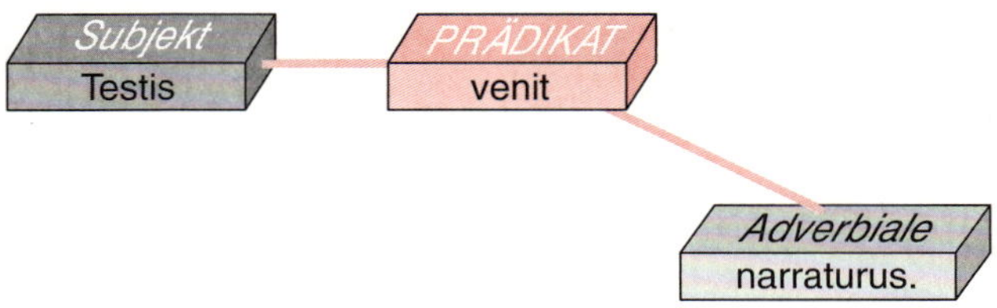

Der Zeuge — kommt, — um zu erzählen.

1 Partizip Futur Aktiv (PFA)

1.1 Erscheinungsform

Inf. Präs. Akt.	PFA	
servā—re	servā-**tūr**-us, -a, -um	einer, der retten wird/will
hortā—rī	hortā-**tūr**-us, -a, -um	einer, der ermahnen wird/will
audī—re	audī-**tūr**-us, -a, -um	einer, der hören wird/will
potī—rī	potī-**tūr**-us, -a, -um	einer, der sich bemächtigen wird/will
cape—re	cap-**tūr**-us, -a, -um	einer, der erobern wird/will
movē—re	mō-**tūr**-us, -a, -um	einer, der bewegen wird/will
monē—re	moni-**tūr**-us, -a, -um	einer, der mahnen wird/will
relinqu—*e*-re	relic-**tūr**-us, -a, -um	einer, der zurücklassen wird/will
incend—*e*-re	incēn-**sūr**-us, -a, -um	einer, der entflammen wird/will
iubē—re	ius-**sūr**-us, -a, -um	einer, der befehlen wird/will
es—se	fu-**tūr**-us, -a, -um	einer, der sein wird/will

PFA-Zeichen

-**tūr**-us, -a, -um
-**sūr**-us, -a, -um

◀▶ Du erkennst:
Das **Kennzeichen für das Partizip Futur Aktiv (PFA-Zeichen)** ist *-tūr-* oder *-sūr-*; an dieses treten die Endungen der Adjektive der ā-/o-Deklination *-us, -a, -um*.

1.2 Verwendung im AcI

① Iūdex dīxit sē hominem pessimum poenā **affectūrum esse.**	Der Richter sagte, er **werde** den äußerst üblen Menschen **bestrafen.**
② Hanc poenam gravem **futūram esse (fore)** addidit.	Dass diese Strafe schwer **sein werde,** fügte er hinzu.

◀▶ Du erkennst:

1. Das **Partizip Futur Aktiv (PFA)** stellt in Verbindung mit ***esse*** im AcI den **Infinitiv Futur Aktiv** dar; er drückt also die **Nachzeitigkeit (Infinitiv der Nachzeitigkeit)** aus ①/②.
2. Für den Infinitiv ***futūrum, -am, -um esse*** kann auch ***fore*** ② stehen.

1.3 Verwendung als Participium coniunctum (PC)

① Reus in iūdicium vēnit dē culpā suā **locūtūrus** sēque **dēfēnsūrus.**	Der Angeklagte kam in das Gericht, **um** über seine Schuld **zu reden** und **um** sich **zu verteidigen.**
② Multī accurrērunt huic iūdiciō pūblicō **interfutūrī.**	Viele sind herbeigeeilt, **weil sie** an diesem öffentlichen Prozess **teilnehmen wollten.**

◀▶ Du erkennst:

1. Das PFA kann als Participium coniunctum verwendet werden. Es hat ein Bezugswort, mit dem es in **Kasus, Numerus** und **Genus** übereinstimmt (**KNG-Kongruenz**).
2. Es drückt immer einen Vorgang aus, der **nach der Handlung des Prädikates** abläuft. Das **Zeitverhältnis** des PFA zum Prädikat ist somit **nachzeitig (Partizip der Nachzeitigkeit).**
3. Das PFA drückt dabei eine **Absicht** aus, hat also eine **finale Sinnrichtung.**
4. Das PC lässt sich im Deutschen mit einem **erweiterten Infinitiv** („um ... zu ...") ① oder mit dem Hilfsverb „wollen" in einem **Kausalsatz** („weil") ② wiedergeben.

2 Zeitverhältnisse

vorzeitig	*gleichzeitig*	*nachzeitig*
Pulchritudine terrae permoti Von der Schönheit des Landes beeindruckt,	**Quietem exspectantes** Weil sie Ruhe erwarten,	**Corpus et animum recreaturi** Um Leib und Seele zu erholen,

PC

multi in Italiam proficiscuntur ibique cognoscunt
reisen viele nach Italien und erkennen dort,

AcI

a Romanis praeclara monumenta relicta esse. dass von den Römern herrliche Denkmäler hinterlassen worden sind.	**Romae hodie quoque memoriam imperii Romani manere.** dass in Rom noch heute die Erinnerung an das Römische Reich fortbesteht.	**urbem Romam aeternam futuram esse (fore).** dass die Stadt Rom ewig sein wird.
vorzeitig	*gleichzeitig*	*nachzeitig*

Lateinische Schrift und Laute

Die lateinischen Schriftzeichen

Wusstest du, dass die Römer uns das Alphabet gebracht haben? In den ersten Jahrhunderten unseres Zeitalters breitete sich das Christentum in Europa aus und brachte auf diesem Wege den Völkern die lateinischen Schriftzeichen. Die Römer kannten zunächst nur Großbuchstaben (Majuskeln). Erst gegen Ende des Altertums, um 500 n. Chr., entwickelten sich aus ihnen die Kleinbuchstaben (Minuskeln). Das lateinische Alphabet umfasst nur 24 Buchstaben. Die Buchstaben j und w kommen nicht vor, k und z sind selten.

Die lateinischen Laute

VOKALE (SELBSTLAUTE)

Das Lateinische hat wie das Deutsche lange und kurze Vokale. Längen werden in unserer Sprache z. B. durch Vokalverdoppelung (z. B. Paar) oder Dehnung (z. B. Bahre) kenntlich gemacht.

1 Die lateinische Schreibweise verfügt nicht über diese Mittel zur Kennzeichnung langer Vokale. In dieser Begleitgrammatik wird deshalb die **Länge eines Vokals** durch einen **Strich (-) über dem Vokal** angegeben:

ā, ē, ī, ō, ū

2 Die **kurzen Vokale** werden in der Regel **nicht gekennzeichnet**; nur wenn ausdrücklich auf eine **Kürze hinzuweisen** ist, erscheint ein **Häkchen (˘) über dem Vokal**:

ă, ĕ, ĭ, ŏ, ŭ

3 Die Doppelvokale (Diphthonge) ae und oe werden wie die Umlaute ä und ö oder als zwei getrennte Laute a-e, o-e gesprochen.

KONSONANTEN (MITLAUTE)

4 Die Konsonanten sind im Lateinischen und Deutschen weitgehend gleich.
Zur Aussprache beachte:

Lautzeichen	*Schriftbild*	*Aussprache*		
i	imperium Iūlius	imperium Julius	**i** oder **j**	
c	Catō cōnsul cultūra	**K**ato **k**onsul **k**ultura	vor **a, o, u** immer **k**	
c	Caesar Cerēs Cicerō	**Z**aesar/**K**aesar **Z**eres/**K**eres **Z**i**z**ero/**K**i**k**ero	vor **ae, e, i** entweder **z** oder **k**	(je nach heutiger Sprachregion verschieden)
v	vīlla	**w**illa		

REGELN

Rechtschreibung

5 Lateinische Wörter werden in der Regel **kleingeschrieben** (z. B. *vīlla, scrībere, familia*). **Großgeschrieben** werden nur **Wörter am Satzanfang** sowie **Eigennamen** (z. B. *Rōma, Crēta, Colossēum*) und deren **Ableitungen** (z. B. *imperium Rōmānum*).

Silbentrennung

6 Die lateinischen Wörter werden wie die deutschen **nach Silben** getrennt (z. B. *cī-vi-tās*). **Zusammengesetzte Wörter** werden nach ihren **Bestandteilen getrennt** (z. B. *ex-spectāre*).

Betonungsregeln

7 **Zweisilbige Wörter** werden auf der **ersten Silbe betont**.

8 Für Wörter mit **drei und noch mehr Silben** ist stets die **vorletzte Silbe** ausschlaggebend für die **Betonung**. Du kannst dir merken:
a Wenn die **vorletzte Silbe lang** ist, dann wird **diese betont** (z. B. *amī́cus, clāmā́re*).
b Wenn die **vorletzte Silbe kurz** ist, wird die **drittletzte betont** (z. B. *ásĭnus, ártĭbus*).

9 Wenn die Konjunktion ***-que*** oder das Fragesignal ***-ne*** an ein Wort treten, wird in der Regel die **vorhergehende Silbe betont** (z. B. *pater mātérque; venītísne?*).

Lautregeln der Vokale und Konsonanten

Wie in anderen Sprachen werden auch im Lateinischen **Wörter verändert**, wenn ihnen eine andere Ausdrucksform gegeben werden soll.
Das betrifft die **Vokale** (z. B. *werden > geworden; geben > gab; gut > Güte*) und die **Konsonanten** (z. B. *haben > hatte*).

10 **Dehnung oder Schwund des Vokals**
vĭdeō > vīdī – **es**-te > **s**-unt

11 **Abschwächung eines Vokals**
tangō > tétigī

12 **Zusammenziehung von Vokalen**
*laudaō > laudō

13 **Angleichung eines Konsonanten**
a**d**-pellō > a**p**pellō – po**t**-sum > po**s**sum

14 **Verbindung von -s mit K-Laut**
lūc-s > lū**x** (lūcis) – rē**g-s** > rē**x** (rēgis)

Arbeiten am Text

Der folgende Text orientiert sich nur am Stoff der Lektionen 1–20. Wo Wörter ab Lektion 21 verwendet werden, sind diese in den Fußnoten angegeben. Diese Lehre vom Text kann also mit Beginn des zweiten Lernjahres verwendet werden.
Sätze sind in der Regel miteinander zu einem Text verbunden. Diese innere Verbundenheit nennt man den **„Zusammenhang“** (die **Kohärenz**) des Textes. Der Zusammenhang des Textes wird durch verschiedene sprachliche Elemente erreicht.

T 1 Textbeispiel

De Caesare et Vercingetorige

Romani oppidum Gallorum iam diu **obsidebant**. Ei summa inopia **laborabant**. Nam eis et cibus et aqua **deerant**. Neque tamen libertatis causa se Romanis dedere **volebant**. Nondum enim de salute **desperabant** eosque **exspectabant**, qui ex tota Gallia auxilium **dabant**. Etiam Vercingetorigem ducem egregium **habebant**. Tum Caesar milites celeri impetu oppidum capere ***iussit***. Statim illi portas ***fregerunt*** et trans muros ignem ***intulerunt***. Brevi Romani cum barbaris pugnam acrem ***pugnaverunt***. Galli autem sine timore mortis militibus Caesaris ***restiterunt***. Sed frustra salutem libertatemque suam ***defenderunt***. Mox Romani victoriam ***pepererunt***. Caesar Gallos arma deponere ***coegit***. Item Vercingetorigem, ducem eorum, se Romanis dedere ***iussit***. Is non ***negavit*** se ita facere. Itaque legatos ad Caesarem **mittit** iterumque se libertatis totius Galliae causa pugnavisse **demonstrat**. Deinde cum paucis in castra Romanorum **contendit**. Ibi Vercingetorix ex equo **desilit**, arma ad pedes Caesaris **proicit** seque ei **dedit**.

Die Fußnotenzählung entspricht der Zeilennummerierung.

1) **obsidēre (obsēdī, obsessum):** belagern 2) **inopia, -ae** f: Mangel 3) **dēesse (dēsum, dēfuī):** fehlen 4) **causā** (m. Gen.): um … willen, für **dēdere (dēdidī, dēditum):** ausliefern, übergeben 8) **celer, -is, -e:** schnell **impetus, -ūs** m: Angriff 9) **ille, illa, illud** (Gen. **illīus**, Dat. **illī**): jener **porta, -ae** f: Tor **mūrus, -ī** m: Mauer **īgnis, -is** m: Feuer **īnferre (īnferō, intulī, illātum):** hineintragen, hineinwerfen 10) **brevī:** kurz danach 11) **resistere (restitī, –):** Widerstand leisten 12) **frūstrā:** vergeblich 13) **victōria, -ae** f: Sieg **parere (pariō, peperī, partum):** erwerben, erringen 14) **dēpōnere (dēposuī, dēpositum):** niederlegen **cōgere (coēgī, coāctum):** zwingen **dēdere:** s. 4) 16) **facere (fēcī, factum):** machen, tun 17) **lēgātus, -ī** m: Gesandter 18) **causā** (m. Gen.): um … willen, für **dēmōnstrāre:** erklären, darlegen 19) **contendere (contendī, contentum):** eilen 20) **dēsilīre (dēsiluī, –):** herabspringen **pēs, pedis** m: Fuß **prōicere (prōiēcī, prōiectum):** hinwerfen 21) **dēdere:** s. 4)

Cäsar und Vercingetorix

Die Römer belagerten schon lange Zeit die Stadt der Gallier. Diese litten an höchstem Mangel. Denn es fehlten ihnen sowohl Nahrung als auch Wasser. Doch wollten sie sich um der Freiheit willen nicht den Römern ergeben. Noch gaben sie nämlich die Hoffnung auf Rettung nicht auf und warteten auf die, die dabei waren, aus ganz Gallien Hilfe zu bringen. Auch hatten sie in Vercingetorix einen hervorragenden Führer. Da gab Cäsar den Soldaten den Befehl, die Stadt durch schnellen Angriff zu erobern. Sofort brachen jene die Tore auf und schleuderten Feuer über die Mauern. Kurz danach kämpften die Römer mit den Barbaren einen erbitterten Kampf. Die Gallier jedoch leisteten ohne Angst vor dem Tod den Soldaten Cäsars Widerstand. Aber sie verteidigten ihr Leben und ihre Freiheit vergeblich. Bald errangen die Römer den Sieg. Cäsar zwang die Gallier, die Waffen niederzulegen. Ebenso befahl er Vercingetorix, ihrem Anführer, sich den Römern zu ergeben. Dieser lehnte es nicht ab, dies (so) zu tun. Deshalb schickt er Gesandte zu Cäsar und macht nochmals deutlich, dass er für die Freiheit von ganz Gallien gekämpft habe. Dann eilt er mit wenigen Leuten in das Lager der Römer. Dort springt Vercingetorix vom Pferd, wirft die Waffen vor Cäsars Füße und ergibt sich ihm.

T 2 Textaufbauende Elemente

In diesem Text sind die Wörter, die den **Zusammenhang** (die **Kohärenz**) bewirken, jeweils unterschiedlich markiert.
Solche textaufbauenden Elemente sind besonders:

1. **Konnektoren** („Satzverbinder"): Darunter versteht man all die Wörter, die die Sätze in eine **innere** (meist logisch stimmige) **Verbindung** bringen, vor allem Konjunktionen, Adverbien und Pronomina.

Ei (2), Nam (3), Neque tamen (4), enim (5), Etiam (7), Tum (8), Statim (9), Brevi (10), autem (11), Sed (12), Mox (13), Item (15), Is (16), Itaque (17), Deinde (19), Ibi (20)

2. **Personen-Verteilung:** Darunter versteht man die **Personen**, die an dem im Text erfassten Geschehen beteiligt sind; durch ihre Rolle und die wechselseitige Einwirkung treiben sie die Handlung voran.

Romani (1), Gallorum (1), Romanis (4), Vercingetorigem (7), Caesar (8), Romani (10), Galli (11), Caesaris (11), Romani (13), Caesar (14), Gallos (14), Vercingetorigem (15), Romanis (15), Caesarem (17), Romanorum (19), Vercingetorix (20), Caesaris (20)

3. **Tempus-Verwendung:** Darunter ist die besondere Verwendung der Tempora zu verstehen, die dem Geschehen ein bestimmtes Gepräge geben. In diesem Text kennzeichnet das **Imperfekt** den länger andauernden **Hintergrund eines Geschehens**; das **Perfekt** kennzeichnet, was im **Vordergrund des Geschehens**, meist in rascher Abfolge, geschieht. Das **Präsens** erfasst Vorgänge, die sich dem Leser **dramatisch vergegenwärtigen**, an denen er demnach sehr nahe teilnimmt („dramatisches Präsens"; vgl. G 26, 4).

Geschehenshintergrund:
obsidebant (1), **laborabant** (2), **deerant** (3), **volebant** (4), **desperabant** (5), **exspectabant** (6), **dabant** (6), **habebant** (7)

Geschehensvordergrund:
iussit (8), ***fregerunt*** (9), ***intulerunt*** (9), ***pugnaverunt*** (10), ***restiterunt*** (11), ***defenderunt*** (12), ***pepererunt*** (13), ***coegit*** (14), ***iussit*** (15), ***negavit*** (16)

mit dramatischer Vergegenwärtigung:
m i t t i t (17), **d e m o n s t r a t** (18), **c o n t e n d i t** (19), **d e s i l i t** (20), **p r o i c i t** (20), **d e d i t** (21)

4. **Sach- und Bedeutungsfelder:** Darunter versteht man Wörter und Wendungen, die zu einem **einheitlichen Bedeutungsbereich** gehören. Aufgrund ihres Vorherrschens bestimmen sie – als **Leitwörter** oder **Leitbegriffe** – das Thema des Textes.

Thema „Krieg/Kampf/Gewalt/Kapitulation“:

obsidebant (1), se dedere (4), milites (8), impetu (8), capere (8), portas fregerunt (9), ignem intulerunt (9), pugnam acrem pugnaverunt (10), militibus (11), restiterunt (11), defenderunt (12), victoriam pepererunt (13), arma deponere (14), se dedere (15), pugnavisse (18), castra (19), arma (20), se dedere (21)

Thema „Kampf für Leben und Freiheit“:

libertatis causa (4), de salute (5), salutem libertatemque (12), libertatis ... causa (18)

5. **Verweiswörter:** Darunter versteht man Wörter, die auf bereits **Erwähntes** oder noch **Kommendes** verweisen; das können Nomina, Pronomina oder auch Wortgruppen sein.

oppidum (1), ei (2), eis (3), eos (... qui) (6), ex tota Gallia (6), ducem egregium (7), milites (8), oppidum (8), illi (9), barbaris (10), militibus (11), arma (14), ducem (15), eorum (15), is (16), totius Galliae causa (18), arma (20), ei (21)

Stilmittel

Lateinische Texte sind meist kunstvoll gestaltet, in der Dichtung ebenso wie in der Prosa. Besonders die Reden zeichnen sich durch rhetorischen Schmuck aus. Damit will man auf die Zuhörer Eindruck machen; der Glanz der sprachlichen Gestaltung macht den Redner angesehen und begehrt. Zugleich aber unterstützt die Sprachform die Argumentation; sie beeinflusst die innere Einstellung der Angesprochenen, etwa der Richter oder der Senatoren, bei einem Prozess oder bei einem politischen Ereignis. Diese bewusste Steuerung von Geist und Seele der Zuhörer heißt in der Antike „Psychagogie“ (Seelenführung). Sie macht den Kern aller Redekunst aus, der auch heute unbestritten ist. Für diese schmückende und zugleich die Hörer emotional ansprechende Gestaltung der Rede stehen dem Rhetor eine Reihe von rhetorischen Mitteln zur Verfügung; sie sind gewissermaßen Mittel zur „psychischen Massage“ der Hörer. Seit der Antike gilt die Redekunst zudem als „Waffe“, mit der man auf den Gegner losgeht. Cicero war darin der anerkannte Meister.
Die wichtigsten Stilmittel werden im Folgenden an Beispielen aus der Rede Ciceros „Gegen Catilina“ verdeutlicht, die du im **Lektionstext 30** kennen gelernt hast.
Die Stilmittel sind hier nicht alphabetisch angeordnet, sondern werden in der Reihenfolge, wie sie im Text aufeinanderfolgen, (mit geringfügigen Änderungen und Ergänzungen) vorgeführt. Auf diese Weise kannst du die sich steigernde Wucht des Angriffs auf den politischen Gegner, die durch den Einsatz solcher Mittel angestrebt wird, unmittelbar nachvollziehen. Du spürst, wie die Gefühle der Hörer immer stärker erregt und gegen die angegriffene Person gerichtet werden.

1. **Rhetorische Frage:** Feststellung einer Tatsache oder Meinung in Form einer Frage, auf die man eigentlich keine Antwort erwartet; dadurch wird die Aufmerksamkeit der Hörer, v. a. wenn mehrere solcher Fragen aufeinanderfolgen, von neuem geweckt und gesteigert.

In qua urbe vivimus, patres conscripti?	**In welcher Stadt** leben wir, Senatoren?
Quam civitatem habemus?	**Welchen Staat** haben wir?

2. **Alliteration:** Wiederholung des gleichen Anlauts in aufeinanderfolgenden oder nahe liegenden Wörtern, um die Aussage auch klanglich zu unterstützen. Im Deutschen ist dieses Stilmittel nur selten nachzugestalten.

Quaeritisne, **qu**is sit,	Wollt ihr **w**issen, **w**er es ist,
quid scelus in animo volvat?	welches Verbrechen er im Schilde führt?

3. **Parallelismus** („Parallelführung“): Gleiche Anordnung von einander entsprechenden Wörtern und Satzteilen, um durch den Gleichklang der Glieder die Aussage einprägsamer und nachdrücklicher zu machen.

Nonne **sentis**, Catilina, *consilia tua* ***patere***?	**Merkst du** nicht, Catilina, dass *deine Pläne* ***bekannt sind***?
Num **credis** *me* ***ignorare*** ...?	**Glaubst du** etwa, dass *ich* ***nicht weiß*** ...?

4. **Anapher** („Wiederholung“): Wiederaufnahme des gleichen Wortes am Anfang von Sätzen oder Satzblöcken, um eine gliedernde und zugleich einhämmernde Wirkung zu erzielen.

Cottidie **de** nostro interitu,	Täglich denkst du **an** unseren Untergang,
de pernicie huius urbis cogitas.	**an** die Vernichtung dieser Stadt.

5. **Asyndeton** („Unverbundene Reihe“): Unverbundene Reihung von Wörtern, Satzteilen oder Sätzen, um eine Raffung der Aussagen, eine von Leidenschaft sprühende Ausdrucksweise zu erreichen.

Num credis me ignorare, quid proxima nocte **egeris**, ubi **fueris**, quos viros **convocaveris**, quae consilia **inita sint**?	Glaubst du etwa, dass ich nicht weiß, was **du** in der letzten Nacht **getrieben hast**, wo **du gewesen bist**, welche Männer **du zusammengeholt hast**, welche Pläne **geschmiedet worden sind**?

6. **Polysyndeton** („Verbundene Reihe“): Verbindung mehrerer Begriffe oder Wendungen durch Wiederholung desselben Bindewortes, um damit die Aussage durch die Fülle von Gesichtspunkten zu verstärken.

Ego **et** audio **et** video **et** sentio, quid a te ... cogitetur.	Ich höre **und** sehe **und** spüre, was von dir ... gedacht wird.

7. **Antithese** („Gegensatz“): Meist unverbundene (→ Asyndeton) Gegenüberstellung von Begriffen, Gedanken oder Feststellungen, um die Darstellung zu straffen und der Aussage schärfere Konturen zu geben.

Tu interrogas, qua ratione haec omnia comperérim. **Ego** et audio et video et sentio ...	**Du** fragst, auf welche Weise ich dies alles erfahren habe. **Ich** höre und sehe und spüre ...

8. **Hyperbaton** („Sperrstellung“): Sperrung zweier zusammengehöriger Wörter oder Begriffe durch ein Wort oder mehrere Wörter, die dazwischen gestellt sind, um dadurch dem Satz oder einem Satzblock eine innere Spannung zu geben.

Iam habeo in te, Catilina, **grave** *senatus* **consultum**.	Ich habe gegen dich, Catilina, bereits **einen schwerwiegenden Beschluss** *des Senats*.

9. **Klimax** („Treppenanstieg“): Steigerung einer Aussage in mehrgliedrigen, meist unverbundenen (→ Asyndeton) Begriffen oder Satzteilen, um durch das zunehmende Gewicht des Gesagten die emotionale Beteiligung der Hörer zu erhöhen. In der Regel nimmt dabei auch der Umfang der Wörter oder Wendungen zu.

Abi, discede, relinque urbem, Catilina!	**Geh fort, verschwinde, verlasse die Stadt,** Catilina!

10. **Chiasmus** („Kreuzstellung“): Kreuzweise, spiegelbildliche Stellung einander entsprechender Begriffe oder Satzteile (benannt nach dem griechischen Buchstaben X = Chi), um eine auf den Gegensatz (→ Antithese) angelegte Aussageeinheit schärfer zu markieren.

Multorum oculi *te* ubique custodient. *Te* undique **omnes** circumvenerunt.	**Vieler Augen** werden *dich* überall bewachen. *Dich* haben von allen Seiten **alle** umstellt.

ā-Konjugation

Perfekt-Bildung mit -v-

vocō	vocāvī	vocātum	vocāre	**rufen; nennen**

In gleicher Weise werden die Stammformen der meisten Verben der ā-Konjugation gebildet.

Perfekt-Bildung durch Reduplikation

dō	dedī	datum	dare	(von sich) **geben**; gestatten
stō	stetī	statum	stāre	(da)**stehen**
īn|stō	īnstitī	–	īnstāre	**drohen, bevorstehen**
re|stō	restitī	–	restāre	**übrig sein**, übrig bleiben; **überleben**

ē-Konjugation

Perfekt-Bildung mit -v-

fleō	flēvī	flētum	flēre	**weinen**; beklagen

Perfekt-Bildung mit -u-

careō	caruī	–	carēre (*m. Abl.*)	**frei sein** (*von etw.*), (*etw.*) **nicht haben**
cēnseō	cēnsuī	cēnsum	cēnsēre	(ein)**schätzen**; der Ansicht sein; (*m. doppeltem Akk.*) **halten für**
exerceō	exercuī	–	exercēre	(aus)**üben**; ausbilden
habeō	habuī	habitum	habēre	**haben; halten**
dēbeō	dēbuī	dēbitum	dēbēre	(*m. Inf.*) **müssen; verdanken; schulden**
praebeō	praebuī	praebitum	praebēre	(dar)**reichen**, gewähren
pro|hibeō	prohibuī	prohibitum	prohibēre	**abhalten, hindern**
horreō	horruī	–	horrēre (*m. Akk.*)	**erschrecken** (*vor*), schaudern
iaceō	iacuī	–	iacēre	(da)**liegen**
lateō	latuī	–	latēre	**verborgen sein**
noceō	nocuī	–	nocēre	**schaden**
pāreō	pāruī	–	pārēre	**gehorchen**; befolgen
ap|pāreō	appāruī	–	appārēre	**erscheinen**, sich zeigen; offensichtlich sein
placeō	placuī	placitum	placēre	**gefallen**; Spaß machen
studeō	studuī	–	studēre (*m. Dat.*)	**sich bemühen (*um*); wollen; sich bilden**
taceō	tacuī	–	tacēre	**schweigen**, still sein
teneō	tenuī	–	tenēre	(zurück)**halten**; sich erinnern
sus|tineō	sustinuī	–	sustinēre	**aushalten**, ertragen
terreō	terruī	territum	terrēre	(*jmdn.*) **erschrecken**
timeō	timuī	–	timēre	**(sich) fürchten**, Angst haben (vor)
valeō	valuī	–	valēre	**gesund sein; Einfluss haben**

Perfekt-Bildung mit -s-

ārdeō	ārsī	–	ārdēre	(ver)**brennen**; entbrannt sein
iubeō	iussī	iussum	iubēre (*m. Akk.*)	(*jmdm.*) **befehlen**, (*jmdn.*) **beauftragen**
maneō	mānsī	–	manēre	**bleiben**; erwarten
persuādeō	persuāsī	persuāsum	persuādēre (*m. Dat.*)	(*m. AcI*) (*jmdn.*) **überzeugen**; (*jmdn.*) **überreden**
rīdeō	rīsī	rīsum	rīdēre	**lachen**

Perfekt-Bildung durch Dehnung

faveō	fāvī	fautum	favēre (*m. Dat.*)	**gewogen sein;** (*jmdn.*) begünstigen
moveō	mōvī	mōtum	movēre	**bewegen; beeinflussen**
sedeō	sēdī	sessum	sedēre	(da)**sitzen**
videō	vīdī	vīsum	vidēre	**sehen**

Perfekt-Bildung durch Reduplikation

re|spondeō	respondī	respōnsum	respondēre	**antworten**, entgegnen

ī-Konjugation (langvokalisch)

Perfekt-Bildung mit -v-

audiō	audīvī	audītum	audīre	(an-, er-, zu)**hören**
dormiō	dormīvī	–	dormīre	**schlafen**
sciō	scīvī	scītum	scīre	**wissen, verstehen**
ne|sciō	nescīvī	–	nescīre	**nicht wissen, nicht verstehen**

Perfekt-Bildung mit -u-

aperiō	aperuī	apertum	aperīre	**öffnen**; aufdecken

Perfekt-Bildung mit -s-

sentiō	sēnsī	sēnsum	sentīre	**fühlen; merken**; meinen

Perfekt-Bildung durch Dehnung

veniō	vēnī	ventum	venīre	**kommen**
con|veniō	convēnī	conventum	convenīre	**zusammenkommen**; -passen; (*m. Akk.*) treffen

Perfekt-Bildung durch Reduplikation

com|periō	cómperī	compertum	comperīre	**erfahren,** in Erfahrung bringen

Konsonantische Konjugation

Perfekt-Bildung mit -v-

arcessō	arcessīvī	arcessītum	arcessere	**herbeirufen, holen**
crēscō	crēvī	–	crēscere	**wachsen**, zunehmen
cog|nōscō	cognōvī	cognitum	cognōscere	**erfahren; erkennen;** kennen lernen
petō	petīvī	petītum	petere	**bitten**, verlangen; **angreifen; aufsuchen**; gehen/fahren nach
quaerō	quaesīvī	quaesītum	quaerere	**suchen**; erwerben; **fragen**
sinō	sīvī	situm	sinere	**(zu)lassen, erlauben**
dē|sinō	dēsiī	dēsitum	dēsinere	**aufhören**

Perfekt-Bildung mit -u-

colō	coluī	cultum	colere	**pflegen; verehren; bebauen**
pōnō	posuī	positum	pōnere	**setzen; stellen; legen**
ex|pōnō	exposuī	expositum	expōnere	**ausstellen; aussetzen**; darlegen
im|pōnō	imposuī	impositum	impōnere	**setzen, stellen, legen** (an, auf, in); bringen; auferlegen
dis|serō	disseruī	dissertum	disserere	**sprechen über**, erörtern

Perfekt-Bildung mit -s-

cēdō	cessī	cessum	cēdere	**(weg)gehen; nachgeben;** überlassen
ac|cēdō	accessī	accessum	accēdere	**herantreten**; hingehen
dē|cēdō	dēcessī	dēcessum	dēcēdere	**weggehen**, gehen (aus)
dis|cēdō	discessī	discessum	discēdere	**weggehen, verschwinden**
dīcō	dīxī	dictum	dīcere	**sagen; sprechen**; nennen
dūcō	dūxī	ductum	dūcere	**führen; ziehen;** (*m. doppeltem Akk.*) halten für
ab|dūcō	abdūxī	abductum	abdūcere	**wegführen**; (weg)bringen; verschleppen
re|dūcō	redūxī	reductum	redūcere	**zurückführen**; zurückbringen
laedō	laesī	laesum	laedere	**verletzen**; kränken
lūdō	lūsī	lūsum	lūdere	**spielen**, scherzen
mittō	mīsī	missum	mittere	**schicken**; gehen lassen; werfen
dī|mittō	dīmīsī	dīmissum	dīmittere	**entlassen, wegschicken;** freilassen
prō|mittō	prōmīsī	prōmissum	prōmittere	**versprechen**
plaudō	plausī	plausum	plaudere	**Beifall klatschen,** applaudieren
op|primō	oppressī	oppressum	opprimere	**unterdrücken; überfallen,** überwältigen
su|rgō	surrēxī	surrēctum	surgere	**aufstehen**, sich erheben
scrībō	scrīpsī	scrīptum	scrībere	**schreiben**, verfassen
spargō	sparsī	sparsum	spargere	**bespritzen**; verbreiten
stringō	strīnxī	strictum	stringere	**ziehen**; streifen
ex|struō	exstrūxī	exstrūctum	exstruere	**errichten**, erbauen
sūmō	sūmpsī	sūmptum	sūmere	**nehmen**
trahō	trāxī	tractum	trahere	**ziehen**; schleppen
ē|vādō	ēvāsī	–	ēvādere (*m. Akk./ex*)	**entkommen, entgehen**
in|vādō	invāsī	invāsum	invādere	**eindringen, angreifen**
vīvō	vīxī	–	vīvere	**leben**

Perfekt-Bildung durch Dehnung

agō	ēgī	āctum	agere	**tun; handeln**; aufführen; (*m. Adv. und* cum) umgehen (*m. jmdm.*)
cōnsīdō	cōnsēdī	–	cōnsīdere	**sich setzen**, sich niederlassen
emō	ēmī	ēmptum	emere	**kaufen**
frangō	frēgī	frāctum	frangere	**(zer)brechen**
fundō	fūdī	fūsum	fundere	**(aus)gießen**; befeuchten
legō	lēgī	lēctum	legere	**lesen**; sammeln; auswählen
relinquō	relīquī	relictum	relinquere	**zurücklassen, verlassen**

Perfekt-Bildung durch Reduplikation

cadō	cécidī	–	cadere	**fallen**, sinken
ác|cidit	áccidit	–	accidere	**sich ereignen, zustoßen**
currō	cucurrī	cursum	currere	**laufen**; eilen
ac|currō	accurrī	accursum	accurrere	**herbeilaufen**, angelaufen kommen
oc|currō	occurrī	occursum	occurrere	**entgegenkommen, begegnen**
ad|dō	addidī	additum	addere	**hinzufügen**
crēdō	crēdidī	crēditum	crēdere	**glauben**; (an)**vertrauen**
ē|dō	ēdidī	ēditum	ēdere	**verkünden; herausgeben**
red|dō	reddidī	redditum	reddere	**zurückgeben; machen zu**
trā|dō	trādidī	trāditum	trādere	**übergeben, überliefern**
vendō	vendidī	venditum	vendere	**verkaufen**
poscō	poposcī	–	poscere	**fordern**, verlangen
cōn|sistō	cōnstitī	–	cōnsistere	**stehen bleiben**; sich hinstellen; bestehen (aus)
tangō	tétigī	tāctum	tangere	**berühren**
con|tendō	contendī	contentum	contendere	**sich anstrengen; eilen; kämpfen; behaupten**
os|tendō	ostendī	–	ostendere	**zeigen**
tollō	sustulī	sublātum	tollere	**hochheben**; aufheben, **beseitigen**; vernichten

Perfekt-Bildung ohne Veränderung

bibō	bibī	–	bibere	**trinken**
dē|fendō	dēfendī	dēfēnsum	dēfendere	**verteidigen; abwehren**
of|fendō	offendī	offēnsum	offendere	**stoßen** (auf); schlagen (an); beleidigen
metuō	metuī	–	metuere	**sich fürchten; befürchten**
dē|scendō	dēscendī	dēscēnsum	dēscendere	**herabsteigen**; hinuntergehen, herabkommen
statuō	statuī	statūtum	statuere	**beschließen**, entscheiden; **aufstellen**; festsetzen
vertō	vertī	versum	vertere	**wenden**; drehen; **verwandeln**

ĭ-Konjugation (kurzvokalisch)

Perfekt-Bildung mit -v-

cupiō	cupīvī	cupītum	cupere	**wünschen**, begehren, verlangen

Perfekt-Bildung mit -u-

cor|ripiō	corripuī	correptum	corripere	**(an)packen; an sich reißen**

Perfekt-Bildung mit -s-

a|spiciō	aspexī	aspectum	aspicere	**anblicken**, ansehen
cōn|spiciō	cōnspexī	cōnspectum	cōnspicere	**erblicken**

Perfekt-Bildung durch Dehnung

capiō	cēpī	captum	capere	(ein)**nehmen, erobern**; (er)**fassen**, (er)greifen
ac|cipiō	accēpī	acceptum	accipere	**annehmen**, empfangen; aufnehmen
in|cipiō	coepī	coeptum/ inceptum	incipere	**anfangen**, beginnen
dē|ficiō	dēfēcī	dēfectum	dēficere	**verlassen; ausgehen**
prō|iciō	prōiēcī	prōiectum	prōicere	**(nieder-, vor)werfen**

Zur Formenlehre des Nomens

Deklinationen

Substantive

I1

	ā-Deklination	o-Deklination				Konsonantische Deklination (Mischdeklination)		
	Freundin f	*Freund* m	*Feld* m	*Junge* m	*Geschenk* n	*Sieger* m	*Mensch* m	*Vater* m
Sg. Nom.	amīca	amīcus	ager	puer	dōnum	victor	homō	pater
Gen.	amīcae	amīcī	agrī	puerī	dōnī	victōris	hominis	patris
Dat.	amīcae	amīcō	agrō	puerō	dōnō	victōrī	hominī	patrī
Akk.	amīcam	amīcum	agrum	puerum	dōnum	victōrem	hominem	patrem
Abl.	ā/ab amīcā	ā/ab amīcō	agrō	puerō	dōnō	cum victōre	homine	patre
Vok.	amīca	amīce	–	puer	–	victor	homō	pater
Pl. Nom.	amīcae	amīcī	agrī	puerī	dōna	victōrēs	hominēs	patrēs
Gen.	amīcārum	amīcōrum	agrōrum	puerōrum	dōnōrum	victōrum	hominum	patrum
Dat.	amīcīs	amīcīs	agrīs	puerīs	dōnīs	victōribus	hominibus	patribus
Akk.	amīcās	amīcōs	agrōs	puerōs	dōna	victōrēs	hominēs	patrēs
Abl.	ā/ab amīcīs	ā/ab amīcīs	agrīs	puerīs	dōnīs	cum victōribus	hominibus	patribus
Vok.	amīcae	amīcī	–	puerī	–	victōrēs	hominēs	patrēs

I2

	Konsonantische Deklination (Mischdeklination)				Besonderheiten		
	Staat f	*Licht* f	*Geschlecht* n	*Name* n	*Schiff* f	*Stadt* f	*Meer* n
Sg. Nom.	cīvitās	lūx	genus	nōmen	nāvis	urbs	mare
Gen.	cīvitātis	lūcis	generis	nōminis	nāvis	urbis	maris
Dat.	cīvitātī	lūcī	generī	nōminī	nāvī	urbī	marī
Akk.	cīvitātem	lūcem	genus	nōmen	nāvem	urbem	mare
Abl.	ā/ab cīvitāte	lūce	dē genere	nōmine	ā/ab nāve	urbe	ā/ab marī
Pl. Nom.	cīvitātēs	lūcēs	genera	nōmina	nāvēs	urbēs	maria
Gen.	cīvitātum	lūcum	generum	nōminum	nāvium	urbium	marium
Dat.	cīvitātibus	lūcibus	generibus	nōminibus	nāvibus	urbibus	maribus
Akk.	cīvitātēs	lūcēs	genera	nōmina	nāvēs	urbēs	maria
Abl.	ā/ab cīvitātibus	lūcibus	dē generibus	nōminibus	ā/ab nāvibus	urbibus	ā/ab maribus

I3

	ē-Deklination	u-Deklination
	Sache f	*Heer* m
Sg. Nom.	rēs	exercitus
Gen.	reī	exercitūs
Dat.	reī	exercituī
Akk.	rem	exercitum
Abl.	dē rē	cum exercitū
Pl. Nom.	rēs	exercitūs
Gen.	rērum	exercituum
Dat.	rēbus	exercitibus
Akk.	rēs	exercitūs
Abl.	dē rēbus	cum exercitibus

Adjektive

I4

	ā- und o-Deklination					
	froh			*rau*		
	m	f	n	m	f	n
Sg. Nom.	laetus	laeta	laetum	asper	aspera	asperum
Gen.	laetī	laetae	laetī	asperī	asperae	asperī
Dat.	laetō	laetae	laetō	asperō	asperae	asperō
Akk.	laetum	laetam	laetum	asperum	asperam	asperum
Abl.	laetō	laetā	laetō	asperō	asperā	asperō
Vok.	laete	laeta	(laetum)	asper	aspera	(asperum)
Pl. Nom.	laetī	laetae	laeta	asperī	asperae	aspera
Gen.	laetōrum	laetārum	laetōrum	asperōrum	asperārum	asperōrum
Dat.	laetīs	laetīs	laetīs	asperīs	asperīs	asperīs
Akk.	laetōs	laetās	laeta	asperōs	asperās	aspera
Abl.	laetīs	laetīs	laetīs	asperīs	asperīs	asperīs

I5

	Konsonantische Deklination (Mischdeklination)						
	scharf			*kurz*		*glücklich*	
	m	f	n	m/f	n	m/f	n
Sg. Nom.	ācer	ācris	ācre	brevis	breve	fēlīx	
Gen.	ācris			brevis		fēlīcis	
Dat.	ācrī			brevī		fēlīcī	
Akk.	ācrem		ācre	brevem	breve	fēlīcem	fēlīx
Abl.	ācrī			brevī		fēlīcī	
Pl. Nom.	ācrēs		ācria	brevēs	brevia	fēlīcēs	fēlīcia
Gen.	ācrium			brevium		fēlīcium	
Dat.	ācribus			brevibus		fēlīcibus	
Akk.	ācrēs		ācria	brevēs	brevia	fēlīcēs	fēlīcia
Abl.	ācribus			brevibus		fēlīcibus	
	„drei-endig“			*„zwei-endig“*		*„ein-endig“*	

Pronomen

Personal-Pronomen

II1

				reflexiv						reflexiv	
1. P. Sg.	Nom. Dat. Akk. Abl.	ego mihī mē mēcum	*ich* *mir* *mich* *mit mir*			1. P. Pl.	Nom. Dat. Akk. Abl.	nōs nōbīs nōs nōbīscum	*wir* *uns* *uns* *mit uns*		
2. P. Sg.	Nom. Dat. Akk. Abl.	tū tibī tē tēcum	*du* *dir* *dich* *mit dir*			2. P. Pl.	Nom. Dat. Akk. Abl.	vōs vōbīs vōs vōbīscum	*ihr* *euch* *euch* *mit euch*		
3. P. Sg.	Nom.	is, ea, id	*er, sie, es*			3. P. Pl.	Nom.	iī (eī), eae, ea	*sie*		
	Dat.	eī, eī, eī	*ihm, ihr, ihm*	sibī	*sich*		Dat.	eīs (iīs), eīs (iīs), eīs (iīs)	*ihnen*	sibī	*sich*
	Akk.	eum, eam, id	*ihn, sie, es*	sē	*sich*		Akk.	eōs, eās, ea	*sie*	sē	*sich*
	Abl.	cum eō, cum eā, eō	*mit ihm, ihr, ihm*	sēcum	*mit/ bei sich*		Abl.	cum eīs (iīs), cum eīs (iīs), eīs (iīs)	*mit ihnen*	sēcum	*mit/ bei sich*

Possessiv-Pronomen

II2

meus, mea, meum	*mein*
tuus, tua, tuum	*dein*
eius (*nicht refl.*)	*sein(e)/ihr(e)*
suus, sua, suum (*refl.*)	*sein(e)/ihr(e)*
noster, nostra, nostrum	*unser*
vester, vestra, vestrum	*euer*
eōrum, eārum, eōrum (*nicht refl.*)	*ihr(e)*
suus, sua, suum (*refl.*)	*ihr(e)*

Demonstrativ-Pronomen

II3

	Lateinisch						Deutsch			
	Singular			Plural			Singular			Plural
	m	f	n	m	f	n				
Nom.	is	ea	id	iī (eī)	eae	ea	*dieser*	*diese*	*dieses*	*diese*
Gen.	eius	eius	eius	eōrum	eārum	eōrum	*dieses*	*dieser*	*dieses*	*dieser*
Dat.	eī	eī	eī	eīs (iīs)	eīs (iīs)	eīs (iīs)	*diesem*	*dieser*	*diesem*	*diesen*
Akk.	eum	eam	id	eōs	eās	ea	*diesen*	*diese*	*dieses*	*diese*
Abl.	cum eō	cum eā	eō	cum eīs (iīs)	cum eīs (iīs)	eīs (iīs)	*mit diesem*	*mit dieser*	*mit diesem*	*mit diesen*

	Lateinisch						Deutsch			
	Singular			Plural			Singular			Plural
	m	f	n	m	f	n				
Nom.	hic	haec	hoc	hī	hae	haec	*dieser*	*diese*	*dieses*	*diese*
Gen.	huius	huius	huius	hōrum	hārum	hōrum	*dieses*	*dieser*	*dieses*	*dieser*
Dat.	huic	huic	huic	hīs	hīs	hīs	*diesem*	*dieser*	*diesem*	*diesen*
Akk.	hunc	hanc	hoc	hōs	hās	haec	*diesen*	*diese*	*dieses*	*diese*
Abl.	cum hōc	cum hāc	hōc	cum hīs	cum hīs	hīs	*mit diesem*	*mit dieser*	*mit diesem*	*mit diesen*

	Lateinisch						Deutsch			
	Singular			Plural			Singular			Plural
	m	f	n	m	f	n				
Nom.	ille	illa	illud	illī	illae	illa	*jener*	*jene*	*jenes*	*jene*
Gen.	illīus	illīus	illīus	illōrum	illārum	illōrum	*jenes*	*jener*	*jenes*	*jener*
Dat.	illī	illī	illī	illīs	illīs	illīs	*jenem*	*jener*	*jenem*	*jenen*
Akk.	illum	illam	illud	illōs	illās	illa	*jenen*	*jene*	*jenes*	*jene*
Abl.	cum illō	cum illā	illō	cum illīs	cum illīs	illīs	*mit jenem*	*mit jener*	*mit jenem*	*mit jenen*

	Lateinisch						Deutsch
	Singular			Plural			
	m	f	n	m	f	n	
Nom.	ipse	ipsa	ipsum	ipsī	ipsae	ipsa	
Gen.	ipsīus	ipsīus	ipsīus	ipsōrum	ipsārum	ipsōrum	
Dat.	ipsī	ipsī	ipsī	ipsīs	ipsīs	ipsīs	*selbst*
Akk.	ipsum	ipsam	ipsum	ipsōs	ipsās	ipsa	
Abl.	ipsō	ipsā	ipsō	ipsīs	ipsīs	ipsīs	

	Lateinisch						Deutsch			
	Singular			Plural			Singular			Plural
	m	f	n	m	f	n				
Nom.	īdem	eadem	idem	iīdem	eaedem	eadem	*derselbe*	*dieselbe*	*dasselbe*	*dieselben*
Gen.	eiusdem	eiusdem	eiusdem	eōrundem	eārundem	eōrundem	*desselben*	*derselben*	*desselben*	*derselben*
Dat.	eīdem	eīdem	eīdem	eīsdem (iīsdem)	eīsdem (iīsdem)	eīsdem (iīsdem)	*demselben*	*derselben*	*demselben*	*denselben*
Akk.	eundem	eandem	idem	eōsdem	eāsdem	eadem	*denselben*	*dieselbe*	*dasselbe*	*dieselben*
Abl.	cum eōdem	cum eādem	eōdem	cum eīsdem (iīsdem)	cum eīsdem (iīsdem)	eīsdem (iīsdem)	*mit demselben*	*mit derselben*	*mit demselben*	*mit denselben*

Relativ-Pronomen

II4

	quī, quae, quod					
	m	f	n			
Sg. Nom.	quī	quae	quod	*der*	*die*	*das*
Gen.	cuius	cuius	cuius	*dessen*	*deren*	*dessen*
Dat.	cui	cui	cui	*dem*	*der*	*dem*
Akk.	quem	quam	quod	*den*	*die*	*das*
Abl.	quōcum	quācum	quō	*mit dem*	*mit der*	*mit dem*
Pl. Nom.	quī	quae	quae	*die*	*die*	*die*
Gen.	quōrum	quārum	quōrum	*deren*	*deren*	*deren*
Dat.	quibus	quibus	quibus	*denen*	*denen*	*denen*
Akk.	quōs	quās	quae	*die*	*die*	*die*
Abl.	quibuscum	quibuscum	quibus	*mit denen*	*mit denen*	*mit denen*

Interrogativ-Pronomen

II5

	Substantivisch	
	quis?/quid?	
Nom.	quis?/quid?	*wer?/was?*
Gen.	cuius?	*wessen?*
Dat.	cui?	*wem?*
Akk.	quem?/quid?	*wen?/was?*
Abl.	ā/dē quō?	*von wem?/über wen?*
	quōcum?	*mit wem?*

	Adjektivisch					
	quī, quae, quod?					
	m	f	n			
Nom.	quī	quae	quod	*welcher?*	*welche?*	*welches?*
Gen.	cuius	cuius	cuius	*welches?*	*welcher?*	*welches?*
usw.	*usw. wie Relativ-Pron. Tab. II4*			*usw.*	*usw.*	*usw.*

★ Indefinit-Pronomen

II6

	Substantivisch/Adjektivisch		
	quīdam, quaedam, quoddam *ein (gewisser)*		
	m	f	n
Sg. Nom.	quīdam	quaedam	quoddam*
Gen.	cuiusdam	cuiusdam	cuiusdam
Dat.	cuidam	cuidam	cuidam
Akk.	quendam	quandam	quoddam*
Abl.	cum quōdam	cum quādam	quōdam
Pl. Nom.	quīdam	quaedam	quaedam
Gen.	quōrundam	quārundam	quōrundam
Dat.	quibusdam	quibusdam	quibusdam
Akk.	quōsdam	quāsdam	quaedam
Abl.	cum quibusdam	cum quibusdam	quibusdam

* Bei substantivischem Gebrauch lautet der Nom./Akk. Sg. des Neutrums *quiddam*. Alle anderen Formen sind identisch.

	Substantivisch	
	aliquis/aliquid	
Nom.	aliquis/aliquid	*irgendjemand/irgendetwas*
Gen.	alicuius	*irgendjemandes*
Dat.	alicui	*irgendjemandem*
Akk.	aliquem/aliquid	*irgendjemanden/irgendetwas*
Abl.	ā/dē aliquō	*von/über irgendjemandem/n*
	cum aliquō	*mit irgendjemandem*

	Adjektivisch		
	aliquī, aliquae, aliquod *irgendein, irgendeine, irgendein*		
	m	f	n
Sg. Nom.	aliquī	aliqua	aliquod
Gen.	alicuius	alicuius	alicuius
Dat.	alicui	alicui	alicui
Akk.	aliquem	aliquam	aliquod
Abl.	cum aliquō	cum aliquā	aliquō
Pl. Nom.	aliquī	aliquae	aliqua
Gen.	aliquōrum	aliquārum	aliquōrum
Dat.	aliquibus	aliquibus	aliquibus
Akk.	aliquōs	aliquās	aliqua
Abl.	cum aliquibus	cum aliquibus	aliquibus

Numeralia III

Grundzahlen 1–3, Plural von 1000

ūnus			duo			trēs			mīlia
ūnus	ūna	ūnum	duo	duae	duo	trēs	trēs	tria	mīlia
ūnīus	ūnīus	ūnīus	duōrum	duārum	duōrum	trium	trium	trium	mīlium
ūnī	ūnī	ūnī	duōbus	duābus	duōbus	tribus	tribus	tribus	mīlibus
ūnum	ūnam	ūnum	duō(s)	duās	duo	trēs	trēs	tria	mīlia
ūnō	ūnā	ūnō	duōbus	duābus	duōbus	tribus	tribus	tribus	mīlibus

Grund- und Ordnungszahlen 1–10

Ziffer		Grundzahl	Ordnungszahl
1	I	ūnus, ūna, ūnum	prīmus, -a, -um
2	II	duo, duae, duo	secundus, -a, -um
3	III	trēs, trēs, tria	tertius, -a, -um
4	IV	quattuor	quārtus, -a, -um
5	V	quīnque	quīntus, -a, -um
6	VI	sex	sextus, -a, -um
7	VII	septem	septimus, -a, -um
8	VIII	octō	octāvus, -a, -um
9	IX	novem	nōnus, -a, -um
10	X	decem	decimus, -a, -um

Zur Formenlehre des Verbs

Konjugationen

Präsens, Imperfekt, Futur I Aktiv

IV1

		ā-Konjugation	ē-Konjugation	ī-Konjugation	Konsonantische Konjugation	ĭ-Konjugation (kurzvokalisch)
	Infinitiv	*(zu) rufen*	*(zu) mahnen*	*(zu) hören*	*(zu) schicken*	*(zu) fangen*
		vocā-re	monē-re	audī-re	mitt-ĕ-re	capĕ-re
				Indikativ		
Präsens	*ich rufe, …*	voc-ō	mone-ō	audi-ō	mitt-ō	capĭ-ō
		vocā-s	monē-s	audī-s	mitt-*i*s	capĭ-s
		voca-t	mone-t	audi-t	mitt-*i*t	capĭ-t
		vocā-mus	monē-mus	audī-mus	mitt-*i*mus	capĭ-mus
		vocā-tis	monē-tis	audī-tis	mitt-*i*tis	capĭ-tis
		voca-nt	mone-nt	audi-*u*nt	mitt-*u*nt	capĭ-*u*nt
				Konjunktiv		
		voc-em	mone-am	audi-am	mitt-am	capĭ-am
		voc-ēs	mone-ās	audi-ās	mitt-ās	capĭ-ās
		voc-et	mone-at	audi-at	mitt-at	capĭ-at
		voc-ēmus	mone-āmus	audi-āmus	mitt-āmus	capĭ-āmus
		voc-ētis	mone-ātis	audi-ātis	mitt-ātis	capĭ-ātis
		voc-ent	mone-ant	audi-ant	mitt-ant	capĭ-ant
				Indikativ		
Imperfekt	*ich rief, …*	vocā-**bam**	monē-**bam**	audi-ē**bam**	mitt-ē**bam**	capĭ-ē**bam**
		vocā-**bās**	monē-**bās**	audi-ē**bās**	mitt-ē**bās**	capĭ-ē**bās**
		vocā-**bat**	monē-**bat**	audi-ē**bat**	mitt-ē**bat**	capĭ-ē**bat**
		vocā-**bāmus**	monē-**bāmus**	audi-ē**bāmus**	mitt-ē**bāmus**	capĭ-ē**bāmus**
		vocā-**bātis**	monē-**bātis**	audi-ē**bātis**	mitt-ē**bātis**	capĭ-ē**bātis**
		vocā-**bant**	monē-**bant**	audi-ē**bant**	mitt-ē**bant**	capĭ-ē**bant**
				Konjunktiv		
		vocā-**rem**	monē-**rem**	audī-**rem**	mitt-*e*-**rem**	capĕ-**rem**
		vocā-**rēs**	monē-**rēs**	audī-**rēs**	mitt-*e*-**rēs**	capĕ-**rēs**
		vocā-**ret**	monē-**ret**	audī-**ret**	mitt-*e*-**ret**	capĕ-**ret**
		vocā-**rēmus**	monē-**rēmus**	audī-**rēmus**	mitt-*e*-**rēmus**	capĕ-**rēmus**
		vocā-**rētis**	monē-**rētis**	audī-**rētis**	mitt-*e*-**rētis**	capĕ-**rētis**
		vocā-**rent**	monē-**rent**	audī-**rent**	mitt-*e*-**rent**	capĕ-**rent**
Futur I	*ich werde rufen, …*	vocā-**bō**	monē-**bō**	audi-am	mitt-am	capĭ-am
		vocā-**b***i***s**	monē-**b***i***s**	audi-ēs	mitt-ēs	capĭ-ēs
		vocā-**b***i***t**	monē-**b***i***t**	audi-et	mitt-et	capĭ-et
		vocā-**b***i***mus**	monē-**b***i***mus**	audi-ēmus	mitt-ēmus	capĭ-ēmus
		vocā-**b***i***tis**	monē-**b***i***tis**	audi-ētis	mitt-ētis	capĭ-ētis
		vocā-**b***u***nt**	monē-**b***u***nt**	audi-ent	mitt-ent	capĭ-ent
	Imperativ					
	rufe!	vocā!	monē!	audī!	mitt -*ĕ*!	capĕ!
	ruft!	vocā-te!	monē-te!	audī-te!	mitt -*i*te!	capĭ-te!

Präsens, Imperfekt, Futur I Passiv

IV2

		ā-Konjugation	ē-Konjugation	ī-Konjugation	Konsonantische Konjugation	ĭ-Konjugation (kurzvokalisch)
	Infinitiv	*gerufen (zu) werden* vocā-rī	*gemahnt (zu) werden* monē-rī	*gehört (zu) werden* audī-rī	*geschickt (zu) werden* mitt-ī	*gefangen (zu) werden* capī
				Indikativ		
Präsens	*ich werde gerufen, …*	voc-or	mone-or	audi-or	mitt-or	capĭ-or
		vocā-ris	monē-ris	audī-ris	mitt-eris	cape-ris
		vocā-tur	monē-tur	audī-tur	mitt-*i*tur	capĭ-tur
		vocā-mur	monē-mur	audī-mur	mitt-*i*mur	capĭ-mur
		vocā-minī	monē-minī	audī-minī	mitt-*i*minī	capĭ-minī
		voca-ntur	mone-ntur	audi-*u*ntur	mitt-*u*ntur	capĭ-*u*ntur
				Konjunktiv		
		voc-er	mone-ar	audi-ar	mitt-ar	capĭ-ar
		voc-ēris	mone-āris	audi-āris	mitt-āris	capĭ-āris
		voc-ētur	mone-ātur	audi-ātur	mitt-ātur	capĭ-ātur
		voc-ēmur	mone-āmur	audi-āmur	mitt-āmur	capĭ-āmur
		voc-ēminī	mone-āminī	audi-āminī	mitt-āminī	capĭ-āminī
		voc-entur	mone-antur	audi-antur	mitt-antur	capĭ-antur
				Indikativ		
Imperfekt	*ich wurde gerufen, …*	vocā-bar	monē-bar	audi-ēbar	mitt-ēbar	capĭ-ēbar
		vocā-bāris	monē-bāris	audi-ēbāris	mitt-ēbāris	capĭ-ēbāris
		vocā-bātur	monē-bātur	audi-ēbātur	mitt-ēbātur	capĭ-ēbātur
		vocā-bāmur	monē-bāmur	audi-ēbāmur	mitt-ēbāmur	capĭ-ēbāmur
		vocā-bāminī	monē-bāminī	audi-ēbāminī	mitt-ēbāminī	capĭ-ēbāminī
		vocā-bantur	monē-bantur	audi-ēbantur	mitt-ēbantur	capĭ-ēbantur
				Konjunktiv		
		vocā-rer	monē-rer	audī-rer	mitt-*e*-rer	capĕ-rer
		vocā-rēris	monē-rēris	audī-rēris	mitt-*e*-rēris	capĕ-rēris
		vocā-rētur	monē-rētur	audī-rētur	mitt-*e*-rētur	capĕ-rētur
		vocā-rēmur	monē-rēmur	audī-rēmur	mitt-*e*-rēmur	capĕ-rēmur
		vocā-rēminī	monē-rēminī	audī-rēminī	mitt-*e*-rēminī	capĕ-rēminī
		vocā-rentur	monē-rentur	audī-rentur	mitt-*e*-rentur	capĕ-rentur
Futur I	*ich werde gerufen werden, …*	vocā-bor	monē-bor	audi-ar	mitt-ar	capĭ-ar
		vocā-beris	monē-beris	audi-ēris	mitt-ēris	capĭ-ēris
		vocā-b*i*tur	monē-b*i*tur	audi-ētur	mitt-ētur	capĭ-ētur
		vocā-b*i*mur	monē-b*i*mur	audi-ēmur	mitt-ēmur	capĭ-ēmur
		vocā-b*i*minī	monē-b*i*minī	audi-ēminī	mitt-ēminī	capĭ-ēminī
		vocā-b*u*ntur	monē-b*u*ntur	audi-entur	mitt-entur	capĭ-entur

Perfekt, Plusquamperfekt, Futur II Aktiv

IV3

		ā-Konjugation	ē-Konjugation	ī-Konjugation	Konsonantische Konjugation	ĭ-Konjugation (kurzvokalisch)
	Infinitiv	*gerufen (zu) haben* vocāv-isse	*gemahnt (zu) haben* monu-isse	*gehört (zu) haben* audīv-isse	*geschickt (zu) haben* mīs-isse	*gefangen (zu) haben* cēp-isse
		Indikativ				
Perfekt	*ich habe gerufen, ...*	vocāv-ī vocāv-istī vocāv-it vocāv-imus vocāv-istis vocāv-ērunt	monu-ī monu-istī monu-it monu-imus monu-istis monu-ērunt	audīv-ī audīv-istī audīv-it audīv-imus audīv-istis audīv-ērunt	mīs-ī mīs-istī mīs-it mīs-imus mīs-istis mīs-ērunt	cēp-ī cēp-istī cēp-it cēp-imus cēp-istis cēp-ērunt
		Konjunktiv				
Perfekt		vocāv-erim vocāv-eris vocāv-erit vocāv-erimus vocāv-eritis vocāv-erint	monu-erim monu-eris monu-erit monu-erimus monu-eritis monu-erint	audīv-erim audīv-eris audīv-erit audīv-erimus audīv-eritis audīv-erint	mīs-erim mīs-eris mīs-erit mīs-erimus mīs-eritis mīs-erint	cēp-erim cēp-eris cēp-erit cēp-erimus cēp-eritis cēp-erint
		Indikativ				
Plusquamperfekt	*ich hatte gerufen, ...*	vocāv-eram vocāv-erās vocāv-erat vocāv-erāmus vocāv-erātis vocāv-erant	monu-eram monu-erās monu-erat monu-erāmus monu-erātis monu-erant	audīv-eram audīv-erās audīv-erat audīv-erāmus audīv-erātis audīv-erant	mīs-eram mīs-erās mīs-erat mīs-erāmus mīs-erātis mīs-erant	cēp-eram cēp-erās cēp-erat cēp-erāmus cēp-erātis cēp-erant
		Konjunktiv				
Plusquamperfekt		vocāv-issem vocāv-issēs vocāv-isset vocāv-issēmus vocāv-issētis vocāv-issent	monu-issem monu-issēs monu-isset monu-issēmus monu-issētis monu-issent	audīv-issem audīv-issēs audīv-isset audīv-issēmus audīv-issētis audīv-issent	mīs-issem mīs-issēs mīs-isset mīs-issēmus mīs-issētis mīs-issent	cēp-issem cēp-issēs cēp-isset cēp-issēmus cēp-issētis cēp-issent
Futur II	*ich werde gerufen haben, ...*	vocāv-erō vocāv-eris vocāv-erit vocāv-erimus vocāv-eritis vocāv-erint	monu-erō monu-eris monu-erit monu-erimus monu-eritis monu-erint	audīv-erō audīv-eris audīv-erit audīv-erimus audīv-eritis audīv-erint	mīs-erō mīs-eris mīs-erit mīs-erimus mīs-eritis mīs-erint	cēp-erō cēp-eris cēp-erit cēp-erimus cēp-eritis cēp-erint

Perfekt, Plusquamperfekt, Futur II Passiv

IV4

		ā-Konjugation	ē-Konjugation	ī-Konjugation	Konsonantische Konjugation	ĭ-Konjugation (kurzvokalisch)
	Infinitiv	*gerufen worden (zu) sein* vocātum, -am, -um esse	*gemahnt worden (zu) sein* monitum, -am, -um esse	*gehört worden (zu) sein* audītum, -am, -um esse	*geschickt worden (zu) sein* missum, -am, -um esse	*gefangen worden (zu) sein* captum, -am, -um esse
				Indikativ		
Perfekt	*ich bin gerufen worden, ...*	vocātus, -a, -um: sum es est	monitus, -a, -um: sum es est	audītus, -a, -um: sum es est	missus, -a, -um: sum es est	captus, -a, -um: sum es est
		vocātī, -ae, -a: sumus estis sunt	monitī, -ae, -a: sumus estis sunt	audītī, -ae, -a: sumus estis sunt	missī, -ae, -a: sumus estis sunt	captī, -ae, -a: sumus estis sunt
				Konjunktiv		
		vocātus, -a, -um: sim sīs sit	monitus, -a, -um: sim sīs sit	audītus, -a, -um: sim sīs sit	missus, -a, -um: sim sīs sit	captus, -a, -um: sim sīs sit
		vocātī, -ae, -a: sīmus sītis sint	monitī, -ae, -a: sīmus sītis sint	audītī, -ae, -a: sīmus sītis sint	missī, -ae, -a: sīmus sītis sint	captī, -ae, -a: sīmus sītis sint
				Indikativ		
Plusquamperfekt	*ich war gerufen worden, ...*	vocātus, -a, -um: eram erās erat	monitus, -a, -um: eram erās erat	audītus, -a, -um: eram erās erat	missus, -a, -um: eram erās erat	captus, -a, -um: eram erās erat
		vocātī, -ae, -a: erāmus erātis erant	monitī, -ae, -a: erāmus erātis erant	audītī, -ae, -a: erāmus erātis erant	missī, -ae, -a: erāmus erātis erant	captī, -ae, -a: erāmus erātis erant
				Konjunktiv		
		vocātus, -a, -um: essem essēs esset	monitus, -a, -um: essem essēs esset	audītus, -a, -um: essem essēs esset	missus, -a, -um: essem essēs esset	captus, -a, -um: essem essēs esset
		vocātī, -ae, -a: essēmus essētis essent	monitī, -ae, -a: essēmus essētis essent	audītī, -ae, -a: essēmus essētis essent	missī, -ae, -a: essēmus essētis essent	captī, -ae, -a: essēmus essētis essent
Futur II	*ich werde gerufen worden sein, ...*	vocātus, -a, -um: erō eris erit	monitus, -a, -um: erō eris erit	audītus, -a, -um: erō eris erit	missus, -a, -um: erō eris erit	captus, -a, -um: erō eris erit
		vocātī, -ae, -a: erimus eritis erunt	monitī, -ae, -a: erimus eritis erunt	audītī, -ae, -a: erimus eritis erunt	missī, -ae, -a: erimus eritis erunt	captī, -ae, -a: erimus eritis erunt

Nominalformen des Verbs – Infinitive

IV5

Infinitiv		ā-Konjugation	ē-Konjugation	ī-Konjugation	Konsonantische Konjugation	ĭ-Konjugation (kurzvokalisch)
AKTIV	Präsens Perfekt Futur	vocā-**re** vocāv-**isse** vocā-**tūr-um**, **-am, -um esse**	monē-**re** monu-**isse** moni-**tūr-um**, **-am, -um esse**	audī-**re** audīv-**isse** audi-**tūr-um**, **-am, -um esse**	mitt-*e*-**re** mīs-**isse** mis-**sūr-um**, **-am, -um esse**	cape-**re** cēp-**isse** cap-**tūr-um**, **-am, -um esse**
PASSIV	Präsens Perfekt	vocā-**rī** vocā-**t-um**, **-am, -um esse**	monē-**rī** moni-**t-um**, **-am, -um esse**	audī-**rī** audī-**t-um**, **-am, -um esse**	mitt-**ī** mis-**s-um**, **-am, -um esse**	cap**ī** cap-**t-um**, **-am, -um esse**

Nominalformen des Verbs – Partizipien

Partizip		ā-Konjugation	ē-Konjugation	ī-Konjugation	Konsonantische Konjugation	ĭ-Konjugation (kurzvokalisch)
AKTIV	Präsens Futur	vocā-**ns**, -**ntis** vocā-**tūr-us**, **-a, -um**	monē-**ns**, -**ntis** moni-**tūr-us**, **-a, -um**	audi-*ē*-**ns**, -**ntis** audi-**tūr-us**, **-a, -um**	mitt-*ē*-**ns**, -**ntis** mis-**sūr-us**, **-a, -um**	capi-*ē*-**ns**, -**ntis** cap-**tūr-us**, **-a, -um**
PASSIV	Perfekt	vocā-**t-us**, **-a**, **-um**	moni-**t-us**, **-a**, **-um**	audī-**t-us**, **-a**, **-um**	mis-**s-us**, **-a**, **-um**	cap-**t-us**, **-a**, **-um**

Nominalformen des Verbs – Gerundium/Gerundivum

Gerundium	ā-Konjugation	ē-Konjugation	ī-Konjugation	Konsonantische Konjugation	ĭ-Konjugation (kurzvokalisch)
AKTIV	voca-**ndī** *usw.*	mone-**ndī** *usw.*	audi-*e*-**ndī** *usw.*	mitt-*e*-**ndī** *usw.*	capi-*e*-**ndī** *usw.*
Gerundivum	**ā-Konjugation**	**ē-Konjugation**	**ī-Konjugation**	**Konsonantische Konjugation**	**ĭ-Konjugation (kurzvokalisch)**
PASSIV	voca-**nd**us, -a -um	mone-**nd**us, -a -um	audi-*e*-**nd**us, -a -um	mitt-*e*-**nd**us, -a -um	capi-*e*-**nd**us, -a -um

Tabelle der Verben

ā-Konjugation

V1

Perfekt-Bildung mit -v-

1.	vocō	vocāvī	vocātum	vocāre	rufen; nennen

In gleicher Weise werden die Stammformen der meisten Verben der ā-Konjugation gebildet.

Perfekt-Bildung durch Dehnung

2.	iuvō	iūvī	iūtum	iuvāre (*m. Akk.*)	helfen, unterstützen; erfreuen

Perfekt-Bildung durch Reduplikation

3.	dō	dedī	datum	dare	(von sich) geben; gestatten
	circum | dō	circumdedī	circumdatum	circumdare	umgeben; umzingeln
4.	stō	stetī	statum	stāre	(da)stehen
	circum | stō	circumstetī	–	circumstāre	um ... herum stehen
	īn | stō	īnstitī	–	īnstāre	drohen, bevorstehen
	prae | stō	praestitī	–	praestāre	(*m. Dat.*) übertreffen; (*m. Akk.*) leisten; zeigen
	re | stō	restitī	–	restāre	übrig sein, übrig bleiben; überleben

ē-Konjugation

V2

Perfekt-Bildung mit -v-

1.	dēleō	dēlēvī	dēlētum	dēlēre	zerstören, vernichten
2.	fleō	flēvī	flētum	flēre	weinen; beklagen
3.	ex | pleō	explēvī	explētum	explēre	(aus-, an-, er)füllen; wiedergutmachen
	com | pleō	complēvī	complētum	complēre	anfüllen; erfüllen; vollenden

Perfekt-Bildung mit -u-

4.	arceō	arcuī	–	arcēre	abwehren, fernhalten
5.	careō	caruī	–	carēre (*m. Abl.*)	frei sein (*von etw.*), (*etw.*) nicht haben
6.	cēnseō	cēnsuī	cēnsum	cēnsēre	(ein)schätzen; der Ansicht sein; (*m. doppeltem Akk.*) halten für
7.	doceō	docuī	doctum	docēre	unterrichten; lehren
8.	doleō	doluī	–	dolēre	schmerzen; bedauern
9.	exerceō	exercuī	–	exercēre	(aus)üben; ausbilden
10.	flōreō	flōruī	–	flōrēre	blühen; hervorragend sein
11.	habeō	habuī	habitum	habēre	haben; halten
	ad | hibeō	adhibuī	adhibitum	adhibēre	anwenden; hinzuziehen
	dēbeō	dēbuī	dēbitum	dēbēre	(*m. Inf.*) müssen; verdanken; schulden
	praebeō	praebuī	praebitum	praebēre	(dar)reichen, gewähren
	pro | hibeō	prohibuī	prohibitum	prohibēre	abhalten, hindern
12.	horreō	horruī	–	horrēre (*m. Akk.*)	erschrecken (*vor*), schaudern
13.	iaceō	iacuī	–	iacēre	(da)liegen
14.	lateō	latuī	–	latēre	verborgen sein
15.	mereō	meruī	meritum	merēre	verdienen
16.	moneō	monuī	monitum	monēre	erinnern; mahnen, auffordern
17.	noceō	nocuī	–	nocēre	schaden
18.	pāreō	pāruī	–	pārēre	gehorchen; befolgen
	ap | pāreō	appāruī	–	appārēre	erscheinen, sich zeigen; offensichtlich sein

19. pateō	patuī	–	patēre	offenstehen; klar sein; sich erstrecken
20. placeō	placuī	placitum	placēre	gefallen; Spaß machen
21. studeō	studuī	–	studēre (*m. Dat.*)	sich bemühen (*um*); wollen; sich bilden
22. taceō	tacuī	–	tacēre	schweigen, still sein
23. teneō	tenuī	–	tenēre	(zurück)halten; sich erinnern
abs|tineō	abstinuī	–	(sē) abstinēre	sich enthalten
con|tineō	continuī	–	(sē) continēre	halten, festhalten; enthalten; (sich aufhalten)
ob|tineō	obtinuī	–	obtinēre	erlangen; behaupten
re|tineō	retinuī	retentum	retinēre	behalten, festhalten, zurückhalten
sus|tineō	sustinuī	–	sustinēre	aushalten, ertragen
24. terreō	terruī	territum	terrēre	(*jmdn.*) erschrecken
per|terreō	perterruī	perterritum	perterrēre	einschüchtern; heftig erschrecken
25. timeō	timuī	–	timēre	(sich) fürchten, Angst haben (vor)
26. valeō	valuī	–	valēre	gesund sein; Einfluss haben

Unpersönliche Ausdrücke

27. appāret	appāruit	–	appārēre	es ist offensichtlich
28. decet	decuit	–	decēre (*m. Akk.*)	(etw.) ist angemessen (*für*), passt (*zu*); (etw.) schickt sich (*für*)
29. licet	licuit	–	licēre (*m. Dat.*)	es ist möglich; es ist erlaubt, (*jmd.*) darf
30. oportet	oportuit	–	oportēre	es ist nötig, es gehört sich; man darf

Perfekt-Bildung mit -s-

31. ārdeō	ārsī	–	ārdēre	(ver)brennen; entbrannt sein
32. augeō	auxī	auctum	augēre	vergrößern, vermehren
33. fulgeō	fulsī	–	fulgēre	glänzen, leuchten
34. iubeō	iussī	iussum	iubēre (*m. Akk.*)	(*jmdm.*) befehlen, (*jmdn.*) beauftragen
35. maneō	mānsī	–	manēre	bleiben; erwarten
36. rīdeō	rīsī	rīsum	rīdēre	lachen
ir|rīdeō	irrīsī	irrīsum	irrīdēre	verspotten
37. suādeō	suāsī	suāsum	suādēre	raten, zureden
per|suādeō	persuāsī	persuāsum	persuādēre (*m. Dat.*)	(*m. AcI*) (*jmdn.*) überzeugen; (*m.* ut *m. Konj.*) (*jmdn.*) überreden

Perfekt-Bildung durch Dehnung

38. caveō	cāvī	cautum	cavēre (*m. Akk.*)	sich hüten (*vor*); Acht geben (*auf*)
39. faveō	fāvī	fautum	favēre (*m. Dat.*)	gewogen sein; (*jmdn.*) begünstigen
40. moveō	mōvī	mōtum	movēre	bewegen; beeinflussen
com|moveō	commōvī	commōtum	commovēre	erregen; bewegen, veranlassen
per|moveō	permōvī	permōtum	permovēre	beunruhigen; veranlassen
41. sedeō	sēdī	sessum	sedēre	(da)sitzen
ob|sideō	obsēdī	obsessum	obsidēre	belagern; bedrängen
42. videō	vīdī	vīsum	vidēre	sehen

Perfekt-Bildung durch Reduplikation

43. (pendeō	pependī	–	pendēre	hängen)
im|pendeō	–	–	impendēre	hängen über; drohen
44. (spondeō	spopondī	spōnsum	spondēre	geloben)
re|spondeō	respondī	respōnsum	respondēre	antworten, entgegnen

ī-Konjugation (langvokalisch) V3

Perfekt-Bildung mit -v-

1.	audiō	audīvī	audītum	audīre	(an-, er-, zu)hören
2.	custōdiō	custōdīvī	custōdītum	custōdīre	bewachen
3.	dormiō	dormīvī	–	dormīre	schlafen
4.	fīniō	fīnīvī	fīnītum	fīnīre	(be)enden
5.	mūniō	mūnīvī	mūnītum	mūnīre	befestigen
6.	saeviō	–	saevītum	saevīre	wüten, toben
7.	sciō	scīvī	scītum	scīre	wissen, verstehen
	ne | sciō	nescīvī	–	nescīre	nicht wissen, nicht verstehen
8.	servīo	–	–	servīre	Sklave sein, dienen

Perfekt-Bildung mit -u-

9.	aperiō	aperuī	apertum	aperīre	öffnen; aufdecken

Perfekt-Bildung mit -s-

10.	sentiō	sēnsī	sēnsum	sentīre	fühlen; merken; meinen
	cōn | sentiō	cōnsēnsī	cōnsēnsum	cōnsentīre	übereinstimmen

Perfekt-Bildung durch Dehnung

11.	veniō	vēnī	ventum	venīre	kommen
	ad | veniō	advēnī	adventum	advenīre	ankommen
	circum | veniō	circumvēnī	circumventum	circumvenīre	umzingeln, umringen
	con | veniō	convēnī	conventum	convenīre	zusammenkommen; -passen; (*m. Akk.*) treffen
	in | veniō	invēnī	inventum	invenīre	(er)finden
	per | veniō	pervēnī	perventum	pervenīre	hinkommen, ankommen; (hin)gelangen

Perfekt-Bildung durch Reduplikation

12.	com | periō	cómperī	compertum	comperīre	erfahren, in Erfahrung bringen
	re | periō	répperī	repertum	reperīre	finden, wieder finden

Konsonantische Konjugation V4

Perfekt-Bildung mit -v-

1.	arcessō	arcessīvī	arcessītum	arcessere	herbeirufen, holen
2.	crēscō	crēvī	–	crēscere	wachsen, zunehmen
3.	(nōscō	nōvī	nōtum	nōscere	kennen lernen)
	cog | nōscō	cognōvī	cognitum	cognōscere	erfahren; erkennen; kennen lernen
	īg | nōscō	īgnōvī	īgnōtum	īgnōscere	verzeihen
4.	petō	petīvī	petītum	petere	bitten, verlangen; angreifen; aufsuchen; gehen/fahren nach
	re | petō	repetīvī	repetītum	repetere	wiederholen; zurückverlangen
5.	quaerō	quaesīvī	quaesītum	quaerere	suchen; erwerben; fragen
6.	quiēscō	quiēvī	–	quiēscere	(aus)ruhen; schlafen
7.	sinō	sīvī	situm	sinere	(zu)lassen, erlauben
	dē | sinō	dēsiī	dēsitum	dēsinere	aufhören

Perfekt-Bildung mit -u-

8.	alō	aluī	altum	alere	ernähren; großziehen
9.	colō	coluī	cultum	colere	pflegen; verehren; bebauen
10.	cōnsulō	cōnsuluī	cōnsultum	cōnsulere	(*m. Akk.*) um Rat fragen, befragen; (*m. Dat.*) sorgen für
11.	gignō	genuī	genitum	gignere	(er)zeugen, hervorbringen
12.	pōnō	posuī	positum	pōnere	setzen; stellen; legen
	com|pōnō	composuī	compositum	compōnere	zusammenstellen, ordnen; verfassen; vergleichen
	dē|pōnō	dēposuī	dēpositum	dēpōnere	niederlegen; aufgeben
	ex|pōnō	exposuī	expositum	expōnere	ausstellen; aussetzen; darlegen
	im|pōnō	imposuī	impositum	impōnere	setzen, stellen, legen (an, auf, in); bringen; auferlegen
	prō|pōnō	prōposuī	prōpositum	prōpōnere	in Aussicht stellen; vorschlagen
13.	(serō	seruī	sertum	serere	aneinanderreihen)
	dē|serō	dēseruī	dēsertum	dēserere	im Stich lassen, verlassen
	dis|serō	disseruī	dissertum	disserere	sprechen über, erörtern

Perfekt-Bildung mit -s-

14.	cēdō	cessī	cessum	cēdere	(weg)gehen; nachgeben; überlassen
	ac|cēdō	accessī	accessum	accēdere	herantreten; hingehen
	con|cēdō	concessī	concessum	concēdere	erlauben, zugestehen, einräumen
	dē|cēdō	dēcessī	dēcessum	dēcēdere	weggehen, gehen (aus)
	dis|cēdō	discessī	discessum	discēdere	weggehen, verschwinden
	ex|cēdō	excessī	excessum	excēdere	hinausgehen, weggehen
	in|cēdō	incessī	incessum	incēdere	befallen; einhergehen
	prō|cēdō	prōcessī	prōcessum	prōcēdere	vorrücken, vorankommen
	suc|cēdō	successī	successum	succēdere	anrücken (gegen); (nach)folgen, nachrücken
15.	claudō	clausī	clausum	claudere	(ab-, ein)schließen
	in|clūdō	inclūsī	inclūsum	inclūdere	einschließen; versperren, unterbinden
16.	dīcō	dīxī	dictum	dīcere	sagen; sprechen; nennen
17.	dūcō	dūxī	ductum	dūcere	führen; ziehen; (*m. doppeltem Akk.*) halten für
	ab|dūcō	abdūxī	abductum	abdūcere	wegführen; (weg)bringen; verschleppen
	ad|dūcō	addūxī	adductum	addūcere	heranführen; veranlassen
	dē|dūcō	dēdūxī	dēductum	dēdūcere	abbringen; wegführen; hinführen
	in|dūcō	indūxī	inductum	indūcere	(hin)einführen; verleiten
	re|dūcō	redūxī	reductum	redūcere	zurückführen; zurückbringen
18.	fīgō	fīxī	fīxum	fīgere	(an)heften, befestigen; auf etw. richten
19.	fingō	fīnxī	fictum	fingere	formen, gestalten; erdichten, sich ausdenken
20.	fluō	flūxī	–	fluere	fließen, strömen
21.	gerō	gessī	gestum	(sē) gerere	(aus)führen; tragen; (sich benehmen)
22.	iungō	iūnxī	iūnctum	iungere	verbinden, vereinigen
	ad|iungō	adiūnxī	adiūnctum	adiungere	anschließen; hinzufügen
	con|iungō	coniūnxī	coniūnctum	coniungere	vereinigen, verbinden; (ver)knüpfen
	in|iungō	iniūnxī	iniūnctum	iniungere	auferlegen; einfügen, anfügen
23.	laedō	laesī	laesum	laedere	verletzen; kränken
24.	dī|ligō	dīlēxī	dīlēctum	dīligere	schätzen, lieben
25.	intel|legō	intellēxī	intellēctum	intellegere	verstehen; erkennen, einsehen
	neg|legō	neglēxī	neglēctum	neglegere	nicht (be)achten; vernachlässigen
26.	lūdō	lūsī	lūsum	lūdere	spielen, scherzen

27. mittō	mīsī	missum	mittere	schicken; gehen lassen; werfen
ā | mittō	āmīsī	āmissum	āmittere	verlieren
com | mittō	commīsī	commissum	committere	veranstalten; zustande bringen; anvertrauen
dī | mittō	dīmīsī	dīmissum	dīmittere	entlassen, wegschicken; freilassen
o | mittō	omīsī	omissum	omittere	außer Acht lassen; unterlassen, aufgeben
praeter | mittō	praetermīsī	praetermissum	praetermittere	verstreichen lassen
prō | mittō	prōmīsī	prōmissum	prōmittere	versprechen
re | mittō	remīsī	remissum	remittere	zurückschicken; los-, nachlassen; verzeihen
28. plaudō	plausī	plausum	plaudere	Beifall klatschen, applaudieren
29. premō	pressī	pressum	premere	(unter)drücken; bedrängen
op | primō	oppressī	oppressum	opprimere	unterdrücken; überfallen, überwältigen
30. regō	rēxī	rēctum	regere	(be)herrschen
per | gō	perrēxī	perrēctum	pergere	weitermachen, (*etw.*) weiter (*tun*)
por | rigō	porrēxī	porrēctum	porrigere	ausstrecken; ausbreiten, ausdehnen
su | rgō	surrēxī	surrēctum	surgere	aufstehen, sich erheben
31. scrībō	scrīpsī	scrīptum	scrībere	schreiben, verfassen
32. spargō	sparsī	sparsum	spargere	bespritzen; verbreiten
33. ex | stinguō	exstīnxī	exstīnctum	exstinguere	auslöschen, vernichten
34. stringō	strīnxī	strictum	stringere	ziehen; streifen
35. (struō	strūxī	strūctum	struere	schichten, bauen)
ex | struō	exstrūxī	exstrūctum	exstruere	errichten, erbauen
36. sūmō	sūmpsī	sūmptum	sūmere	nehmen
cōn | sūmō	cōnsūmpsī	cōnsūmptum	cōnsūmere	verbrauchen, verwenden; zubringen
37. tegō	tēxī	tēctum	tegere	bedecken, schützen
prō | tegō	prōtēxī	prōtēctum	prōtegere	schützen
38. con | temnō	contempsī	contemptum	contemnere	verachten
39. trahō	trāxī	tractum	trahere	ziehen; schleppen
40. (vādō	–	–	vādere	gehen, schreiten)
ē | vādō	ēvāsī	–	ēvādere (*m. Akk.*/ex)	entkommen, entgehen
in | vādō	invāsī	invāsum	invādere	eindringen, angreifen
41. vehō	vēxī	vectum	vehere	fahren; tragen; ziehen
42. vīvō	vīxī	–	vīvere	leben

Perfekt-Bildung durch Dehnung

43. agō	ēgī	āctum	agere	tun; handeln; aufführen; (*m. Adv. und* cum) umgehen (*m. jmdm.*)
cō | gō	coēgī	coāctum	cōgere	sammeln; zwingen
ex | igō	exēgī	exāctum	exigere	(ein)fordern, verlangen; vollenden
44. cōnsīdō	cōnsēdī	–	cōnsīdere	sich setzen, sich niederlassen
45. emō	ēmī	ēmptum	emere	kaufen
46. frangō	frēgī	frāctum	frangere	(zer)brechen
47. fundō	fūdī	fūsum	fundere	(aus)gießen; befeuchten
48. legō	lēgī	lēctum	legere	lesen; sammeln; auswählen
49. relinquō	relīquī	relictum	relinquere	zurücklassen, verlassen
50. rumpō	rūpī	ruptum	rumpere	(zer)brechen
cor | rumpō	corrūpī	corruptum	corrumpere	bestechen; verderben
ē | rumpō	ērūpī	ēruptum	ērumpere	ausbrechen, hervorbrechen
inter | rumpō	interrūpī	interruptum	interrumpere	unterbrechen
51. vincō	vīcī	victum	vincere	(be)siegen; übertreffen

Perfekt-Bildung durch Reduplikation

52. cadō	cécidī	–	cadere	fallen, sinken
ác | cidit	áccidit	–	accidere	sich ereignen, zustoßen
óc | cidō	óccidī	–	occidere	untergehen; umkommen
53. caedō	cecīdī	caesum	caedere	niederschlagen; töten
oc | cīdō	occīdī	occīsum	occīdere	niederschlagen; töten
54. canō	cecinī	cantātum	canere	(be)singen
55. currō	cucurrī	cursum	currere	laufen; eilen
ac | currō	accurrī	accursum	accurrere	herbeilaufen, angelaufen kommen
con | currō	concurrī	concursum	concurrere	zusammenlaufen, zusammentreffen, zusammenstoßen
oc | currō	occurrī	occursum	occurrere	entgegenkommen, begegnen
56. (dō	dedī	datum	dare	[von sich] geben; gestatten)
ad | dō	addidī	additum	addere	hinzufügen
con | dō	condidī	conditum	condere	gründen; aufbewahren; bestatten
crēdō	crēdidī	crēditum	crēdere	glauben; (an)vertrauen
dē | dō	dēdidī	dēditum	dēdere	ausliefern, übergeben
ē | dō	ēdidī	ēditum	ēdere	verkünden; herausgeben
per | dō	perdidī	perditum	perdere	vernichten; verlieren
red | dō	reddidī	redditum	reddere	zurückgeben; machen zu
trā | dō	trādidī	trāditum	trādere	übergeben, überliefern
vendō	vendidī	venditum	vendere	verkaufen
57. discō	didicī	–	discere	lernen; in Erfahrung bringen
58. fallō	fefellī	–	fallere	täuschen, betrügen
59. parcō	pepercī	–	parcere (*m. Dat.*)	(*jmdn.*) schonen
60. pellō	pépulī	pulsum	pellere	schlagen, stoßen; vertreiben
ap | pellō	áppulī	appulsum	appellere	herantreiben, heranbringen; *Pass.* landen
im | pellō	ímpulī	impulsum	impellere	(an)stoßen; veranlassen
re | pellō	réppulī	repulsum	repellere	zurückstoßen; vertreiben; abweisen
61. poscō	poposcī	–	poscere	fordern, verlangen
62. (stō	stetī	statum	stāre	[da]stehen)
cōn | sistō	cōnstitī	–	cōnsistere	stehen bleiben; sich hinstellen; bestehen (aus)
re | sistō	restitī	–	resistere	Widerstand leisten
63. tangō	tétigī	tāctum	tangere	berühren, anrühren
con | tingō	cóntigī	contāctum	contingere	gelingen; berühren
64. tendō	tetendī	tentum	tendere	(aus)strecken; spannen; sich anstrengen
con | tendō	contendī	contentum	contendere	sich anstrengen, eilen; kämpfen; behaupten
os | tendō	ostendī	–	ostendere	zeigen
65. tollō	sustulī	sublātum	tollere	hochheben; aufheben, beseitigen; vernichten

Perfekt-Bildung ohne Veränderung

66. bibō	bibī	–	bibere	trinken
67. ac|cendō	accendī	accēnsum	accendere	in Brand setzen; entflammen, aufregen
in|cendō	incendī	incēnsum	incendere	anzünden; entflammen, in Aufregung versetzen
68. dē|fendō	dēfendī	dēfēnsum	dēfendere	verteidigen; abwehren
of|fendō	offendī	offēnsum	offendere	stoßen (auf); schlagen (an); beleidigen
69. metuō	metuī	–	metuere	sich fürchten; befürchten
70. minuō	minuī	minūtum	minuere	vermindern, verringern; schmälern
71. (prehendō	prehendī	prehēnsum	prehendere	ergreifen, fassen)
com|prehendō	comprehendī	comprehēnsum	comprehendere	ergreifen, festnehmen; begreifen
dē|prehendō	dēprehendī	dēprehēnsum	dēprehendere	entdecken; ergreifen; überraschen
72. ruō	ruī	–	ruere	(*auf jmdn.*) losstürzen, zustürmen
73. a|scendō	ascendī	ascēnsum	ascendere	hinaufsteigen, -klettern
dē|scendō	dēscendī	dēscēnsum	dēscendere	herabsteigen; hinuntergehen, herabkommen
74. solvō	solvī	solūtum	solvere	(auf)lösen; bezahlen
75. statuō	statuī	statūtum	statuere	beschließen, entscheiden; aufstellen; festsetzen
cōn|stituō	cōnstituī	cōnstitūtum	cōnstituere	beschließen; festsetzen
īn|stituō	īnstituī	īnstitūtum	īnstituere	beginnen; einrichten; unterrichten
re|stituō	restituī	restitūtum	restituere	wiederherstellen
76. tribuō	tribuī	tribūtum	tribuere	zuteilen; schenken; erweisen
77. vertō	vertī	versum	vertere	wenden; drehen; verwandeln
ā|vertō	āvertī	āversum	āvertere	abwenden; vertreiben
animad|vertō	animadvertī	animadversum	animadvertere (in *m. Akk.*)	bemerken, entdecken; vorgehen (*gegen jmdn.*)
78. volvō	volvī	volūtum	volvere	rollen, wälzen; überlegen

ĭ-Konjugation (kurzvokalisch) V5

Perfekt-Bildung mit -v-

1. cupiō	cupīvī	cupītum	cupere	wünschen, begehren, verlangen

Perfekt-Bildung mit -u-

2. rapiō	rapuī	raptum	rapere	(an sich, weg)reißen; rauben
cor|ripiō	corripuī	correptum	corripere	(an)packen; an sich reißen
ē|ripiō	ēripuī	ēreptum	ēripere	entreißen

Perfekt-Bildung mit -s-

3. a|spiciō	aspexī	aspectum	aspicere	anblicken, ansehen
cōn|spiciō	cōnspexī	cōnspectum	cōnspicere	erblicken
dē|spiciō	dēspexī	dēspectum	dēspicere	(*auf etw.*) herabblicken; verachten
īn|spiciō	īnspexī	īnspectum	īnspicere (*m. Akk.*)	hineinschauen (*in etw.*)
per|spiciō	perspexī	perspectum	perspicere	erkennen, genau sehen, durchschauen
re|spiciō	respexī	respectum	respicere	denken an, berücksichtigen

Perfekt-Bildung durch Dehnung

4.	capiō	cēpī	captum	capere	(ein)nehmen, erobern; (er)fassen, (er)greifen
	ac|cipiō	accēpī	acceptum	accipere	annehmen, empfangen; aufnehmen
	dē|cipiō	dēcēpī	dēceptum	dēcipere	täuschen
	ex|cipiō	excēpī	exceptum	excipere	aufnehmen, -fangen; eine Ausnahme machen
	in|cipiō	coepī	coeptum/ inceptum	incipere	anfangen, beginnen
	re|cipiō	recēpī	receptum	(sē) recipere	aufnehmen; zurücknehmen; (sich zurückziehen)
	sus|cipiō	suscēpī	susceptum	suscipere	unternehmen; sich (*einer Sache*) annehmen; auf sich nehmen
5.	faciō	fēcī	factum	facere	machen
	af|ficiō	affēcī	affectum	afficere (*m. Abl.*)	versehen (*m. etw.*)
	cōn|ficiō	cōnfēcī	cōnfectum	cōnficere	beenden, erledigen
	dē|ficiō	dēfēcī	dēfectum	dēficere	verlassen; ausgehen
	ef|ficiō	effēcī	effectum	efficere	bewirken, erreichen
	inter|ficiō	interfēcī	interfectum	interficere	töten
	per|ficiō	perfēcī	perfectum	perficere	ausführen; vollenden
6.	ef|fodiō	effōdī	effossum	effodere	ausstechen; ausgraben
7.	fugiō	fūgī	–	fugere	fliehen
	ef|fugiō	effūgī	–	effugere	entfliehen; vermeiden
	pro|fugiō	profūgī	–	profugere	Zuflucht suchen, sich flüchten
8.	(iaciō	iēcī	iactum	iacere	werfen)
	prō|iciō	prōiēcī	prōiectum	prōicere	(nieder-, vor)werfen
	trā|iciō	trāiēcī	trāiectum	trāicere	hinüberbringen, *über*setzen

Perfekt-Bildung durch Reduplikation

9.	pariō	peperī	partum	parere	erwerben; gewinnen; hervorbringen

★ Zur Formenlehre des Deponens

Konjugationen

Präsens, Imperfekt, Futur I

VI1

		ā-Konjugation	ē-Konjugation	ī-Konjugation	Konsonantische Konjugation	ĭ-Konjugation (kurzvokalisch)
	Infinitiv	*(zu) versuchen* cōnā-rī	*(zu) fürchten* verē-rī	*(zu) planen* mōlī-rī	*(zu) folgen* sequ-ī	*(zu) dulden* pat-ī
				Indikativ		
Präsens	*ich versuche, . . .*	cōn-or cōnā-ris cōnā-tur cōnā-mur cōnā-minī cōna-ntur	vere-or verē-ris verē-tur verē-mur verē-minī vere-ntur	mōli-or mōlī-ris mōlī-tur mōlī-mur mōlī-minī mōli-*u*ntur	sequ-or sequ-*e*ris sequ-*i*tur sequ-*i*mur sequ-*i*minī sequ-*u*ntur	patĭ-or patĕ-ris patĭ-tur patĭ-mur patĭ-minī patĭ-*u*ntur
				Konjunktiv		
Präsens		cōn-er cōn-ēris *usw.* *s. Tab. IV2*	vere-ar vere-āris *usw.* *s. Tab. IV2*	mōli-ar mōli-āris *usw.* *s. Tab. IV2*	sequ-ar sequ-āris *usw.* *s. Tab. IV2*	patĭ-ar patĭ-āris *usw.* *s. Tab. IV2*
				Indikativ		
Imperfekt	*ich versuchte, . . .*	cōnā-bar cōnā-bāris *usw.* *s. Tab. IV2*	verē-bar verē-bāris *usw.* *s. Tab. IV2*	mōli-ēbar mōli-ēbāris *usw.* *s. Tab. IV2*	sequ-ēbar sequ-ēbāris *usw.* *s. Tab. IV2*	patĭ-ēbar patĭ-ēbāris *usw.* *s. Tab. IV2*
				Konjunktiv		
Imperfekt		cōnā-rer cōnā-rēris *usw.* *s. Tab. IV2*	verē-rer verē-rēris *usw.* *s. Tab. IV2*	mōlī-rer mōlī-rēris *usw.* *s. Tab. IV2*	sequ-*e*-rer sequ-*e*-rēris *usw.* *s. Tab. IV2*	patĕ-rer patĕ-rēris *usw.* *s. Tab. IV2*
Futur I	*ich werde versuchen, . . .*	cōnā-bor cōnā-beris *usw.* *s. Tab. IV2*	verē-bor verē-beris *usw.* *s. Tab. IV2*	mōli-ar mōli-ēris *usw.* *s. Tab. IV2*	sequ-ar sequ-ēris *usw.* *s. Tab. IV2*	patĭ-ar patĭ-ēris *usw.* *s. Tab. IV2*
	Imperativ					
	versuche! *versucht!*	cōnā-re! cōnā-minī!	verē-re! verē-minī!	mōlī-re! mōlī-minī!	sequ-*e*-re! sequ-*i*-minī!	patĕ-re! patĭ-minī!

Perfekt, Plusquamperfekt, Futur II VI2

		ā-Konjugation	ē-Konjugation	ī-Konjugation	Konsonantische Konjugation	ĭ-Konjugation (kurzvokalisch)
	Infinitiv	*versucht (zu) haben* cōnātum/-am esse	*gefürchtet (zu) haben* veritum/-am esse	*geplant (zu) haben* mōlītum/-am esse	*gefolgt (zu) sein* secūtum/-am esse	*geduldet (zu) haben* passum /-am esse
				Indikativ		
Perfekt	*ich habe versucht, …*	cōnātus, -a, -um sum *usw.* cōnātī, -ae, -a sumus *usw.* *s. Tab. IV4*	veritus, -a, -um sum *usw.* veritī, -ae, -a sumus *usw.* *s. Tab. IV4*	mōlītus, -a, -um sum *usw.* mōlītī, -ae, -a sumus *usw.* *s. Tab. IV4*	secūtus, -a, -um sum *usw.* secūtī, -ae, -a sumus *usw.* *s. Tab. IV4*	passus, -a, -um sum *usw.* passī, -ae, -a sumus *usw.* *s. Tab. IV4*
				Konjunktiv		
Perfekt		cōnātus, -a, -um sim *usw.* cōnātī, -ae, -a sīmus *usw.* *s. Tab. IV4*	veritus, -a, -um sim *usw.* veritī, -ae, -a sīmus *usw.* *s. Tab. IV4*	mōlītus, -a, - um sim *usw.* mōlītī, -ae, -a sīmus *usw.* *s. Tab. IV4*	secūtus, -a, -um sim *usw.* secūtī, -ae, -a sīmus *usw.* *s. Tab. IV4*	passus, -a, -um sim *usw.* passī, -ae, -a sīmus *usw.* *s. Tab. IV4*
				Indikativ		
Plusquamperfekt	*ich hatte versucht, …*	cōnātus, -a, -um eram *usw.* cōnātī, -ae, -a erāmus *usw.* *s. Tab. IV4*	veritus, -a, -um eram *usw.* veritī, -ae, -a erāmus *usw.* *s. Tab. IV4*	mōlītus, -a, - um eram *usw.* mōlītī, -ae, -a erāmus *usw.* *s. Tab. IV4*	secūtus, -a, -um eram *usw.* secūtī, -ae, -a erāmus *usw.* *s. Tab. IV4*	passus, -a, -um eram *usw.* passī, -ae, -a erāmus *usw.* *s. Tab. IV4*
				Konjunktiv		
Plusquamperfekt		cōnātus, -a, -um essem *usw.* cōnātī, -ae, -a essēmus *usw.* *s. Tab. IV4*	veritus, -a, -um essem *usw.* veritī, -ae, -a essēmus *usw.* *s. Tab. IV4*	mōlītus, -a, -um essem *usw.* mōlītī, -ae, -a essēmus *usw.* *s. Tab. IV4*	secūtus, -a, -um essem *usw.* secūtī, -ae, -a essēmus *usw.* *s. Tab. IV4*	passus, -a, -um essem *usw.* passī, -ae, -a essēmus *usw.* *s. Tab. IV4*
Futur II	*ich werde versucht haben, …*	cōnātus, -a, -um erō *usw.* cōnātī, -ae, -a erimus *usw.* *s. Tab. IV4*	veritus, -a, -um erō *usw.* veritī, -ae, -a erimus *usw.* *s. Tab. IV4*	mōlītus, -a, -um erō *usw.* mōlītī, -ae, -a erimus *usw.* *s. Tab. IV4*	secūtus, -a, -um erō *usw.* secūtī, -ae, -a erimus *usw.* *s. Tab. IV4*	passus, -a, -um erō *usw.* passī, -ae, -a erimus *usw.* *s. Tab. IV4*

Nominalformen des Deponens VI3

Infinitiv	ā-Konjugation	ē-Konjugation	ī-Konjugation	Konsonantische Konjugation	ĭ-Konjugation (kurzvokalisch)
Präsens	cōnā-**rī**	verē-**rī**	mōlī-**rī**	sequ-**ī**	pat-**ī**
Perfekt	cōnā-**t-um, -am, -um esse**	veri-**t-um, -am, -um esse**	mōlī-**t-um, -am, -um esse**	secū-**t-um, -am, -um esse**	pas-**s-um, -am, -um esse**
Futur	cōnā-**tūr-um, -am, -um esse**	veri-**tūr-um, -am, -um esse**	mōlī-**tūr-um, -am, -um esse**	secū-**tūr-um, -am, -um esse**	pas-**sūr-um, -am, -um esse**
Partizip					
Präsens	cōnā-**ns, -ntis**	verē-**ns, -ntis**	mōli-*ē*-**ns, -ntis**	sequ-*ē*-**ns, -ntis**	pati-*ē*-**ns, -ntis**
Perfekt	cōnā-**t-us, -a, -um**	veri-**t-us, -a, -um**	mōlī-**t-us, -a, -um**	secū-**t-us, -a, -um**	pas-**s-us, -a, -um**
Futur	cōnā-**tūr-us, -a, -um**	veri-**tūr-us, -a, -um**	mōlī-**tūr-us, -a, -um**	secū-**tūr-us, -a, -um**	pas-**sūr-us, -a, -um**
Gerundium	cōna-**ndī** *usw.*	vere-**ndī** *usw.*	mōli-*e*-**ndī** *usw.*	sequ-*e*-**ndī** *usw.*	pati-*e*-**ndī** *usw.*
Gerundivum	cōna-**ndus**, -a, -um	vere-**ndus**, -a, -um	mōli-*e*-**ndus**, -a, -um	sequ-*e*-**ndus**, -a, -um	pati-*e*-**ndus**, -a, -um

★Tabelle der Deponentien und Semideponentien VII

Deponentien

ā-Konjugation

1.	cōnor	cōnātus sum	cōnārī	versuchen

In gleicher Weise werden die Stammformen der anderen Deponentien der ā-Konjugation gebildet.

ē-Konjugation

1.	fateor	fassus sum	fatērī	gestehen, bekennen
2.	polliceor	pollicitus sum	pollicērī	versprechen
3.	reor	ratus sum	rērī	meinen
4.	vereor	veritus sum	verērī	fürchten; verehren
5.	vidētur/videntur (*m. Inf.*)	–	–	er, sie, es scheint/sie scheinen (*etw. zu tun*)

ī-Konjugation (langvokalisch)

1.	mōlior	mōlītus sum	mōlīrī	errichten, bauen; planen, unternehmen
2.	orior	ortus sum	orīrī	entstehen; sich erheben
3.	ex|perior	expertus sum	experīrī	erfahren; erleiden; versuchen, erproben
4.	potior	potītus sum	potīrī (*m. Abl.*)	(*etw.*) in seine Gewalt bringen, sich (*einer Sache*) bemächtigen

Konsonantische Konjugation

1.	pro|ficīscor	profectus sum	proficīscī	aufbrechen, (ab)reisen; abstammen
2.	fruor	–	fruī (*m. Abl.*)	(*etw.*) genießen, sich (*an etw.*) erfreuen
3.	īrāscor	–	īrāscī (*m. Dat.*)	zornig sein (*auf jmdn.*); in Zorn geraten
4.	loquor	locūtus sum	loquī	reden, sprechen

5.	com|plector	complexus sum	complectī	umarmen; umfassen, erfassen
6.	sequor	secūtus sum	sequī (*m. Akk.*)	(*jmdm.*) folgen
	cōn|sequor	cōnsecūtus sum	cōnsequī	erreichen; nachfolgen
	per|sequor	persecūtus sum	persequī	verfolgen
7.	ulcīscor	ultus sum	ulcīscī (*m. Akk.*)	(*etw./jmdn.*) rächen; sich rächen (*an jmdm.*)
8.	ūtor	ūsus sum	ūtī (*m. Abl.*)	(*etw.*) benutzen, gebrauchen

ĭ-Konjugation (kurzvokalisch)

1.	ag|gredior	aggressus sum	aggredī	(*an jmdn.*) herantreten; angreifen, überfallen
	ē|gredior	ēgressus sum	ēgredī	hinausgehen, verlassen
	trāns|gredior	trānsgressus sum	trānsgredī	hinübergehen; überschreiten
2.	morior	mortuus sum	morī	sterben
3.	patior	passus sum	patī	(er)leiden, ertragen; zulassen, geschehen lassen

Semideponentien

ē-Konjugation

1.	audeō	ausus sum	audēre	wagen
2.	gaudeō	gāvīsus sum	gaudēre	sich freuen
3.	soleō	solitus sum	solēre	gewohnt sein, (*etw.*) normalerweise (*tun*), (*etw. zu tun*) pflegen

Konsonantische Konjugation

1.	cōnfīdō	cōnfīsus sum	cōnfīdere	vertrauen
2.	revertor	revertī (reversus)	revertī	zurückkehren

Sonderkonjugationen VIII 1

	ESSE			POSSE			IRE		
	Präsens	Imperfekt	Futur I	Präsens	Imperfekt	Futur I	Präsens	Imperfekt	Futur I
Indikativ	sum	eram	erō	possum	poteram	poterō	eō	ībam	ībō
	es	erās	eris	potes	poterās	poteris	īs	ībās	ībis
	est	erat	erit	potest	poterat	poterit	it	ībat	ībit
	sumus	erāmus	erimus	possumus	poterāmus	poterimus	īmus	ībāmus	ībimus
	estis	erātis	eritis	potestis	poterātis	poteritis	ītis	ībātis	ībitis
	sunt	erant	erunt	possunt	poterant	poterunt	eunt	ībant	ībunt
Konjunktiv	sim	essem		possim	possem		eam	īrem	
	sīs	essēs		possīs	possēs		eās	īrēs	
	sit	esset		possit	posset		eat	īret	
	sīmus	essēmus		possīmus	possēmus		eāmus	īrēmus	
	sītis	essētis		possītis	possētis		eātis	īrētis	
	sint	essent		possint	possent		eant	īrent	
Imperativ		Sg. es!	Pl. este!					Sg. ī!	Pl. īte!

ESSE: Partizip Futur futūrus, -a, -um

IRE: Partizip Präsens iēns, euntis; Partizip Futur itūrus, -a, -um; Gerundium eundī *usw.*; Gerundivum eundum (est)

ESSE	POSSE	IRE
Perfekt	Perfekt	Perfekt
fu-ī	potu-ī	i-ī

Komposita von ESSE

VIII2

ab|sum	āfuī	abesse	abwesend sein, fehlen; entfernt sein
ad|sum	adfuī/affuī	adesse	anwesend sein, da sein; (*m. Dat.*) helfen
dē|sum	dēfuī	dēesse	fehlen
īn|sum	īnfuī	inesse	enthalten sein; vorhanden sein
inter|sum	interfuī	interesse (*m. Dat.*)	teilnehmen (*an etw.*)
prae|sum	praefuī	praeesse (*m. Dat.*)	an der Spitze (*von etw.*) stehen, (*etw.*) leiten

Komposita von IRE

VIII3

ab|eō	abiī	abitum	abīre	(weg)gehen
ad|eō	adiī	aditum	adīre	hingehen; herantreten; ansprechen
ex|eō	exiī	–	exīre	hinausgehen
in|eō	iniī	initum	inīre	(hin)eingehen; beginnen
inter|eō	interiī	–	interīre	zugrunde gehen, untergehen; (ver)schwinden
per|eō	periī	–	perīre	zugrunde gehen, umkommen
praeter|eō	praeteriī	praeteritum	praeterīre	vorbeigehen, vergehen
red|eō	rediī	reditum	redīre	zurückgehen, zurückkehren
sub|eō	subiī	subitum	subīre	auf sich nehmen, herangehen
trāns|eō	trānsiī	trānsitum	trānsīre	hinübergehen, herüberkommen; überschreiten

VIII4

	VELLE			NOLLE		
	Präsens	Imperfekt	Futur I	Präsens	Imperfekt	Futur I
Indikativ	volō	volēbam	volam	nōlō	nōlēbam	nōlam
	vīs	volēbās	volēs	nōn vīs	nōlēbās	nōlēs
	vult	volēbat	volet	nōn vult	nōlēbat	nōlet
	vol*u*mus	volēbāmus	volēmus	nōl*u*mus	nōlēbāmus	nōlēmus
	vultis	volēbātis	volētis	nōn vultis	nōlēbātis	nōlētis
	vol*u*nt	volēbant	volent	nōl*u*nt	nōlēbant	nōlent
Konjunktiv	velim	vellem		nōlim	nōllem	
	velīs	vellēs		nōlīs	nōllēs	
	velit	vellet		nōlit	nōllet	
	velīmus	vellēmus		nōlīmus	nōllēmus	
	velītis	vellētis		nōlītis	nōllētis	
	velint	vellent		nōlint	nōllent	
				Imperativ	Sg. nōlī!	Pl. nōlīte!
	Partizip Präsens	volēns, volentis		Partizip Präsens	nōlēns, nōlentis	

Perfekt

volu-ī

Perfekt

nōlu-ī

VIII5

AKTIV	FERRE			PASSIV FERRI		
	Präsens	Imperfekt	Futur I	Präsens	Imperfekt	Futur I
Indikativ	ferō	ferēbam	feram	feror	ferēbar	ferar
	fers	ferēbās	ferēs	ferris	ferēbāris	ferēris
	fert	ferēbat	feret	fertur	ferēbātur	ferētur
	fer*i*mus	ferēbāmus	ferēmus	fer*i*mur	ferēbāmur	ferēmur
	fertis	ferēbātis	ferētis	fer*i*minī	ferēbāminī	ferēminī
	fer*u*nt	ferēbant	ferent	fer*u*ntur	ferēbantur	ferentur
Konjunktiv	feram	ferrem		ferar	ferrer	
	ferās	ferrēs		ferāris	ferrēris	
	ferat	ferret		ferātur	ferrētur	
	ferāmus	ferrēmus		ferāmur	ferrēmur	
	ferātis	ferrētis		ferāminī	ferrēminī	
	ferant	ferrent		ferantur	ferrentur	
	Imperativ	Sg. fer!	Pl. ferte!			

Perfekt

tul-ī

Perfekt

lā-t-us, -a, (-um) sum

Nominalformen von FERRE VIII6

Infinitiv	AKTIV	PASSIV	Partizip	AKTIV	PASSIV
Präsens	fer-re	fer-rī	Präsens	fer-*ē*-ns, -ntis	–
Perfekt	tul-isse	lā-t-um, -am, -um esse	Perfekt	–	lā-t-us, -a, -um
Futur	lā-tūr-um, -am, -um esse	–	Futur	lā-tūr-us, -a, -um	–
Gerundium	fer-*e*-ndī *usw.*				
Gerundivum		fer-*e*-ndus, -a, -um			

Komposita von FERRE VIII7

af|ferō	attulī	allātum	afferre	(herbei)bringen; melden
cōn|ferō	contulī	collātum	(sē) cōnferre	zusammentragen, -bringen; -fassen; (sich begeben)
dif|ferō	distulī	dīlātum	differre	aufschieben, verschieben; sich unterscheiden
ef|ferō	extulī	ēlātum	efferre	heraustragen; herausheben; hervorbringen
īn|ferō	intulī	illātum	īnferre	hineintragen; hinzufügen
of|ferō	obtulī	oblātum	offerre	entgegenbringen; anbieten
per|ferō	pertulī	perlātum	perferre	ertragen; (über)bringen
re|ferō	rettulī	relātum	referre	(zurück)bringen; berichten
(tollō)	sústulī	sublātum	(tollere)	hochheben; aufheben, beseitigen; vernichten

★ VIII8

FIERI

	Präsens	Imperfekt	Futur I
Indikativ	fīō	fīēbam	fīam
	fīs	fīēbās	fīēs
	fit	fīēbat	fīet
	fīmus	fīēbāmus	fīēmus
	fītis	fīēbātis	fīētis
	fīunt	fīēbant	fīent
Konjunktiv	fīam	fierem	
	fīās	fierēs	
	fīat	fieret	
	fīāmus	fierēmus	
	fīātis	fierētis	
	fīant	fierent	

Perfekt

fa-c-**tus, -a (-um)** sum

Formelhafte Verben VIII9

Grußformeln:

Salvē!/Salvēte!	Valē!/Valēte!	Avē!
Sei/Seid gegrüßt! Hallo!	Leb/Lebt wohl!	Sei gegrüßt!

Präpositionen IX

Präposition	örtlich	zeitlich	übertragen
1. Präpositionen mit Genitiv			
causā *(nachgestellt)*	–	–	wegen, um ... zu
2. Präpositionen mit Akkusativ			
ad	zu; zu ... hin; an; bei	–	zu
adversus	gegenüber	–	gegen; gegenüber
ante	vor	vor	–
apud	bei; in der Nähe von	–	–
circum	um ... herum; ringsum	–	–
contrā	–	–	gegen
ergā	–	–	gegen; gegenüber; für
extrā	außerhalb	–	über ... hinaus
inter	zwischen; unter	während	–
intrā	innerhalb	–	–
iūxtā	neben	–	–
ob	–	–	wegen
per	durch (... hindurch); über ... hin	hindurch (lang)	durch; mithilfe
post	nach; hinter	nach	–
praeter	–	–	außer
propter	–	–	wegen
trāns	über (... hinüber); jenseits	–	–
3. Präpositionen mit Ablativ			
ā/ab	von (... her), von ... weg	von; seit	–
cum	mit	–	(zusammen) mit
dē	von; von ... herab	–	von; über; in Bezug auf
ē/ex	(her)aus	von (... an)	entsprechend
prō	vor	–	für; anstelle (von)
sine	–	–	ohne
4. Präpositionen mit Akkusativ oder Ablativ			
in (*m. Akk.*)	in, an, auf; nach (*Frage: wohin?*)	–	gegen(über)
in (*m. Abl.*)	in, an, auf (*Frage: wo?*)	in; während	–
sub (*m. Abl.*)	unter (*Frage: wo?*)	–	–
super (*m. Akk.*)	über; oben auf (*Frage: wohin?*)	–	–
super (*m. Abl.*)	über; oben auf (*Frage: wo?*)	–	–

Satzverbindungen

Konjunktionen in der Satzreihe

X1

atque, ac et et ... et etiam item neque neque ... neque -que *(angehängt)* quoque (*nachgestellt*)	und, und auch und; auch sowohl ... als auch; einerseits ... andererseits auch; sogar ebenfalls, ebenso und ... nicht; auch ... nicht; aber ... nicht weder ... noch und auch	*anreihend*
at autem (*nachgestellt*) sed tamen vērō	aber, (je)doch; dagegen aber, (je)doch aber, (je)doch; sondern dennoch, trotzdem aber; wirklich	*entgegensetzend*
aut aut ... aut vel	oder entweder ... oder oder	*ausschließend*
ergō igitur itaque proinde quā dē causā quamobrem (quam ob rem)	also also, folglich deshalb, daher also; daher daher, deshalb daher, deshalb	*folgernd*
enim (*nachgestellt*) nam	denn, nämlich denn	*begründend*

Subjunktionen im Satzgefüge X_2

mit Indikativ		
cum dum (*m. Ind. Präs.*) dum postquam (*m. Ind. Perf.*) priusquam ubī (*m. Ind. Perf.*)	als; als plötzlich; (immer) wenn während solange; (solange) bis nachdem bevor; (*nach verneintem Satz*) bevor nicht sobald	*temporal/Angabe der Zeit*
quod quia quoniam	weil weil da ... ja, wo ... doch	*kausal/Angabe des beachteten Grundes*
nisī sī sīn	wenn nicht; außer wenn; falls wenn aber	*konditional/Angabe der Bedingung*
etsī quamquam	auch wenn, obwohl obwohl, obgleich	*konzessiv/Angabe des nicht beachteten Grundes*
quemadmodum sīcut ut	wie, auf welche Weise (so) wie wie	*Angabe des Vergleichs*
mit Konjunktiv		
cum	als, nachdem	*temporal/Angabe der Zeit*
cum	da, weil	*kausal/Angabe des beachteten Grundes*
cum quamvīs	obwohl auch wenn	*konzessiv/Angabe des nicht beachteten Grundes*
ut nē	dass, damit dass/damit nicht	*final/Angabe des Wunsches/Zwecks*
nē	dass	*(nach Verben des Fürchtens)*
ut (nōn)	(so)dass (nicht)	*konsekutiv/Angabe der Folge*
quasi tamquam	als ob wie; wie wenn, als ob	*Angabe des Vergleichs*
nisī sī	wenn nicht wenn; falls	*konditional/Angabe der Bedingung* (im Irrealis)

Negationen XI

nōn/haud	nicht	nōn iam	nicht mehr
nēmō	niemand	nōndum	noch nicht
nūllus, -a, -um	kein	numquam	niemals
nihil	nichts	nē ... quidem	nicht ... einmal
neque	und ... nicht; auch ... nicht; aber ... nicht	neque ... neque	weder ... noch

Mehrdeutige Satzeinleitungen XII

CUM	als, nachdem (*m. Konj.*)	*Angabe der Zeit*
	da, weil (*m. Konj.*)	*Angabe des beachteten Grundes*
	obwohl (*m. Konj.*)	*Angabe des nicht beachteten Grundes*
	als; als plötzlich (*m. Ind.*)	*Angabe der Zeit*
	(immer) wenn (*m. Ind.*)	*Angabe der Zeit*
UT	dass, damit (*m. Konj.*)	*Angabe des Wunsches/der Absicht*
	(so)dass (*m. Konj.*)	*Angabe der Folge*
	wie (*m. Ind.*)	*Angabe des Vergleichs*
NE	dass/damit nicht (*m. Konj.*)	*Angabe des Wunsches/der Absicht*
	dass (*m. Konj., nach Ausdrücken des Fürchtens*)	*Angabe des Wunsches*
UBI	wo?	*Einleitung eines Fragesatzes*
	sobald (*m. Ind. Perf.*)	*Angabe der Zeit*
QUAM	wie; wie sehr	*Einleitung eines Fragesatzes*
	die/welche	*Einleitung eines Relativsatzes*
	diese	*relativischer Satzanschluss*
QUI	wie?	*Einleitung eines Fragesatzes*
	der/welcher; die/welche	*Einleitung eines Relativsatzes*
	dieser; diese	*relativischer Satzanschluss*
QUO	wohin?	*Einleitung eines Fragesatzes*
	durch den/durch welchen	*Einleitung eines Relativsatzes*
	durch diesen	*relativischer Satzanschluss*

Satzglieder im Satzmodell XIII

Im Bau des Satzes verbinden sich insgesamt **fünf Bauteile (Satzglieder)** zu einer Aussageeinheit. Die **Rolle eines Satzgliedes** können **verschiedene Wortarten** oder **Konstruktionen** übernehmen. Du hast folgende kennen gelernt:

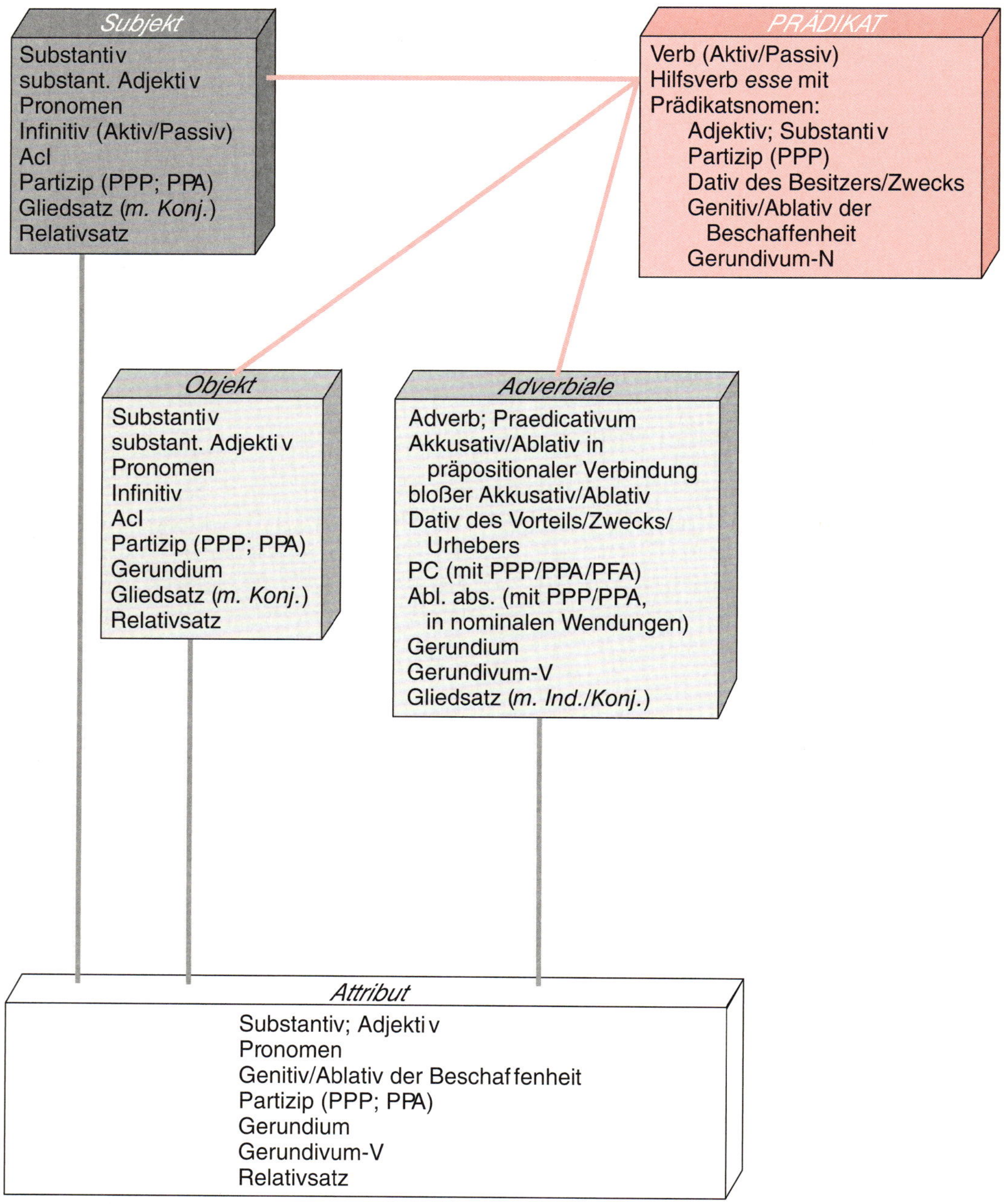

Sachverzeichnis

GrG = Grammatische Grundbegriffe, S. 8; G 1 ff. S/F = Grammatische Erklärungstafel (jeweils dem Kapitel vorangestellt); G = Grammatikkapitel; ▶ = Lautlehre S. 140 f.; T = Textarbeit, S. 142 ff.; St = Stilmittel, S. 146 f.; Tab. = Tabellenteil, S. 152 ff.